Andreas Altmann
Verdammtes Land

AF197519

PIPER

Zu diesem Buch

»Ich will über Palästina nichts als Geschichten erzählen, weil mich jede Illusion – *die* Antwort zu finden – längst verlassen hat. Geschichten von den einen, die andere quälen und erniedrigen. Und den anderen, die gequält und erniedrigt werden. Und Geschichten von Heldinnen und Helden, die es zäh und beherzt mit ihrer Wirklichkeit aufnehmen. Von Frauen und Männern, von denen all wir anderen etwas erfahren könnten: über Würde, über Großzügigkeit, über schiere Tapferkeit. Klar, vom Irrsinn und der Lächerlichkeit wird auch die Rede sein. Denn das muss man Palästina lassen: Stories hat das Land zu bieten, an jedem Eck, zu jeder Stunde.«

In spektakulären Bildern, oft voller Brutalität, oft voller Poesie gibt Andreas Altmann diese Stories wieder. Seine klaren und harten Beobachtungen, vor allem seine Schlussfolgerungen werden vielfach Widerspruch hervorrufen, weil der Autor sich von keiner vorgefassten Meinung, Ideologie – und schon gar nicht von einer Religion – den Blick verstellen lässt. Er kommt den Menschen nahe, ihr Leben im Schatten der unheilvollen Geschichte und der dunklen Zukunft zu verstehen, das gelingt Andreas Altmann meisterhaft.

Andreas Altmann zählt zu den bekanntesten deutschen Reiseautoren und wurde u. a. mit dem Egon-Erwin-Kisch-Preis, dem Seume-Literaturpreis und dem Reisebuch-Preis ausgezeichnet. Von ihm stammen zahlreiche Bestseller wie »Das Scheißleben meines Vaters, das Scheißleben meiner Mutter und meine eigene Scheißjugend«, »Verdammtes Land«, »Gebrauchsanweisung für die Welt« und »Gebrauchsanweisung für das Leben« und »In Mexiko«. Andreas Altmann lebt in Paris.

Andreas Altmann

VERDAMMTES LAND

Eine Reise durch Palästina

PIPER

Mehr über unsere Autorinnen, Autoren und Bücher:
www.piper.de

Von Andreas Altmann liegen bei Piper vor:
Das Scheißleben meines Vaters, das Scheißleben meiner Mutter und
  meine eigene Scheißjugend
Dieses beschissen schöne Leben
Gebrauchsanweisung für die Welt
Gebrauchsanweisung für das Leben
Gebrauchsanweisung für die Heimat
Verdammtes Land
Frauen. Geschichten
In Mexiko
Leben in allen Himmelsrichtungen
Bloßes Leben
Morning has broken

Ungekürzte Taschenbuchausgabe
ISBN 978-3-492-30717-8
1. Auflage Mai 2015
3. Auflage Dezember 2023
© Piper Verlag GmbH, München 2014
Umschlaggestaltung: semper smile, München, nach einem Entwurf
von Büro Jorge Schmidt, München
Umschlagabbildung: Moises Saman/Magnum Photos/Agentur Focus;
Colin Rosin (hinten)
Satz: Fotosatz Amann, Memmingen
Gesetzt aus der Swift
Karte: Angelika Solibieda, Karlsruhe
Gedruckt von ScandBook in Litauen
Printed in the EU

Niemals tut man so vollständig und so gut das Böse,
als wenn man es mit gutem Gewissen tut.
BLAISE PASCAL

Der Glaube versetzt Berge. Von Toten.
ANONYM

Für meinen Vater, den Verlorenen

Für Dich, so nah, so jetzt

1

Wer ein Buch über diese Weltgegend schreibt, wird scheitern. Israel und Palästina, das ist ein Brandherd, der nicht aufhört zu lodern. Seit über sechzig Jahren entzündet er die Gemüter. Und keine Vision weit und breit, um die zwei Völker zu versöhnen. Unfassbar viele Vernagelte, auf beiden Seiten, versperren den Weg. Unfassbar viele Bücher wurden inzwischen darüber geschrieben. Und keines schien mitreißend genug, sie alle zur Einsicht zu verführen. Ich riskiere es trotzdem: noch ein Buch abzuliefern. Weil mich inzwischen jede Illusion – *die* Antwort zu finden – verlassen hat. Und weil ich nichts als Geschichten erzählen will. Von den einen, die andere quälen und erniedrigen. Und den anderen, die gequält und erniedrigt werden. Und die Geschichten von Heldinnen und Helden, die es herzzerreißend zäh und tapfer mit ihrer Wirklichkeit aufnehmen. Von Frauen und Männern eben, von denen jeder – all wir anderen – etwas erfahren könnten: über Würde, über Stolz, über schiere Tapferkeit. Und über die Sehnsucht, ein passables Leben zu führen. Klar, vom Irrsinn und der Lächerlichkeit wird auch die Rede sein. Denn das muss man dem winzigen Erdteil lassen: Storys hat er zu bieten, an jedem Eck, zu jeder Stunde.

2

Ruhiger Flug nach Tel Aviv, Ankunft um 2.35 Uhr morgens. Schon auf der ersten Treppe der Ankunftshalle, noch bin ich keine dreißig Sekunden in Israel, werde ich von einem Bewaffneten angehalten. »Your passport!« und »Why are you here?«. Am liebsten würden sie das Land sperren, so unwillkommen scheint man. Dann auf einen hübschen Menschen zugehen, der offiziell und hinter Glas die Pässe prüft. Ich will eisern heiter bleiben. Ich nähere mich lächelnd und bilde mir ein, auf dem Gesicht der jungen Frau für Sekundenbruchteile eine Irritation zu bemerken. Denn eigentlich sollte sie finster sein, den Fremden spüren lassen, dass er unerwünscht ist, nur geduldet. Aber ich bin augenblicklich in Bestform, mein unbeschwertes Grinsen landet und sie lächelt zurück. Sicher bereut sie es gleich. Aber mit einem Lächeln ist es wie mit einem Wort: Jetzt ist es da und nicht wieder wegzumachen. Natürlich muss auch sie die kriegerische Frage stellen: »Why are you here?« Und jetzt antworte ich eiskalt und ernsthaft: »'Cause I like your country.« Den Satz hat sie sicher nicht oft gehört von einem Goi, denkt wohl, dass der Rest der Menschheit Israel für einen Schurkenstaat hält, der mitverantwortlich ist für den Unfrieden in der Welt. Doch jetzt saust der Stempel, begleitet von einem scheuen Wohlwollen. Ich bin entlassen.

3

Glück gehabt. Morgen werde ich in der Zeitung lesen, dass man Touristen – wieder einmal – die Einreise verweigert hat und sie nach stundenlangem Verhör in ein Flugzeug Richtung Heimat verfrachtete. Wer von den Abgeschobenen sein E-Mail-Passwort (sic!) nicht preisgab, galt als jemand, so die Behörden, »der etwas zu verheimlichen hat«. Ich werde auf dieser Reise erfahren, dass der Staat Israel erstaunlich viel zu verbergen hat. Jeder Ausländer gilt folglich und a priori als verdächtig, als Schnüffler, als einer, der

Zustände wahrnimmt, die – verhalten ausgedrückt – nachdenklich stimmen.

4

Mit einem *Sherut,* einem Sammeltaxi, ins siebzig Kilometer entfernte Jerusalem. Ich steige mit einem Rucksack ein und weiß, was jeder (heimlich) denkt: Bombe oder keine Bombe? Die absurde Frage gehört hier zum Alltag. Weil zu oft Selbstmordattentäter vorbeikamen: um Vergeltung zu üben für die Besatzung Palästinas.

Vor mir sitzt ein orthodoxer Jude, Vollbart, Schläfenlocken, *man in black*: Hut, Jacke, Mantel (im Sommer!), Hose, Strümpfe, Schuhe, alles dunkelschwarz, alles direkt vom Leichenbestatter. Schon die Kleidung – von Kopf bis Fuß – sieht wie eine Rüstung aus, wie eine Barriere nach allen Fronten: um sich vor dem Leben in Sicherheit zu bringen, dem sündenteuflischen. Missmut steigt in mir hoch. Wie immer, wenn ich sehe, wie Religion das Leben in Verruf bringt. Ich würde gern einen Glauben entdecken, der sich nicht nach der »Wiederkunft des Messias« (oder eines anderen göttlichen Rächers) sehnt, nicht nach dem Tod, nicht nach dem – gewiss sterbensfaden – Himmel. Eine Religion, bitte, die das Diesseits verherrlicht und die Liebe zur Welt.

Fahrt über ein schönes Land, die warme Morgensonne hinter den Hügeln. Mein trancemüder Körper, der an Häusern vorbeifährt, deren Fenster bis hinauf in den dritten Stock vergittert sind. Wer durch Israel reist, wird irgendwann die Angst, die unheimliche Angst, verstehen, die hier umgeht. Sie scheint, nein, sie *ist* der Schlüssel zum »Nahostkonflikt«.

5

Nach einer guten Stunde in Jerusalem. Einchecken in ein Hotel, das im östlichen, muslimischen Teil liegt. Den Israel 1980 annektierte. Dieser Vorgang wird von der internationalen Staatengemeinschaft nicht anerkannt, denn die Palästinenser bestehen ihrerseits auf Ostjerusalem als der künftigen Hauptstadt Palästinas. Dieser Streitpunkt ist eines der entscheidenden Motive der Zwietracht. Keine Seite will nachgeben. Als Außenseiter weiß man nie genau, welches der beiden Lager – Israelis oder Palästinenser – sich bornierter aufführt. Schwer zu sagen, denn sie haben ein Maß an Starrsinn erreicht, das scheinbar nicht mehr zu überbieten ist. Kein Wunder, denn er ist religiös motiviert. Ebenfalls auf beiden Seiten. Denn Jerusalem ist die »heilige« Stadt, mitten im »heiligen« Land. Das klingt nach Realsatire. Müsste man doch lange darüber nachdenken, ob es – wo auch immer – ein Gebiet gibt, auf dem es die letzten paar tausend Jahre unheiliger, mörderischer und erbarmungsloser zugegangen wäre als hier. Mit den drei Monotheismen – Judentum, Christentum und Islam – als Hauptdarsteller. Rastlos verkeilt in »heilige« Kriege.

6

Das Wunder des Reisens. Ich verlasse das Hotel und darf nun alle fünfzig Schritte neue »Bilder« sehen, darf mein Herz bereichern, ja, Gefahr laufen, dass ich etwas nicht verstehe, dass ich überrascht und, wenn ich Glück habe, überwältigt werde. Und ich werde es. Ich gehe durch das *Damascus Gate*, hinein in den Souk der Altstadt: hundert Gassen, Hunderte Händler, eng, verwinkelt, mit der schönen Aussicht, sich an jeder »Kreuzung« zu verirren. Oder in eine Gruppe Soldaten zu laufen. Mit Sturmgewehren. Das klingt logisch: Wer sich ungesetzlich Besitz aneignet, muss ihn bewachen. Tag und Nacht. Jeder Reisende erfährt gleich zu Beginn, wie schwer bewaffnet das »heilige« Land auftritt. Ach ja, »holy arms« haben sie hier auch.

Aber bald kommt das Warme, so Menschliche: Neben jedem zehnten Stand sitzt ein Mann und verkauft Büstenhalter. Auf keinem Erdteil werden mehr BHs verkauft als auf dem arabischen. Berge von Büstenhaltern verraten Berge von Sehnsüchten. Leider hat Herr Allah beschlossen und als ewige Weisheit von Mohammed verkünden lassen, dass nur verheiratete Brüste angestarrt und geküsst werden dürfen. So liegt er auf jeder dritten Auslage da, der Schwung Spitzenwäsche. Und so gehen minütlich Vulkane voller Lust daran vorbei. Eben jene geschundenen jungen Männer, die stillhalten müssen, bis zur Ehe. Statt Schönheit küssen: immer nur davon träumen. Täglich, nächtlich.

Außerhalb des Bazars, ganz in der Nähe des *Jaffa Gate*, sehe ich einen Ausschnitt aus dem modernen Leben. Er ist ungeheuer banal und fasziniert gerade deshalb. Direkt vor der Mauer der Altstadt wird im Freien ein Nichts inszeniert, das der Veranstalter, ein Werbefuzzi, pompös »Speeding« nennt. Man denkt an Geschwindigkeit, an Rasen, an Luftanhalten. Und was passiert? 250 Standräder wurden aufgestellt, ungemeine Kräfte walten, Musik plärrt, via Lautsprecher erfolgen Anweisungen, Menschenschlangen bilden sich, Angestellte, Arbeiter und Sicherheitsleute verbreiten die Aura letzter Wichtigkeit, noch mehr Räder treffen ein, Gedränge beim Einlass, Schwitztücher und Mineralwasser stehen bereit, endlich schiebt jemand die Gitter beiseite, das Volk rennt los, man will noch immer glauben, dass eine Sensation – ein Tollkühner segelt mit tausend Luftballons durch die Luft – zum Vorschein kommt, nein, sie schwingen sich auf die Sättel und treten los. Ich frage nach und höre, dass jetzt eine Stunde lang gestrampelt wird. Gemeinsam. Im Stand. Das ist eine hinreißende Metapher, man kann so vieles in ihr lesen.

Ich mache mich auf den Weg zu meinem Hotel. Am Anfang der *Salah-an Din Street*, gegenüber der Polizeistation, steht eine Gruppe Palästinenser, sie diskutieren. Irgendetwas fällt vor, fünf israelische Soldaten, darunter eine Frau, nähern sich und greifen sich einen Halbwüchsigen heraus. Da ich um Sekunden zu spät kam, kann ich nicht sagen, warum. Der vielleicht Siebzehnjährige wird abgeführt, aber er reißt sich los und verbittet sich, ihn anzufassen. Um die Explosivität der Situation zu verstehen: Jeder Palästinenser, der in Ostjerusalem lebt, betrachtet diesen Stadtteil als den seinen und empfindet nichts als blanke Wut auf die fremde Macht. Natürlich wird Arif – inzwischen hat jemand seinen Namen gerufen – von den fünf überwältigt und Richtung Kommissariat gezerrt. Sie sind in Eile, um dem Volkszorn zu entgehen. Arif wehrt sich weiter, schreit sie an. Mut hat der Junge. Wie eine Stichflamme schießt der Hass aus seinen Augen. Mitten in die Augen seiner Feinde.

In Japan haben sie ein kluges Sprichwort: »Wenn dein einziges Werkzeug ein Hammer ist, dann sieht alles wie ein Nagel aus«, sprich: Wenn man von keinem anderen Mittel als von Gewalt weiß, dann muss man immer gewalttätig sein. So blind, so misstrauisch, so unbelehrbar ist man geworden.

Spätabends gehe ich nochmals auf die Straße, will lesen und rauchen. Ich frage einen Mann, ob er ein Café kennt, das noch offen hat. Und er nimmt mich bei der Hand, wie einen Sohn. Und wir gehen fünfzig Meter zur nächsten Kreuzung und jetzt kann es Mister Hakim exakt erklären. Ich spüre wieder einmal meine Zuneigung zu alten Männern. Mein unheilbarer Vaterkomplex, die Suche nach dem einen, der beschützt. Ich bilde mir ein, dass diese freundlichen Herren meine Sehnsucht erahnen und deshalb so hilfsbereit reagieren. Mein Wegbegleiter zeigt auf ein Hotel, dort gäbe es eine Dachterrasse.

7

Ich brauche ein paar Tage Ruhe, bevor ich mich monatelang schinde. Im Internet finde ich ein Hotel am See Genezareth, mit Sonne und Pool. Den Namen des Sees hatte ich oft im Religionsunterricht gehört, ich will ihn sehen.

Scharfe Kontrollen am Busbahnhof, mit Metalldetektoren und Röntgengerät. Scharen von Soldaten sind unterwegs.

Ich habe einen Fensterplatz. Noch auf dem Weg dorthin fällt mein Blick auf schöne Israelinnen, auch Schöne in Uniformen. Nachlässig haben sie die schwarze, schwere M16 auf den Schoß gelegt. Schönheit und Macht, das sieht – darf man das sagen? – sexy aus, unheimlich sexy.

Wir fahren los und die Jalousien werden heruntergelassen. Auf beiden Seiten. Der Tag ist gerade wieder in Hochform, die Sonne strahlt, draußen liegt Israel. Nein, nun ist Pennerzeit. Vier Fünftel der Passagiere machen die Augen zu und – schlafen. Ich habe stets gedacht, Reisen sei die Zeit, in der man nicht genug bekommen kann von der Welt. Erkläre mir einer die Situation. Immerhin sehe ich zwei Verliebte, die gekonnt flirten. Man kann den Jüngling nur beneiden um das Mädchen an seiner Seite. Ob man *sie* beneiden soll? Ich bin mir nicht sicher. Denn sie küssen sich und jetzt kommt die klassische Szene, die weltweit allen Prolos gemeinsam ist: Sein Handy klingelt, er lässt die geschwungenen Lippen der gerade Angehimmelten los und redet. Irgendein Blabla, völlig belanglos. Während sie gelangweilt ihr blondes Haar um den rechten Zeigefinger kringelt. Casanova fällt mir ein, der an einer Stelle in seinen Memoiren davon redet, was ein Mann, will er Erfolg bei einer *Dame* haben, unbedingt tun muss: ihr das Gefühl geben, dass sie gerade das Wichtigste auf Erden ist. Oh, old boy, das war, das war im 18. Jahrhundert, heute ist die Dame genau so lange wichtig, bis es klingelt.

Ich lese eine der großen Zeitungen Israels, *Haaretz*. Brillante Schreiber und eine durchaus besonnene Linie: weg von der offiziellen Hysterie, dass alle Moslems von der Vernichtung der Juden träumen. Und hin zu einer Versöhnung mit den Palästinensern, sprich zwei Staaten, einmal Israel, einmal Palästina. Soll heißen: Die Besatzung ist ein schweres Vergehen und die jüdischen Siedler haben im Gebiet der Palästinenser nichts zu suchen. Es ist nicht ihr Land, es ist das Land der anderen.

Auf Seite eins steht heute ein Bericht über Madonna, die

gestern ihre *MDNA*-Tour in Tel Aviv begann. Sie nennt den dortigen Auftritt »a concert for peace«. Sie gehört zu jenen öffentlichen Personen, denen keine wahrhafte Geste mehr gelingt. Sie hat die Welt und die Weltbewohner instrumentalisiert. Jeder Konflikt, jede Wunde, jeder Geschundene ist ihr recht, wenn er nur zur Vermehrung der Umsätze beiträgt. Jeder Kommentar wird stets so gewählt, dass nichts als brüllende Zustimmung vom anwesenden Volk zu erwarten ist. Deshalb auch vor israelischem Publikum keine Silbe zur »occupation«. Jede Lüge, jede letzte peinliche Geste taugt, um im Gespräch zu bleiben. Sicher wird sie bald wieder – begleitet von einem ausgesuchten Medientross – nach Afrika fliegen und ein schwarzes Baby einkaufen, das – so einst die *Sunday Times* – »farblich gut zur Wohnzimmertapete passt«. Jeder Zeitgeist kommt ihr zupass, wenn er nur geistlos ist und ihr erlaubt, sich an ihn ranzuwerfen. Mittendrin verlautbarte sie: »Gibt es Frieden im Nahen Osten, gibt es Frieden überall auf der Welt.« Aua, manche Sätze reichen an Körperverletzung, so brutal dümmlich treten sie auf.

Ein kleiner Spalt bleibt mir, um hinauszublicken. Die Natur soll mich milde stimmen. Ich vermute, sie wurde dafür erfunden. Um uns zu heilen von den Anwürfen des Lebens.

8

Nach zweieinhalb Stunden in Tiberias, ich finde den kleinen Traum, mein Hotel. Runter zum Swimmingpool. Ich darf jetzt schwimmen, lesen und denken. Ich wundere mich über meine Großzügigkeit, seit Jahren habe ich mir das nicht genehmigt. Ich breite meine drei Kilo Zeitungen und Bücher aus, höre die wunderbare Stille und – zucke zusammen. Der »lifeguard« hat mich gesehen und die Anlage aufgedreht. Sicher denkt er, er mache mir eine Freude. Da findet sich wohl kein Platz in der Welt, an dem sie die Stille aushalten. Nichts scheint verdächtiger als die Abwesenheit von Krach. Ich stehe auf und knie vor dem Lebensretter nieder. Bedenkenlos. Auf dass er mich rette vor dem Hinsiechen durch Dezibel. Der Mensch hat Humor, der Tag wird leiser.

In der *Jerusalem Post*, eher konservativ, eher das Sprachrohr der Regierung, steht ein Artikel, in dem trotzig behauptet wird, dass den Israelis die (schlechte) Meinung des Auslands über ihren Staat egal sein soll. Denn keiner habe das Recht, dem jüdischen Volk Moralpredigten zu halten. Nach allem, was geschehen ist. Statistiken werden aufgefahren, darunter eine aus Deutschland, »dem Land der Nachfahren aktiver Nazis«: Sie besagt, dass 59 Prozent der Deutschen »in Israel eine Gefahr für den Weltfrieden sehen«. Der wütende Ton der Journalistin zeigt, dass es ihr nicht egal ist.

In diesem Buch – in dem hier – wird mit keiner Zeile das Existenzrecht Israels diskutiert. Israel existiert und das ist gut so. Und in keiner Zeile wird darüber nachgedacht, ob man Israel kritisieren darf. Natürlich darf man, nein, soll man, nein, muss man: ohne gleich als »Antisemit« – der penetrante Standardvorwurf – geschändet zu werden. Auch ein Holocaust schützt ein Volk nicht davor, sich in schreckliche Irrtümer zu verrennen. Ich muss doch kein Hasser sein, wenn ich auf Schatten verweise, die das Land überziehen. Ich will doch die Einwohner nicht im Meer versenken oder das Land von der Weltkarte radieren. Diese Art Kritik an den Kritikern ist vollkommen irrational. Wir alle – jeder von uns – bewegen uns nur dann vom Fleck, wenn wir kritisiert werden. Nicht hämisch hinterfotzig, sondern fair und – im besten Fall – wohlwollend kritisch.

Ich komme auch nicht vom Stammtisch gelaufen, um endlich zu sagen, »was endlich gesagt werden muss«. Es ist alles längst gesagt, aber vieles muss oft, so oft, wiederholt werden. Um Konsequenzen zu provozieren. Ich will nicht hartherzig werden, ich will immer davon überzeugt sein, dass jeder Mensch, der fühlt und atmet, das Recht auf ein annehmbares Leben hat. Alle.

Ach ja, Araber, sprich Palästinenser, sind ebenfalls Semiten. Von ihren Missetaten, Scheinheiligkeiten und schauerlichen Fehlentscheidungen wird auch die Rede sein.

9

Mit zwölf habe ich »Exodus« gesehen, einen Film mit Paul Newman und Eva Marie Saint: Jüdische Überlebende brechen nach dem Zweiten Weltkrieg mit dem Schiff *Exodus 47* nach Palästina auf. Eine wahre Geschichte. Aber die Briten – noch immer ist das Gebiet ihr *Mandat* – verweigern den Hunderten das Anlegen. Und schicken sie zurück nach – Deutschland (!). Ich erinnere mich an meine Tränen und meine völlige Ignoranz. Der geschichtlichen Situation gegenüber. Es war wohl das erste Mal, dass ich bewusst das Wort »Israel« hörte. Aber mir gefiel dieser tapfere, unbedingte Wille, seinen Schindern zu entkommen. Nicht aus Schuldgefühl empfand ich mich den Betroffenen so nah, eher: Weil ich schon immer zu jenen hielt, die frei sein wollen, ganz frei. Pathetisch absurd verglich ich ihr Schicksal mit dem meinen: dem Vater, dem Schinder, entfliehen.

Noch heute habe ich die Musik des Films auf meinem iShuffle. In jenem Kinosaal begann meine Verbundenheit mit Israel. Die wuchs. Nicht zu reden von den später gesehenen Dokumentarberichten, sagen wir, aus Bergen-Belsen, in denen Bulldozer KZ-Skelette in Massengräber schoben. Die Nähe blieb, nahm noch zu, als ich zu lesen anfing, ja, notorischer Kettenleser wurde. Und dabei entdeckte, dass die deutsche Literatur zu einem großen Teil von jüdischen Schriftstellern verfasst worden war. Wissen und Geist fand ich schon immer verführerisch.

Aber jetzt bin ich für die Freiheit der Palästinenser. Sie soll ihnen gehören, wie allen anderen auch. Nein, ich bin nicht rührselig, aber Freisein ist das schönste Sein in einem Menschenleben. »Hurriya« heißt das Wort auf Arabisch. Es klingt schwungvoll und poetisch. Wie wohl in jeder Sprache.

Um halb sechs kehre ich zurück in mein Zimmer und höre plötzlich ein Lied. Ich gehe zum Fenster und dieses Lied zieht wie eine Wolke über die Stadt, die unter mir liegt, zieht über die leicht sich wiegenden Palmen, bis hin zum See am Horizont. Ein unfassbar schönes Lied, gesungen von einer warmen Männerstimme. Seltsamerweise steht die Stadt still, kein Auto ist zu sehen, keine menschliche Bewegung. Ich höre und – heule. Noch nie habe ich die Melodie gehört, auch verstehe ich kein Wort des hebräischen Textes. Das ist der innigste Augenblick des Tages: das geheimnisvoll-verschwiegene Tiberias und über ihm – aus unsichtbaren Lautsprechern kommend – schweben Klänge, die nichts als Glück verheißen.

Nach einer Viertelstunde ist der Zauber vorbei. Noch Minuten bleibe ich stehen, warte wie ein Kind, dass es wieder anfängt. Dann gehe ich zur Rezeption und frage. Das Lied trägt den Titel »Shalom aleichem«, Friede sei mit euch, und kündigt jeden Freitagabend den Beginn des Sabbats an, des jüdischen Feiertags. Deshalb der Stillstand. Mir fällt ein, dass die Araber zur Begrüßung »Salam aleikum« sagen, mit der genau gleichen Bedeutung, mit einer so ähnlichen Phonetik. Wie beruhigend, immerhin in der Begrüßungsformel kommt bei beiden Völkern das Wort *Frieden* vor.

10

Ich schlendere hinunter in die Stadt. Aber ich sehe nur orthodoxe Juden durch die Straßen huschen, sicher auf dem Weg zur Synagoge. Mit dem riesigen *Stramel* auf dem Kopf, der Pelzmütze (Hochsommer!), die aussieht wie ein dick behaartes Ufo. Da wandelt er wieder, der religiöse Masochismus, der rastlose Wille, sich für seinen Herrgott zu schikanieren. »Schau, Erhabener, ich schwitze wie ein Schwein, aber du willst es so und das macht uns zwei glücklich.«

Wie mich der Anblick dieser Gebuckelten an meinen eigenen (katholischen) Religionsunterricht erinnert. Dieser grenzenlose Zorn auf Leichtigkeit. Das Unerträglichste, auch Unheimlichste, an den drei Weltreligionen scheint ihr frenetisches Verlangen zu bestrafen. Die eigenen Gläubigen, die anderen, jeden. Der Hass auf die Lebensfreude, der bringt sie zum Glühen vor Begeisterung.

Dass Juden an einen Gott glauben, der es gut mit ihnen meint, das ist ein tiefes Geheimnis. Unvorstellbar, wenn man bedenkt, wie sie ihr Herr Jehova geschunden hat. Und noch immer hängen sie an ihm, trotz des unbeschreiblichen Leids, das hinter ihnen liegt. Aber es gibt wohl keinen Irrsinn in der Geschichte des Planeten, für den nicht Tausende, ja, Millionen bereit wären, ihn in die Welt zu tragen.

Religion erinnert mich an eine Liebe, die nie erfüllt wird, die nur auf Versprechungen beruht. Und die von den »Liebenden«, den Gläubigen, immer so interpretiert wird, als ob die Liebe, sprich die Gegenliebe – das wäre die Liebe des »Weltenherrschers« –, dennoch existierte. Da mag ein Desaster nach dem anderen über sie herfallen, da mögen Erdbeben, Tsunamis, Nazis, Kommunisten, Kreuzritter und andere Feuersbrünste sie heimsuchen, da mögen Heerscharen von ihnen in Sekunden ausgelöscht werden. Egal, vollkommen egal, denn kommt nur einer von ihnen davon, dann hat »Gott geholfen«. Dass er den Heerscharen minus eins nicht beigestanden hat, wollen die blindwütig Abergläubischen nicht wahrhaben. Heldenhaft halten sie an ihrer Liebe fest. Wie jene Frau in Frankreich, die jahrelang von ihrem Mann geprügelt worden war, zuletzt krankenhausreif, sich aber – kaum aus der Intensivstation entlassen – vor den Richter warf und um eine milde Strafe für ihren ehelichen Hooligan bat. Ähnlich sie, die Gottesanbeter. Seit Jahrhunderten werden sie geschunden – die Juden können hiervon ein langes Lied singen – und dennoch blicken sie noch immer verzückt in den Himmel. Der kalt bleibt und keinen Finger rührt.

Ich habe einen Freund in Europa, Häretiker wie ich. Ich grinse, weil er mir jetzt in den Sinn kommt. Die lustige Situation passierte während eines Gesprächs, in dem ich ihm wieder einmal erklärte, dass ich völlig außerstande bin, den heilig-unheiligen Bimbam der Religionen zu verstehen. Und Michael plötzlich aufsprang und rief: »Mensch, du hast nichts kapiert! Denn eines Tages werden sich alle Kathos, Muslime und Juden ihr Karneval-Outfit vom Leib reißen und uns jauchzend zurufen: ›We were just kidding, nur Gaudi, natürlich wissen wir, dass alles Humbug ist. Aber wir wollten ein bisschen Spaß haben, uns amüsieren, auch über euch.‹«

Ich bin vor Vergnügen um den Tisch gehüpft, so wunderbar erlösend fand ich sein Hirngespinst, diese träumerische Vorstellung: dass eines Tages alle auf Himmel und Hölle verzichten und keine andere Moral gelten sollte als Achtung vor den anderen. Und vor sich. Und vor dem ganz und gar irdischen Leben.

Ich kehre zurück ins Hotel, die Stadt wirkt wie ausgestorben. Da Tiberias seit dem »Unabhängigkeitskrieg« als »araberfrei« gilt, ist tatsächlich nichts offen, kein Laden, kein Restaurant.

11

Dinner im Speisesaal. Soweit ich sehe, fast nur Juden, erkenntlich an der Kippa auf den Köpfen der Männer. Die meisten sprechen Hebräisch, ein paar Englisch oder Französisch. Keine *business people*, eher Urlauber. Ich sitze allein und bisweilen spüre ich verstohlen-neugierige Blicke. Auch das Personal ist scheu, sie wissen, dass ich Deutscher bin. Aber die Blicke sind nicht feindlich, eher verwundert: wie wenn ein Fremder ins *Schtetl* kommt und keiner so recht weiß, was man mit ihm anfangen soll. Im Laufe der drei Stunden (ich schreibe nach dem Essen) taut die Zurückhaltung, der Ober und Kellnerin Ina, Exsoldatin und Medizinstudentin, trauen sich ein paar Worte. Ich bin zwar Sohn eines (einst) aktiven Nazis, aber sie sehen, dass ich nicht über drei Tische schreie, keine Hakenkreuzfahne schwenke und für niemanden und gegen keinen in den Krieg ziehe. Gibt es einen Harmloseren als einen Schreiber, ganz nah der Welt, ganz still so mittendrin?

Als ich Kaffee bestelle, gibt es ihn nur schwarz. Denn, so lerne ich, Fleisch und Milch dürfen nicht zusammen konsumiert werden, dürfen sich nicht im selben Raum aufhalten. So steht es in der Thora, dem »Wort Gottes«. Vor dem Restaurant könnte ich den Kaffee mit Milch trinken. Ich wandere mit der Tasse und dem Mac in die Bar. Hier erlaubt es Jehova. Wie sagte es Einstein, der Göttliche, der Jude: »Jeder Idiot kann die Dinge kompliziert machen. Das Geniale ist es, sie zu vereinfachen.«

12

Schöne Tage am Pool. Ich muss mich nur fünf Meter zum Wasser bewegen und wieder zurück. Aber ich lerne etwas, was mir bisher – seit ich das Wort *Israel* kenne – gänzlich entgangen war: dass dieses Land auch vollkommen »normal« ist, mit »normalen« Problemen, die von keinem Nahostkonflikt herrühren, nur immer zum banalen oder heiteren oder erschreckenden Inventar der Welt gehören. Und die man überall hört und sieht. Auf allen fünf Kontinenten.

Ich komme mit der Mutter von zwei kleinen Kindern ins Gespräch. Seit Kurzem geschieden, nachdem der Ex sie drei Jahre lang als Sparringspartner für seine Wut benutzt hatte. Nun ist er verschwunden und zahlt keinen Schekel. Sie lässt ihn suchen.

Gespräch mit einem älteren, attraktiven Ehepaar aus Los Angeles, Sepharden, deren Eltern in Marokko gelebt haben. Sie sprechen kein Wort Hebräisch und gehen ungemein elegant miteinander um. Ein Traumpaar, das hier Verwandte besucht. Sie sind neugierig und fragen nach Deutschland. Ich berichte, dass mehr Israelis denn je nach Berlin auswandern. Das ist eine befremdliche Information, aber so ist es.

13

In diesen Breitengraden muss nicht viel Zeit vergehen, um wieder an die politische, sprich religiöse Wirklichkeit erinnert zu werden. Gespräch mit der schönbusigen Soila, die lässig die Füße ins Wasser hängen lässt. Zu witzig, denn ich wollte mit ihr flirten und erfahre sogleich, dass die Finnin sechsundzwanzig Jahre alt ist und das Hirn einer Sechsjährigen mit sich herumträgt. Sie ist Christin, »pentacostal christian«, also Angehörige einer Freikirche, die an die (wörtliche) Unfehlbarkeit der Bibel glaubt und vom Herrn Jesus als persönlichem »Lord« und »Savior« schwärmt. Überkommt die Gläubigen die Schwärmerei besonders heftig, so sprechen sie »in Zungen«: Hunderte stottern dann, wild gestikulierend, unverständliche Laute. Wer das als Außenstehender miterleben darf (wie ich einst, ich Glücklicher), fühlt sich wie mitten in einer Irrenanstalt.

Soila hat Krankenschwester gelernt und gerade einen *bible study course* in Jerusalem hinter sich. Und redet genau wie jemand, dem frisch das Hirn gewaschen (beschmutzt?) wurde. Kostproben: Israel ist hier der Meister, weil Gott den Juden das Land (sie meint Gesamtpalästina) geschenkt hat. So steht es geschrieben und so ist es auf ewig wahr. Und wer Jesus nicht als seinen Erlöser anerkennt, der wird in die Hölle fahren. Denn jeder hat heute die Chance, *ihn* zu erkennen, auch ein Muslim im hintersten Arabien. Denn er sieht ja fern und erfährt somit vom Retter der Welt. Wenn er nur will. Ja, Jesus hat sich für uns geopfert, hing am Kreuz für unsere Sünden, ja, keine andere Religion hat einen so lieben Gott.

Soila, die aussieht wie ein Covergirl, hat sich bereits mit fünf Jahren zu Jesus bekannt und ihr »Herz beschneiden lassen«. Symbolisch, da ja auch Pentacostal-Herzen keine Vorhaut bzw. Klitoris besitzen. Sie kündigt freudestrahlend die baldige Wiederkunft des Messias (alias Jesus) an: »Soon« würde er kommen. Ich frage nach und höre: »Very soon!« Denn, so wissen es die Bikinischönheit und die Bibel: »Die

Welt ist verrottet, das Teuflische wuchert überall.« Ich bitte um ein Beispiel der Verkommenheit und Soila – als hätte sie meine niederen Gedanken entdeckt – faucht triumphierend: »Sex vor der Ehe!«

Nun, all das Niederträchtige wird in Bälde aufhören und der Herr der Herrlichkeit »tausend Jahre herrschen«. So lange brauche er, um den irdischen Saustall aufzuräumen. Nach dem tausendsten Jahr lässt er den Teufel frei, um zu prüfen, ob tatsächlich alle »wirklich gut« sind. Und erst danach öffnet *Dschissas* die »Bücher«, in denen natürlich auch alle vor- und außerehelichen Geschlechtsverkehre stehen. Und dann ist »doomsday«, der Jüngste Tag, und jetzt hat die Liebe des Herrn ein Ende und das große Höllensausen nimmt seinen Anfang.

Leicht erschüttert trotte ich zu meinem Liegestuhl zurück. Statt zu siegen, kenne ich nun eine Vernagelte mehr. Wie soll hier Frieden ausbrechen, wenn so viel grausiger Schwachsinn die Köpfe vernebelt?

Ich träume: Hätte ich ein Handy, würde ich mir eine App herunterladen, die nicht den nächstgelegenen Shop verrät, in dem man Crocs-Gummischuhe kaufen kann, sondern aufblinkt, wenn sich eine Person in meiner Nähe befindet, die mit Hirn und Vernunft durch die Welt geht. Ein Weltmann eben oder eine Weltfrau, die sich spirituell von nichts anderem verführen lassen als von einem geistesgegenwärtigen Humanismus. Fernab aller barbarisch wütenden Götter.

14

Ich mache mich auf den Weg. Der folgende Tag, und nur er, ist dem »heiligen« christlichen Land gewidmet. Um die Komplexität des Brandherds besser zu verstehen. Hier im Norden Israels, in Galiläa, gibt es Wundertaten zuhauf. Nicht aus der Jetztzeit, denn da gibt es keine Wunder. Aber in der Uraltzeit, da schon. Frohlocken sie. Alle vom Gottessohn vollbracht und bis heute mit Hosianna verbreitet. Dass nicht ein einziges geschichtlich bewiesen ist, spielt keine Rolle. Pilger wollen nicht ihren Verstand ausbeuten, sie wollen ihn verlieren. Sie wollen nicht wissen, sie wollen staunen. Zudem kommen Hunderttausende als Touristen, sprich, der Hokuspokus ist ein Bombengeschäft, er schafft Arbeitsplätze und Millionenumsätze. Natürlich geht es nicht um Wirklichkeit, sondern um Schekel: Kaum gab es den *Jesus Trail*, auf dem, so der Unternehmer, »Jesus Wunder wirkte«, legte ein anderer den *Gospel Trail* an. Auf einer ganz anderen Route. Das Wundersame auch hier: Wunder über Wunder. Das allerschönste Wunder ist noch in Planung: Nicht weit entfernt soll ein *Holy Land Christian Theme Park* betontriumphal hochgezogen werden. Ein *American Wonder*, eine Art Disneyland, um die Hirnschmelze und den *Cashflow* nicht abreißen zu lassen.

Dass diese Provinz auch von Kriegsschauplätzen wimmelt, auf die stets die geballte christliche Nächstenliebe – Kreuzritter gegen Moslems und Juden – niederging, versteht sich von selbst. Der Glaube versetzt Berge. Von Toten.

Mit dem Bus nach Tabgha. Nach zwanzig Minuten sagt der Fahrer, ich solle aussteigen und »rechts runter« gehen. Ich gehe rechts runter und stehe irgendwann vor dem *Pilgerhaus*, Eigentum des »Deutschen Vereins vom Heiligen Lande«. (Chef des Vereins ist Joachim Kardinal Meisner, Erzbischof von Köln, der sich bereits einen soliden Namen als Hetzredner gegen Homosexuelle und »entartete Kunst« gemacht hat.) Hier gibt's ein 120-Euro-Bett für unbedürftige Pilger und einen direkten Zugang zum See Genezareth. Denn dort, so die grandiose Idee, spazierte Jesus übers Wasser: Kaum hatte er seine Jünger – sicher im Boot – erreicht, fielen sie vor ihm auf die Knie. Vor dem Wasserheiligen. So habe ich es in der Schule gelernt. Menschen auf Knien, das ahnte ich schon damals, sind das Markenzeichen jeder Religion.

Ich nähere mich dem Ufer und es ist wunderbar friedlich. Schilfrohre wiegen sich leicht im Wind und ich tapse mit nackten Füßen in die sanften Wellen. Noch brennt das Land nicht, noch kühlt der Morgen. Da ich ein (relativ) bescheidener Zeitgenosse bin, genügt das heutige Wunder durchaus: im See Genezareth stehen und am Leben sein und den Flügelschlag der Möwen hören. Und niemand muss sich vor mir erniedrigen und niemand muss mich anbeten und niemand – nicht einmal das – muss mich, den Glücklichen, zur Kenntnis nehmen.

15

Zu Tabgha gehört auch die *Brotvermehrungskirche.* Unter dem Altar ragt ein Stück Felsen heraus, auf dem, laut Märchenonkel Matthäus, die zwei Fische und fünf Brote lagen, die der Wunderknabe Jesus wundersam vermehrte. Sicher ist, dass diese Nachricht zur formidablen Geldvermehrung beitrug. Denn das Volk drängelt, in zehn verschiedenen Sprachen wiederholen Touristenführer – ohne den Hauch eines Zweifels – das Märchen. Zudem kann man nebenan kiloweise shoppen: das Jesuskind im Heu, Untertassen mit Fischmotiven, Schafe aus Holz, ach, den ganzen einschlägigen Krimskrams.

Nur Minuten entfernt kommt man zu einem Tor, an dem »Private Holy Place« steht (den Spruch werde ich an meine Wohnungstür nageln). Dahinter liegen ein Prachtgarten und die *Church of the Primacy of St. Peter.* Hier, so die ewige Wahrheit, hat Jesus seinen Apostel Petrus zum »Stellvertreter Gottes auf Erden« eingesetzt. Man sieht eine Statue, der Herrgott stehend und der Mensch Peter, wie üblich, kniend, Text darunter: »Feed my sheep«, genau so: Nähre meine Schafe! Ich verstehe, der Schafshirte auf Knien und die Schafe blökend. Verführerischer kann eine Botschaft nicht klingen.

Hinauf zum *Mount of Beatitudes,* dem Berg der Seligsprechungen, dorthin, wo Jesus – so die nächste Legende – die weltberühmte Bergpredigt hielt. Steiler Weg, auf halber Strecke hole ich ein amerikanisches Ehepaar ein, schweißtriefend neben dem Staubweg ausruhend. Ich frage, wo genau die Predigt stattfand, und der Mann antwortet: »Genau hier!« Aber warum hier und nicht weiter oben? Und der Witzbold, trocken: »Weil es bei dieser Hitze keiner nach oben geschafft hätte.«

Ich bin tapfer und erreiche die Kuppe. Hier steht die *Church of Beatitudes*, erbaut in den Dreißigerjahren des letzten Jahrhunderts. Umgeben von einem formidablen Park und einem mächtigen Gitter mit verschlossenem Tor. Das erst wieder um 14 Uhr geöffnet wird. Ich klingle und etwas Unerwartetes passiert: Keiner antwortet, dann kommt ein Auto, das Tor gleitet zur Seite und der Wagen verlässt das Gelände. Und ich schlüpfe hinein. Zentimeter, bevor sich die Zufahrt wieder schließt. Aber jemand hat mich dabei beobachtet und ruft: »Hey, it's closed, please leave.« Nun das kleine Wunder: Ich sage, dass ich nur einmal im Leben hierherkomme und in zwei Stunden längst woanders sein muss. Und dieser Mensch – obwohl »jeder bestraft wird, der sich unerlaubt auf dem Gelände aufhält« – bleibt ein Mensch, der nicht züchtigen, sondern hilfsbereit sein will. Ich darf bleiben, solle mich jedoch »diskret« bewegen.

Allein durch die Prachtanlage, die Franziskaner hier leben durchaus beneidenswert. Ein Märchengarten, die eleganten Häuser, alles blüht und strahlt. Und keine Menschenseele zu sehen: Mittagszeit, in der wohl die orientalische Schläfrigkeit umgeht. An der runden Kirche vorbei und mich setzen. Ich rauche (nicht vorstellbar die Strafen) und blicke auf den See, auf das Jordantal. Ich fasse es nicht, wie schön die Welt sein kann. Nicht überraschend, dass sie hier – von meinem Kinn tropft der Schweiß – von Wundertaten delirieren. Bei so viel Herrlichkeit, so viel Hitze, so viel Entrücktheit.

Als ich aufbreche, gehe ich auf ein Schild zu, auf dem der berühmteste Satz der berühmtesten Predigt steht: »Glücklich die Armen im Geiste, denn ihrer ist das Himmelreich.« Sogleich durchzuckt mich ein Flash aus meiner Kindheit: Immer wieder hatte ich schneidende Dispute mit meinem

Vater, wobei ich höllisch aufpassen musste, um seinen perfiden Gehirnwindungen folgen zu können. Er wollte mich auf Biegen und Brechen intellektuell beherrschen, wollte mir einreden, dass ich das Denken und Antworten ihm überlassen solle, er wisse schließlich alles besser. Ja, alles. Es ging um Macht, was sonst.

Heute bin ich dem Machthaber dankbar. Weil seine Unbelehrbarkeit mich hellhörig machte. Als ich im Religionsunterricht diese Maxime aus der Bergpredigt zum ersten Mal hörte, war ich sofort auf dem Quivive: Denk nicht, du bist das Schaf, das tut, was er (der Vater) oder was sie (die Pfaffen) dir anschaffen. Und damit der Machtanspruch noch mächtiger klingt, spricht ihn kein Sterblicher, sondern der Unsterblichste höchstpersönlich. Doch der biblische Aufruf kam zu spät, ich war bereits immun. Arm im Geiste? Gibts ein armseligeres Leben? Doofsein als Bedingung fürs Glück? Oben ohne, das hätten sie gern, die Gottesmänner. Der himmelblöde Satz ist eine Bankrotterklärung.

16

Nach einem Umweg über Kafarnaum, das als *Village of Jesus* verkauft wird, fahre ich per Autostopp zurück nach Tiberias. Hier gibt es einen Dokumentarfilm zu sehen, *Galilee Experience*. Das einstündige Filmchen ist gewagt. Begleitet von dramatischer Musik hört man aus dem Off, dass Galiläa und der Rest von Palästina als göttliches Geschenk auf die Juden herniederkamen. Bescheidener wird es nicht formuliert. Was für ein aberwitziger Gedanke: Der Überirdische verschenkt Ländereien an ein Volk. Dass andere Völker leer ausgingen, fällt hier keinem auf. Ein solches Denken ist politisch hochbrisant: Damit rechtfertigt ein großer Teil der israelischen Öffentlichkeit seinen Anspruch auf das gesamte Land. Und noch etwas Erstaunliches: Die Araber von Palästina (erst nach 1948 nennen sie sich Palästinenser), die hier seit über tausend Jahren leben, werden in dem Streifen weder verspottet noch bekämpft noch vertrieben, nein, sie kommen überhaupt nicht vor. Mit keinem Wort. Es gibt sie einfach nicht. Das stärkt die nächste Legende: »Ein Land ohne Volk für ein Volk ohne Land.« Wie notierte es Max Frisch einmal? »Jeder Mensch erfindet sich früher oder später eine Geschichte, die er für sein Leben hält.« So ähnlich funktioniert es wohl auch bei Nationen.

17

Bevor ich abends zu schreiben beginne, lese ich die Rede, die mein israelischer Lieblingsschriftsteller David Grossman in der Frankfurter Paulskirche hielt. Aus Anlass des Friedenspreises des Deutschen Buchhandels, der ihm 2010 verliehen wurde. Ich habe sie damals auf meinem Mac abgespeichert. Jetzt ist die richtige Zeit, sie nochmals anzuschauen. Weil mich immer nach einem Hellsichtigen verlangt, wenn zu viel himmlischer Stuss meinen Kopf verdunkelt. Grossman ist ein rastloser Kritiker der Besatzungspolitik und ein penetranter Fürsprecher der so einfachen Idee, dass den Palästinensern dieselben Menschenrechte zustehen wie den Israelis. Ein »Linker«, der sein Land liebt. Und es kritisiert. Und dafür von den Rechten als »selfhating jew« beschimpft wird.

So sieht es aus: »Antisemitisch« sind wir zwischenrufenden Ausländer, »sich selbst hassende Juden« sind alle Inländer, die aufmucken und nicht mit dem Hammer in der Hand auf jeden Araber losrennen: Israelis eben, die zu der fulminanten, ewig (irdischen) Wahrheit durchgedrungen sind, dass es vom Herrgott bevorzugte Menschenkinder nicht gibt. Nur uns, irgendwie gleich, irgendwie verschieden, irgendwie voller Sehnen nach einem guten, innigen Leben.

Doch Grossman erzählt in seinem Vortrag noch von etwas anderem: vom Glück des Schreibens. Wie ihn die Suche nach Sprache, seiner hebräischen, aus einer abgründigen Depression zurückholte: nach dem Tod seines Sohnes Uri, der als junger Soldat 2006 im *Zweiten Libanonkrieg* umkam. (Mit 44 toten Israelis, davon 19 arabisch-israelischen, und knapp 1200 libanesischen Toten und Hunderten von Verletzten.) Wie ihn das Aufspüren des einen Worts, des einzig richtigen Worts – und beschriebe es eine Tragödie – die Freude am Existieren, die Freude am Arbeiten wiederfinden ließ. Trotz der in Hass getränkten Umgebung, trotz aller Tränen der Mütter und Väter. Sprache als Herzmassage. Auf dass es erneut anspringt und schlagen will.

18

Am nächsten Morgen auf nach Nazareth, wo Frau Maria Muttergottes fleckenlos empfangen hat. Unvorstellbar, dass ein Gottessohn via männliche Geilheit (von der weiblichen gar nicht zu reden) in die Welt kam. Gezeugt wurde er folglich vom (sexlosen) »heiligen Geist«. Oh, heiliger Schwachsinn.

Wieder sitzen viele Soldaten im Bus. Das ist eine seltsame Situation. Denn vor den Fenstern liegt ein wohlhabendes Land, kein Haus brennt, keine hungernden Kinder streunen, keine Verzweiflungsschreie, kein Tropfen Blut zu sehen. Das Einsatzgebiet der so jungen Schwerbewaffneten liegt nur ein paar Kilometer entfernt. Da, wo Palästina beginnt. Und die Palästinenser sagen: Ihr Israelis unterdrückt uns! Und die Unterdrücker sagen: Wir unterdrücken euch, damit ihr uns nicht vernichtet!

Nach dem Holocaust hat sich Israel geschworen: Keiner wird mehr versuchen, das jüdische Volk auszulöschen! Und nie mehr werden Juden wie fügsame Hammel in die Gaskammer trotten! Denn wir werden uns wehren, mit aller Macht, mit aller!

Wie gut man das verstehen kann, ja, nachfühlen und begreifen. Aber inzwischen ist Israel erblindet, die unerträglich schmerzhafte Erinnerung an die Shoa verstellt jeden Blick auf die Gegenwart.

Heute entdecke ich während der Fahrt einen Soldaten, der die M16 auf seine Knie gelegt hat und darüber einen Moleskine-Schreibblock. Und schreibt. Still, konzentriert, wie einer, der etwas mit sich klären, wie einer, der mit etwas fertig werden muss. Er scheint unberührbar. Heimlich blicke ich zu ihm hinüber. Er soll von meiner Bewunderung nichts erfahren. Ich will das Bild so lang wie möglich genießen.

19

Wer nach Nazareth kommt, fährt zuerst durch »Nazareth Illit«, die *upper city* wurde Anfang der Fünfzigerjahre gegründet. Rein jüdisch, als Gegengewicht zu »Old Nazareth«, das als arabische Hauptstadt Israels gilt. Hier wohnen die Palästinenser, von denen viele einen israelischen Pass besitzen. Mit dem (unsichtbaren) besonderen Kennzeichen im Dokument: *Bürger zweiter Klasse.* Sie machen etwa zwanzig Prozent der Gesamtbevölkerung aus und es gibt keinen zivilen Bereich – die Statistiken sind erdrückend –, in dem sie nicht benachteiligt werden. Wie jetzt, hier in Nazareth: Eine Umgehungsstraße ist geplant, nur der jüdischen Bevölkerung zugänglich. »Apartheid« ist ein anderes Wort, das gut zu diesem Land passt.

Ach ja, viele Palästinenser kamen nach der Vertreibung 1948 wieder heimlich in ihre Heimat zurück. Heimlich, da die Israelis alles versuchten, sie daran zu hindern.

Ich checke unten ein, mitten im Wirrwarr der kleinen Gassen. Das Gepäck abladen und losgehen. Als Erstes komme ich an einer kleinen Moschee vorbei, über der ein mächtiges Transparent hängt, der Text (ich kopiere auch die Fehler): »And whoever seeks a religion other than Islam, it will never be accebted of him, and in the Hereafter he will be one of the losers.« Unterschrieben mit »The Coran«. Also, wer immer nach einer anderen Religion als dem Islam sucht, der wird von ihm (= Herrn Allah) nicht akzeptiert und gewiss im

Nachleben als Niete auftreten. Das hieße, schmucklos formuliert: Ewigkeiten lang wird sich keine Jungfrau, nicht *eine* von den versprochenen achtzig, um den Loser kümmern. Man sieht, auch im »Mohammedanertum« – so hieß es in meiner Jugend – spielt das Hirn keine Rolle.

Hundert Meter weiter steht die »Himmelfahrts-Basilika«, die christliche Konkurrenz. Auch bei ihr sind die geistig Bescheidenen willkommen. Gleich links im Vorhof sieht man Maria, die Schutzpatronin aller Jungfrauen. Als Denkmal. Von hier, so heißt es, ist sie zum Himmel durchgestartet. Der Sockel als Abschussrampe. Ein Reiseleiter gestikuliert und erklärt den Umstehenden, ohne mit der Wimper zu zucken, wie er damals vor 2000 Jahren vonstattenging, der Senkrechtstart nach oben. Das muss man dem *Holy Land* zugestehen: Nirgends auf Erden beweist Religion so radikal, dass sie für die Bedürfnisse eines Schafs – die Bibel war ja so freundlich, das passende Wort zu liefern – maßgeschneidert wurde. Schafe sind allen Himmlischen die Lieblingsmenschen.

Hier ein hinreißendes Beispiel: Voller Freude hatte ich gelesen, dass die *Annunciation Road* einst »Casanova Street« hieß. Ah, der Italiener, der Weltmann, der Polyglotte, der Belesene, der Flaneur, der Reisende, der Schriftsteller, der siebzehnjährige Doktortitel-Inhaber, der Expriester, der betrunken von der Kanzel fiel, der Pfaffenspötter, der Gesprächspartner von Friedrich II. und Voltaire, der Frauenanbeter, wer hätte ihn nicht gern zum Freund gehabt. So stürme ich ins *Tourist Office* und frage hochgestimmt, ob denn meine Information über die – leider bedauerliche – Namensänderung der Straße stimme:

Yes, this is correct.
Did Casanova ever travel to Nazareth?
Yes, he came around 1970.
This seems impossible for he died over 200 years ago.
No, no, he came around 1970.

Mythenbildung in Echtzeit. Da scheint der Orient unschlagbar. Nach einer halben Stunde weiß ich, dass mich ein Druckfehler irreleitete. Es hätte »Casa Nova Street« (Neues-Haus-Straße) heißen müssen. Und sie wurde natürlich nicht nach dem Wunderknaben benannt, sondern nach einer Pilgerpension. Wie unsexy.

20

Zu Beginn der *Al Bashara Street*, auf der links und rechts Devotionalienläden stehen, treffe ich einen Palästinenser, um die vierzig, er soll Zeki heißen (was klug bedeutet, intelligent). Er ist Araber, ihm gehört eines der Geschäfte. Zeki überrascht mit einem ganz westlichen Zynismus. Als (heimlicher) Ex-Muslim grinst er nur, wenn die christliche Kundschaft nach einschlägiger Ware verlangt. »Angst ist eine unheimliche Triebfeder«, meint er, »sie finanziert meinen Lebensunterhalt.« Zeki ist der zweite Araber auf meinen langen Reisen, der sich als Atheist outet. Mir gegenüber, dem Fremden. Vor seinen Islambrüdern wäre das undenkbar. Das Gatter verlassen gilt ja als Todsünde.

Minuten später kommt sein Vater vorbei und es wird klar, dass Zynismus erblich sein kann. Die beiden wetteifern um die Sinnlosigkeit des Lebens. Und sie haben Charme, es gibt Tee und Zigaretten, drei Stühle stehen sogleich auf dem Trottoir. Echte Nihilisten. Vater Azmi feuert einen Satz ab, den Cioran, der Philosophen berühmtester Schwarzseher, nicht kaltschnäuziger hätte formulieren können: »Der Hauptgrund für unser Unglück ist die Tatsache, dass wir geboren wurden.« Mit solchen Eisbrocken im Mund vergeht eine vergnügte Stunde. Ich mag die zwei, schon deshalb, weil sie Widerstand leisten und mich nicht mit biblischem Weihrauchgeleier heimsuchen. Es wird noch besser, jetzt gibt es absurdes Theater, öffentlich, mitten in Nazareth: Ein ambulanter Händler mit einem Sack frommen Klimbims setzt sich dazu. Man kennt sich. Halim (so heißt er tatsächlich) packt aus und Vater und Sohn nehmen die Teile in die Hand, drehen sie, prüfen sie. Dicke Bibeln, das Herz Jesu als Messingrelief, Rosenkränze, Fläschchen mit »Reinem Wasser vom Jordan« und »Erde aus Jerusalem« und »Weihrauch vom Heiligen Land« und – unschlagbar – »Jungfräulichem Olivenöl von Golgota«. Ich frage verdutzt: »Alles hierher gebracht, original verpackt?« Die drei kichern und klären auf: »Die Flakons werden in Halims Hinterhof abgefüllt, ein paar Straßen weiter.« Zuletzt wird die Schachtel mit den Kruzifixen ausgepackt, fachmännisch ziehen die beiden potenziellen Käufer am Plastikleib des Gekreuzigten. Ob der Erlöser auch fest am Holz klebt.

21

Durch die Kasbah flanieren. Entlang der engen Nebengassen, ganz still, mittagsschläfchenstill. Ein paar Meter über mir tropft die aufgehängte, sich sanft wiegende Wäsche. Und dahinter nur Blau, nur Himmel. In solchen Momenten träume ich davon, hier, im dritten oder vierten Stock, eine Wohnung zu mieten, nur einen Raum, nur einen Tisch, nur einen Stuhl. Und im Eck der Futon. Und ich schreibe. Das ist mein Lieblingsglück. Weil ihm nichts fehlt. Weil es mich vollkommen erlöst von anderen Wünschen. Nicht für immer, aber für Stunden überkommt mich, so allein, so unauffindbar, die schönste Einsamkeit der Welt.

22

Ich will mich nicht schonen und besuche das *Nazareth Village*, ein auf uralt getrimmtes Dorf, uralt wie das erste Jahrhundert: »Sieh dir das Leben an, wie Jesus es kannte.« So, sagen sie, muss es ausgesehen haben in Zeiten, in denen der Gottessohn hier wandelte. Nach der Kasse wandeln die Teilnehmer zuerst einmal in den *gift shop*, hier kann man sich eine »Bundeslade zum Selberbasteln« einpacken lassen.

Und – noch vielversprechender als bei Halim – ein »Extra Virgin Olive Oil«. Gewiss für die extra widerständigen Jungfrauen.

Dann über ein paar Hektar Dorfgemeinschaft wandern, in der Schauspieler als Weber, Schafshirten, Schmiede und spielende Kinder verkleidet das Dorfleben Jesu vorführen. Es menschelt angenehm. Einer der Komparsen, der den Esel spazieren führen soll, hat die Ankunft der Gruppe verschlafen und muss von unserem Guide diskret geweckt werden. Zedern und Mandelbäume, Misthaufen, sogar ein Wachturm stehen herum. Wir sind praktisch in den Fußstapfen des Herrn unterwegs.

Der Wahn ist das kostbarste Gut einer Religion. Nicht umsonst gibt es in der Medizin den offiziellen Begriff vom »Jerusalem-Syndrom«. Bis zu zweihundert Frauen und Männer werden pro Jahr in die umliegenden Psychiatrien der Stadt eingeliefert, weil sie plötzlich von der – oft für die anderen lustigen, oft für sie selbst unheilvollen – Hysterie erfasst wurden, zum Personal der Bibel zu gehören. Und schlagartig als Samson oder Johannes der Täufer oder Prophet Elias oder Jungfrau Maria oder – in der Hauptrolle – als Jesus Christus durch Israel spazieren. Manchmal als zündelnde Radaubrüder, manchmal als Künder der Wiederkunft des Messias, manchmal als närrische Jungfern, die nach Bethlehem aufbrechen, um »ihr Baby« dort zu suchen.

23

Abends im Hotel, schreiben. Ein arabisches Hotel, das Personal lacht, Witze fliegen durch den Raum und Salim macht mir schöne Augen. Und bringt, unaufgefordert, einen Teller voller Melonenschnitten. Wir zwei wissen unverzüglich, was es geschlagen hat. Lächelnd fragt er, ob ich verheiratet sei, und da ich mit Nein antworte, will er wissen, wie die Situation der Schwulen in Frankreich aussähe. Ob auch so verlogen wie hier. Wieder Nein, denn unbeschwerter und schwuliger als in Paris kann es sich ein Homosexueller nicht wünschen. In manchen Cafés geht es zu wie in Arabien: nur Männer.

Salim will alles über meine eigenen Erfahrungen in Sachen Männerliebe wissen. Ob »frotti-frotta«, ob oral, ob alles zusammen? Wie jeden sinnlich begabten Menschen regt ihn das Reden über Sex an. Ich plaudere gern mit Homos, denn (fast immer) sind sie absolut heiligenschein-frei, ganz unbelehrbar von religiösen Horrorszenarien, die für sie, die schlimmsten Todsünder, vorgesehen sind. Dass sich Salim hier, in seiner bigotten (arabischen) Gesellschaft, vor der Öffentlichkeit hüten muss, auch klar. Ob als Christ, wie er, oder als Muslim: Der Hass auf Andersfühlende hält sich bei allen Gottesanbetern die Waage.

Salims eigene Geschichte klingt wundersam versponnen: Als ehemaliger Theologiestudent ist er aus dem Priester-seminar in Rom geflohen, nachts hinaus in den strömenden Regen. Der Kampf zwischen seinem Körper und der offiziellen Moral war unerträglich geworden. Doch nach der Befreiung kam die nächste Fessel, wieder aus seiner Umgebung: kam die Heirat. Und drei Kinder. »Nein«, sagt er, »du kannst dich hier nicht outen, du musst eine Maske tragen.« Sanft legt er in einem heimlichen Augenblick die rechte Hand auf meinen Nacken, fragt wispernd, ob er nicht nach Mitternacht an meine Tür klopfen dürfe. Ich lächle verschwörerisch.

24

Frühmorgens mit einem *Sherut* nach Jenin (sprich: Dschenin), der ersten größeren Stadt im Norden eines Gebiets, das geografisch neutral »Westjordanland« (westlich von Jordanien) heißt. Und das die Religioten »Judäa und Samaria« nennen, da sie es als Provinzen von »Eretz Israel« betrachten, von Groß-Israel. Und das die Palästinenser mit dem einzigen Namen bezeichnen, der ihm gebührt: »Palästina«.

Hier ein paar Daten: Am 29. November 1947 beschlossen die *Vereinten Nationen* – auch eingedenk des Holocausts – die Teilung des Gebiets, das lange zum Ottomanischen Reich gehörte und von 1922 bis 1948 von den Briten als *Mandat* verwaltet wurde. Ein Teil – so der klare Auftrag – sollte von nun an den Juden gehören, der andere den Arabern. Die einen akzeptierten und die anderen – noch nie begabt für Realpolitik – lehnten ab. Und zogen, unterstützt von sechs (arabischen) Staaten, in den Krieg. Und Israel, der am 14. Mai 1948 neu gegründete Staat, nahm die Herausforderung an: Der »Unabhängigkeitskrieg« begann. Den die Bedrängten haushoch gewannen, nebenbei viel Land eroberten und etwa 750 000 Palästinenser aus ihren Dörfern und Städten vertrieben. (Dass laut offizieller israelischer Geschichtsschreibung – Stichwort: »Wie es wirklich war« – niemand vertrieben wurde, versteht sich von selbst.) An diese Monate, bis Sommer 1949, erinnern sich die Palästinenser noch heute unter dem Namen »Nakba«: Tragödie.

Im Juni 1967 kommt es zum berühmten »Sechs-Tage-Krieg«, wieder angezettelt von Ägypten. Und Israel siegt ein weiteres Mal souverän, wieder wird Palästina kleiner und wieder machen sich Tausende auf die Flucht. So streiten sie nun seit 45 Jahren um den Rumpf, der – nach 1967 – von Palästina geblieben ist: um das geschrumpfte »Westjordanland« und um Gaza, den winzigen Landstrich im Süden Israels. (Zusammen etwa 6200 Quadratkilometer, ein Zwölftel der Fläche Bayerns.) Beide Teile zusammen machen ein Gebiet aus, das fast um die Hälfte (!) kleiner ist als jenes, das den Arabern einst von der UNO zugesprochen worden war.

Die meisten Palästinenser wären heute mit dem verbliebenen Territorium einverstanden, wenn sie a) einen eigenen Staat bekämen, wenn b) Ostjerusalem ihre Hauptstadt würde und wenn c) die Flüchtlinge zurückkehren dürften. Allen drei Forderungen widersetzt sich Israel. Beide Seiten (ich wiederhole mich) legen eine Borniertheit – immerhin der längste Konflikt der modernen Geschichte – an den Tag, ja, eine Unfähigkeit, mit der Wirklichkeit umzugehen, die auf geradezu unheimliche Weise überrascht. Wobei die israelische Borniertheit – unterstützt von militärischer Power und den USA – immer siegte: Seit 1947 – alle Konflikte, Attentate, gezielten Tötungen und Aufstände gerechnet – kamen viel, viel mehr Palästinenser ums Leben als Israelis. Und viel, viel mehr wurden verwundet. Und unendlich viele, nur Palästinenser, wurden verjagt. Die Unverhältnismäßigkeit, mit der hier ein Gegner auf den anderen losgeht, macht staunen.

Die rabiate Aggression Israels hat ein Hauptziel: die (jüdische und völkerrechtswidrige) Besiedelung Palästinas, eben jenes Rests, der den Palästinensern nach dem 1967-Krieg geblieben ist. Und sie folgt einem alten Muster. Als Beispiele sollen Australien und Amerika dienen: Der »Weiße Mann«, der »westliche«, kommt und nimmt sich das Land. Mit Mord und Totschlag, mit Verjagung und blankem Diebstahl. In Australien haben wir heute, als Resultat der Verachtung, die dämmernden Aborigines, die Ureinwohner, die sich – ein großer Teil – von der Gewalt nicht erholt haben, gebrochen sind, alkoholverseucht. Und in den USA stiegen die »native Americans«, die in meiner Kindheit »Indianer« hießen, nicht minder dramatisch ab: Sie dösen, ebenfalls vom Feuerwasser erledigt, in ihren Reservaten.

Ja, richtig, die Eroberung Palästinas ist damit nicht zu vergleichen, nie hat die israelische Armee das palästinensische Volk abgeschlachtet. Die Gier nach Land allerdings ist dieselbe, nur die Mittel, diese Gier zu befriedigen, sind andere. Das Ziel ist folglich nicht die Vernichtung des Gegners, sondern seine »Abschiebung«: ins Ausland, in die Welt, nur weit weg von der »Hauptstadt Jerusalem«, nur weit weg vom jüdischen Staat. Aber das funktioniert nicht. Die Palästinenser sind auf sentimentalste Weise mit ihrer Erde verbunden, sie wollen, nein, sie können nicht loslassen. Denn seit Hunderten von Generationen leben sie auf ihr, stolz und renitent. Und fest entschlossen, nicht klaglos zugrunde zu gehen, sich nicht – wie andere Entwürdigte – aus schierem Unglück zu Tode zu saufen. Sie wollen kämpfen und leben.

25

Von Nazareth bis zum Checkpoint Jalameh sind es nur zwanzig Minuten. Er ist so unübersehbar wie viele andere Kontrollstellen, an denen Palästinenser von den Besatzern kontrolliert werden: »Grenzposten« entlang der »green line«, die 1967 festgelegt wurde. Etwa 300 dieser finsteren Orte gibt es, am Rande Palästinas oder mittendrin: Wachtürme, hohe Mauern, Stacheldraht, Sandsäcke mit Schießscharten.

Wir haben Glück, in unserem kleinen Bus sitzen sechs Araber mit einem israelischen Ausweis und ein Ausländer mit Pass. Wir werden grußlos gecheckt, dann desinteressiert durchgewunken. Wer Palästina betritt, wird weniger schnell als »Terrorist« verdächtigt als jener, der es verlässt und nach Israel will.

Ich komme, direkt hinter der Wagenscheibe sitzend, ganz nah und langsam am Gesicht eines blutjungen Soldaten vorbei. Was er wohl fühlt? Den Fremden, den Palästinensern, gegenüber. Hass? Gleichgültigkeit? Resignation?

Bald werden Antworten in meinem Tagebuch stehen, die verschiedener nicht sein könnten: von den einen, die verachten, und den anderen, die missmutig ihren dreijährigen Wehrdienst ableisten. Und den Dritten, der Minderheit, die sich weigern, ihr Herz und ihren Kopf stillzulegen. Jene doch, die verstanden haben, dass hier Unrecht geschieht. Ich werde nicht aufhören, sie zu bewundern. Wie ich jeden bestaune, der sich dem Drill der Mehrheit widersetzt.

26

Kurz vor zehn Ankunft in Jenin. Heute ist Freitag, Feiertag, die stille Stadt unter einem gleißenden Himmel. Ich liebe solche Augenblicke. Vollkommen fremd sein, niemanden kennen, keinen Plan in Händen halten. Nur da sein, nur bereit sein für das, was kommt.

Ich gehe eine der Straßen entlang, keine Ahnung, wohin sie führt. Diese Ungewissheit ist bisweilen ein berauschender Zustand. Weil sie Weltvertrauen signalisiert, weil sie eben nicht, wie sonst, Angst verbreitet, sondern das Gegenteil: Leben, Zutrauen, Jetzt.

Und natürlich passiert etwas, denn ein Fremder fällt auf. Jemand ruft »welcome«, ich drehe den Kopf und ein Taxi hält neben mir. »Willkommen« sagen sie hier zu jedem, der sie besucht. Sie freuen sich tatsächlich, wenn einer sich die Mühe macht, ihr kleines, verlorenes Land zu besuchen. Wo sie doch keine Berge haben und kein Meer und keinen tiefen, dunklen Wald. Jeder Ausländer ist für sie eine Bestätigung, dass es sie gibt. Weil er sich nach ihnen erkundigt, von ihnen wissen will.

Ich steige ein und Wärme auf den ersten Blick bricht aus. Kasim ist Lehrer, aber jetzt sind Ferien, also verdient er sein Geld als Fahrer. Wie ein Teddybär sitzt er hinter dem Steuer. Er sagt ein paar Sätze und ich verdächtige ihn sofort als jemanden, der mein Leben bereichern wird. Er bringt mich zum einzigen Hotel in der Stadt, dem *North Gate*. Beim Abschied bitte ich Kasim um seine Mobilnummer, ich will ihn wiedersehen. Es gibt Frauen und Männer, die wie eine Welle überfluten. Von Anfang an. So ausgebreitet sind ihre Arme, so unbeschwert ertragen sie Nähe.

Das Hotel ist ein kleiner Traum, ich bekomme ein hartes Bett, einen Tisch, eine Badewanne und – als Lebensretterin – die Klimaanlage. Und Faris. Der tagsüber an der Rezeption steht und abends, von 18 bis 23 Uhr, in einem Restaurant als Kellner arbeitet. Dann fährt er nach Hause. Palästina ist ein armes Land, hier müssen sie schuften.

Das Hotel ist fast leer, Jenin ist kein Kurort. Und Faris freut sich, weil er jetzt seine zweite Fremdsprache üben kann. Vor einigen Jahren lebte er als Ehemann einer Deutschen in Hamburg. Und beide, so erzählt er ganz undramatisch, erlitten dort Schiffbruch. Denn er, der Muslim, duldete nicht, dass sie Schweinefleisch aß, und sie überzog ihn mit Vorwürfen, weil der Gatte sie beim Weintrinken »allein« ließ.

Ich liebe solche Geschichten, sie beweisen mein schönes Leben. Denn ich kann vierundzwanzig Stunden lang, Tag für Tag, an Schweinebraten knabbern und Weinkeller leersaufen, ohne dass mir einer oder eine erzählt, was ich zu tun und zu lassen habe. Die Ehe als Verbotsanstalt. Überraschend nur, wie viele dort hineinwollen.

Faris erweist sich als ausgesprochen hilfsbereit, hat Zeit, holt Tee, erklärt. Es ist ein Klischee, das nicht aufhört, wahr zu sein: *The kindness of strangers* wirkt als entscheidendes Spurenelement, ohne das ein Reisender nicht auskommt. Und die Araber, diese hochbegabten Streithähne, sind Weltmeister darin, sind wunderlich friedlich, wenn es um Gastfreundschaft geht: der Gast als Freund, um den man sich sorgen muss.

Natürlich reden wir über *den* Konflikt. Und die klugen Palästinenser wissen, dass sie mitverantwortlich sind für den Status quo. Die »PA«, die *Palestinian Authority*, der Regierungsapparat, gilt als Brutstätte rasanter Korruption. Faris liefert Beispiele: Der Spezi eines Ministers lebt in Kanada und steht gleichzeitig als Bürokraft auf der Gehaltsliste des Großzügigen. Großzügig mit den Geldern, die als Hilfe aus dem Ausland fließen. Oder: Der Bewerber für einen Posten hat nicht die geforderte Qualifikation. No worry, dafür hat er einen Onkel in der Behörde. Bingo, der Job gehört dem Falschen.

Ja, auch richtig: dass sie untereinander zerstritten sind, allen voran die beiden führenden Parteien, die *Fatah* – sie bestimmt in den *Westbanks* – und die *Hamas*, sie »regiert« im Gazastreifen. Statt gemeinsam gegen den einen Gegner vorzugehen, sind sie bis aufs Blut entzweit. (Zurzeit nähern sie sich an, auch Hitzköpfige lernen.) Wie sagte es Abba Eban, der ehemalige Außenminister Israels: »Die Palästinenser haben nie eine Gelegenheit versäumt, eine Gelegenheit zu versäumen.«

Ich will Faris testen und erwähne Hitler und den Holocaust, der ja als entscheidender Grund angeführt wird, um den UN-Beschluss zur Gründung Israels zu rechtfertigen. Jene Abstimmung, die *auch* als Beginn ihrer, der palästinensischen, Tragödie gilt. Ich will den 35-Jährigen aushorchen, denn ich habe aus dem Mund so manchen Arabers schon die abstrusesten Lobsprüche auf Adolf H. gehört. Und natürlich fürchte ich mich vor seiner Antwort, denn ich will nicht hören, wie Faris den Massenmörder zum Mann des Jahrhunderts ausruft. Der leider ein paar Juden übersehen hat.

Aber der Palästinenser ist kein geifernder Fundamentalist. Für Faris ist Hitler keine Option, er will keinen Völkermord an den Juden, sagt er, er will ein freies Land, das ihm gehört und das von niemand anderem kontrolliert wird als von seinem Volk. Er klingt bedrückt und ich frage ihn, wie er die Zukunft sieht. Und Faris, poetisch und eindeutig: »Ich sehe nur Vulkan.«

27

Ich gehe in die Stadt, die aussieht wie ein Verhau billig hochgezogener Betonschachteln. Für architektonische Eleganz haben sie hier kein Geld. Aber ich komme an einer *Lady Cosmetics Boutique* vorbei. Wie beruhigend, auch bei den Armen wollen die Frauen schön sein. Heute ist der Laden zu, kaum ein Mensch ist zu sehen. Als diente der Ruhetag dazu, sich vor der Sonne zu verkriechen. Vier schwer bewaffnete Polizisten lungern in einem Eck. Ich frage nach besonderen Vorkommnissen. Keine. Aber hier ist ihr Arbeitsplatz, irgendwo in einer leeren, staubigen Straße. Nicht weit davon entfernt steht ein seltsames Denkmal, ein Steinbrocken, Inschrift: »In memory of the fallen German Airmen«, zur Erinnerung an eine deutsche Fliegerstaffel, die in den Jahren 1917/18 die Ottomanen (die Türken) im Kampf gegen aufständische Beduinen unterstützte. Die Namen von getöteten Zwanzigjährigen sind eingemeißelt. Ich lese sie mehrmals, damit ich spüre, was sie bedeuten: dass Befehlsgeber, in diesem Fall deutsche, immer wieder gern ein Blutbad nehmen und dafür das Leben anderer vernichten. Im Namen ihrer fieberkranken Ideen. Und dass Zwanzigjährige, statt den Generälen die Pickelhaube durch die Schädeldecke zu rammen, sich mit einem Hurra auf den Lippen vernichten lassen.

Aber etwas Schönes haben sie hier auch, direkt neben dem Platz der Taxis und Busse, fast berühmt: *das Cinema Jenin*. Es war einst das größte Kino in Palästina. Bis es bei Ausbruch der *Ersten Intifada*, der ersten Rebellion gegen die Besatzung, geschlossen wurde, 1987. Ja, über zwanzig Jahre verrottete. Und erst auf die Initiative des Filmemachers Marcus Vetter begann der Wiederaufbau, 2008. Und diesmal spielten keine deutschen Kriegstreiber eine Rolle, sondern das Berliner Außenministerium, das die Renovation mitfinanzierte.

Das Kino steht offen, ich frage, warum, denn heute läuft ja kein Film. Und die Antwort des Hausmeisters ist zauberhaft: weil sie den Saal zeigen wollen. Damit die Leute sich freuen über das Schöne, das es jetzt in Jenin gibt.

So kam wieder ein Hauch von Welt in die Stadt, die vor einiger Zeit durch die internationalen Schlagzeilen ging. Nicht als Ausbund von Glitzer und Kunst, sondern als Bühne für einen Krieg zwischen Todfeinden: Die israelische Armee gegen palästinensische Aufständische und Zivilisten, während der *Zweiten Intifada*, von 2000 bis 2005. Jenin war berüchtigt, von hier kamen die meisten Selbstmordattentäter. Jene Männer und Frauen (!), die mit einem Sprengstoffgürtel um den Bauch heimlich nach Israel reisten und sich, mitten in einem Café oder direkt neben einer Bushaltestelle, in die Luft jagten. Die einen nannten sie »Terroristen«, die anderen »Märtyrer«.

Die Taten dieser Kamikaze-Palästinenser erinnern fatal

an jene Anschläge, die jüdische Untergrundorganisatoren – während der Mandatszeit – gegen die Briten und Araber inszenierten. Ebenfalls mit Sprengstoff, ebenfalls mit vielen unschuldigen Opfern, ebenfalls mit Frauen und Kindern darunter, ebenfalls im Namen der Freiheit. Ironie der Geschichte: Die damaligen Täter – sie sahen sich selbst als »Freiheitskämpfer«, die für ihr Land kämpften – wurden in der englischen Presse als »Terroristen« bezeichnet. Wie heute die Palästinenser in der israelischen.

Aber in Jenin haben sie auch einen Wundermenschen, einen, der nicht vergelten und töten will, lieber vergeben und heilen. Über diesen Mann hat Marcus Vetter, der Deutsche (zusammen mit Lior Geller, dem Israeli), eine viel gepriesene Dokumentation gedreht: »Das Herz von Jenin«. Man darf vermuten, dass die Preise mehr dem Palästinenser galten als den beiden Cineasten. Lauter Auszeichnungen für Herzensgröße, für die Fähigkeit, vor Hass und Leid nicht zu erblinden, sondern auch immer den Schmerz der anderen zu sehen.

Hier die Story von Ismail Khatib: Im April 2005 wird sein Jüngster, der elfjährige Ahmed, von einem israelischen Soldaten erschossen. Aus Versehen, da der Todesschütze die Spielzeugpistole für eine echte Waffe hielt. Ismail verfällt in eine Depression. Und beschließt, nach Rücksprache mit seiner Frau, das Herz seines Sohnes (und andere Organe) an fünf israelische Kinder zu spenden. Auch an die Tochter eines orthodoxen Juden, der böse und rassistisch über Araber redet. Einem seine Bosheit mit Güte heimzahlen, das kann der gelernte Automechaniker. »Fünf Mal haben Sie die Welt gerettet«, wird später jemand zu Herrn Khatib sagen. Schöner Satz, noch schöner jedoch: Fünf Mal die Welt eines Kindes gerettet! Was für ein Meisterwerk!

28

Ich finde ein Café, ich muss mich trockenlegen. Von meinem rechten Handballen tropft Schweiß, wenn ich Notizen mache. Und hier im *Antar* ist es kühl, eine Oase, wo die Wasserpfeifen leuchten und Lederbänke entlang der Wände stehen. Auch das können die Araber besser als alle anderen: Kaffeehäuser aufstellen, in denen man lesen kann, rauchen, reden, Backgammon spielen. Oder weiß einer Orte, die nonchalanter – als kostenlose Zugabe – Leichtigkeit und eine Ahnung von Weltfrieden anbieten? Ob es einen Erfinder dieser Einrichtung gibt? Wenn ja, dann sollte er posthum im Panthéon zu Paris begraben werden.

29

Am späten Nachmittag zurück ins Hotel. Hier gibt es – umgeben von steinharter Erde – einen grünen Garten. Und mittendrin eine Schaukel. Und ich schaukle, in Palästina. Für eine halbe Stunde bin ich ein Kind, das nichts weiß von dem Land, in dem die Schaukel steht. So euphorisch macht es, wieder ganz jung und ganz unschuldig zu sein.

Abends schreiben. Faris hat mir sicher das grandioseste Zimmer gegeben, denn ich kann den Tisch vor das weit offene Fenster schieben. Und alles wird ein leises Wunder: das warme Licht der Nachttischlampe und – von draußen – das helle Licht der Nacht. Blick auf die Sterne, die langsam den Himmel anzünden. Blick auf ein paar stille, dunkle Häuser. Von fern der Ruf des Muezzins und der beruhigende Rhythmus meiner Finger, die über die Tastatur gleiten. Nicht schnell, eher suchend, eher scheu. Aber – wie widersprüchlich das ist, immer wieder: Das so harmlose Tun macht mich gelassener, wunschloser. Mit dem Schreiben über das Unglück kommt das Glück, nein, das nicht, aber etwas wie: das Schwerwiegende aushalten. Denn mit jedem Wort wird die Welt leichter, weniger zudringlich.

30

Um zehn Uhr morgens steht Kasim, der Taxifahrer, an der Rezeption. Ich frage ihn, ob er glücklich sei, und er meint, dass er nichts anderes in sein Grab mitnehmen wolle als die Liebe seiner Familie und seiner Freunde. Das sei sein Glück: die Liebe der anderen.

Wir fahren auf den höchsten Punkt von Jenin, hier standen die israelischen Panzer während der *Zweiten Intifada*. Von hier ließ sich ungehindert auf die Stadt feuern. Kasims Familie kommt aus Nores, das heute in Israel liegt. Er sagt, dass er das Nachbarland nicht hasse, nur »dark sadness« bei der Erinnerung an sein Dorf fühle. Ja, »Diebe«, das sind sie, »sie stehlen, was ihnen nicht gehört«.

Wir besuchen die beiden »Märtyrer-Friedhöfe«. Ein Cousin Kasims, Mahmoud Tawalbi, liegt hier begraben, er starb als Dreiundzwanzigjähriger. Auf dem Stein steht nur sein Todesdatum. Die Erde zwischen den Gräbern ist verbrannt, eine Schutzmaßnahme gegen Schlangen und Skorpione. Wir scheinen die einzigen Besucher zu sein. Das sind trostlose, verwahrloste Orte, wie so viele muslimische Friedhöfe. Keine Farben, keine Blumen, kein kleinstes Zeichen von Umsorge. Eine seltsam nachlässige Art, der Nächsten zu gedenken.

Vielleicht hat es mit Fatalismus zu tun, vielleicht sind sie von der Gegenwart so überfordert, dass sie für jene, die sich darum nicht mehr kümmern müssen, keine Zeit haben, keine Kraft. Ich weiß es nicht. Auch Kasim hat keine Antwort auf meine Frage, warum die Toten hier so vergessen herumliegen.

Wir fahren ein paar Kilometer zu einer kleinen Gemeinde, nahe der die Grenze verläuft: als doppelter Zaun mit Wachtürmen. Noch steht kein »Verteidigungswall« (in Europa hatten wir vor nicht so langer Zeit einen »antifaschistischen Schutzwall«). Auf den spart der Staat Israel gerade, damit kein Meter ohne Beton bleibt. 2005 beschloss die Knesset, Palästina einzumauern, neunhundert (!) Kilometer Beton, immerhin neun Meter hoch, wurden bereits hochgezogen. Ein Milliardenprojekt, das oft nicht entlang der *green line* verläuft, sondern auch durch palästinensisches Gebiet. Das soll die Bauherren nicht kümmern. Im Gegenteil, die Untat kommt ihnen zupass. Denn »the wall of apartheid« – Friedensnobelpreisträger Desmond Tutu hat den Ausdruck geprägt – soll trennen. Israel tut eben, was alle Machthaber vor ihm taten: Es kennt kein Maß, es will alles.

Wer hier zu nah an den Zaun herankommt, wird fotografiert. Von den Wachtürmen aus. Und am nächsten Checkpoint mit dem Foto konfrontiert, sprich, er gilt als verdächtig. Kasim wird nervös, er zieht mich weg.

Wir fahren zurück nach Jenin. Wir beschließen, heiter zu sein und zu vergessen. Der Taxifahrer lädt mich zu sich nach Hause ein, zum Mittagessen. Ich fordere ihn auf, mir alle seine Kinder zu beichten. »Neun: vier Söhne und fünf Töchter«, meint er kichernd.

Das haben orthodoxe Israelis und viele Araber gemeinsam, immerhin: Um die Wette kinderreich werden. Damit die Rasse nicht ausstirbt. Und die andere demografisch besiegt. Denn von der Überbevölkerung wollen beide Seiten nichts wissen. Sie wollen ihr Vernageltsein vererben, auch künftige Generationen sollen darunter ächzen. Und, das gilt vor allem für den hiesigen Kinderreichtum: Hier wachsen Generationen heran, bei denen die Arbeitslosigkeit und die Hoffnungslosigkeit und die Zukunftslosigkeit schon genetisch vorgesehen sind. Und der Aufstand.

Doch der 53-Jährige ist erfreulich cool und liebt sie alle gleich. Kein Geschlecht scheint ihm wertvoller als das andere. Kein Männerwahn – der Mann als die Krone der Schöpfung! – vernebelt ihn. Als ich ihn frage, wie ich seine Frau, seine einzige, begrüßen soll, sagt er: »Wir sind modern, komm einfach rein und gib ihr die Hand.« Das ist tatsächlich ein Weg in den Fortschritt und die Palästinenser gelten wohl zu Recht als die aufgeklärtesten Muslime. Ich habe schon Häuser betreten, in denen die Gattin verschreckt ins

Nebenzimmer flüchtete. Nicht bei den Kasims. Ich gehe rein und Ischtar, die aparte, nimmt meine Hand und sagt, unverschleiert und lächelnd: »Welcome.«

Der Clan hat ein ganzes Haus, mitten im Flüchtlingslager in Jenin. Das 1953 von den Emiraten finanziert wurde, um die aus dem neu gegründeten Staat Israel Vertriebenen aufzunehmen. Ein Lager mit richtigen Häusern und Straßen, kein Slum, kein Ghetto, kaum vom Rest der Stadt zu unterscheiden. Das Wohnzimmer liegt im Erdgeschoss und jetzt heißt es stark sein. Schränke und Sofas stehen herum, so wuchtig und breit wie Monumente. Ein Kran muss sie hier abgeladen haben. Dazu der Schnickschnack, der die Jahre über angeschleppt wurde, dazu die wild und laut fauchende Glotze, dazu die Kinderschar plus die Kinderschar der Freunde, dazu – ich bin den Tränen nah, so nah der Hölle – das Klingelgedudel aus gefühlten 300 Handys, die Sprachfetzen, der Wirrwarr, die Gleichzeitigkeit und – mitten im Chaos – der Glückliche, Kasim, der Boss, den gerade drei Enkel besteigen und ihm dabei Ohren, Nase und Haare lang ziehen. Ja, auch hier sind die modernen Zeiten ausgebrochen und nur mit Liebe, so scheint es, kann man sie überleben.

Nach dem Essen, ich bin inzwischen drei Kilo schwerer, führt mich Kasim durch das Haus. In den letzten Jahren hat er viermal aufgestockt: Jede Etage hat 200 Quadratmeter, jeder Stock für eine Tochter oder einen Sohn. Das ist sein Lockmittel, damit sie, die Verheirateten, ihn nicht verlassen, damit sie in seiner Nähe bleiben. Ich darf alles sehen, sogar die Ehebetten: Modell Elefant.

Ganz oben, wo das Stockwerk noch »offen« ist, also nur darauf wartet, dass die Maurer kommen (der letzte Sohn will noch immer nicht heiraten!), hat sich Kasim, der Allroundhandwerker, eine Hütte aus Holz gezimmert. Seinen »chill-out-room«, meint er schüchtern und sagt das Wort wie ein Eingeständnis, dass auch er Grenzen hat. Der Raum gehört ihm allein, hierher zieht er sich zurück, wenn ihn das Familienleben an den Rand des Wahnsinns treibt. Nur ein Sessel steht da, nur still sein will er hier und unerreichbar.

Wieder Abstieg ins Erdgeschoss. Es ist jetzt dreizehn Uhr und Ansam, die jüngste Tochter, 17, hat gerade ausgeschlafen. Ein hübsches Kind, das vor einem Jahr die Schule verlassen hat, mit einer Art Mittlerer Reife. Seitdem sitzt sie herum, nein, sie liegt herum, schläft, isst, glotzt und holt ihre Freundinnen ins Haus. Ihr Lebensstil stört niemanden, auch nicht Kasim, der zurzeit vierzehn Stunden täglich, auch nachts, Taxi fährt, denn: Sie ist nun auf Brautschau, sie steht zur Verfügung, sprich, sie muss jetzt – via Geburtstagsfeiern und Hochzeiten – von einem jungen Mann aus der weiten Verwandtschaft »entdeckt« werden. Und dann, Kasim erzählt wunderbar exakt, passiert Folgendes: Der Jüngling wird seiner Mutter von seinem Fund berichten. Ist sie von der Seriosität der Entdeckung überzeugt, wird sie sich auf den Weg zu Kasim machen, um ihm vom grundsätzlichen Interesse ihres Sohnes zu berichten. Machen ihre Worte Eindruck und gefällt der junge Mann der Tochter, dann wird ein Termin für die beiden Familien im Haus von Kasim vereinbart. Und irgendwann rückt der andere Clan an und der Hausherr wird Fragen stellen, glasklare: nach dem persönlichen Leumund, dem finanziellen Hintergrund (kann er Frau und Kinderschar ernähren?), dem Status der Familie. Und wenn Kasim abschließend mit dem Kopf nickt, laufen die Vorbereitungen für den »Bund fürs Leben« an. Der Check-up muss sein, denn der Brautvater zahlt.

Kaffee wird serviert, stark genug, um Hundertjährige nochmals hundert Jahre wach zu halten. Erstaunlich, was man bei einem Mittagessen alles lernen kann. Ich komme mit Salam ins Gespräch, gerade 18 geworden und bereits Mutter. Sie ist die Tochter von Kasims Bruder Jamal, der in Hamburg lebt (irgendwie zieht es Palästinenser in diese Gegend). Sie selbst wurde dort geboren, deshalb spricht sie fließend und akzentfrei Deutsch. Vor zwei Jahren kam sie nach Jenin zurück. Um einen Mann zu finden und der »Tradition« willen. Sie redet, als wäre der Umzug ohne Trauma vonstattengegangen: von einer Weltstadt in das Flüchtlingslager Jenin, von der Möglichkeit, frei zu reisen, zu der Demütigung, für jede Auslandsreise einen Antrag bei israelischen Behörden stellen zu müssen. (Wenn er denn genehmigt wird.) Von den Belästigungen durch die Besatzungsmacht im »Inland« nicht zu reden. Ich bohre nach und höre irgendwann, dass die Umstellung »gewaltig« war. Detaillierter will sie es nicht sagen. Jetzt ist sie mit einem Sohn Kasims verheiratet, ja, mit ihrem Cousin. Viele machen das hier. Nein, keine Behinderung, das Kind ist wohlauf.

Gewiss, einen sanfteren und großzügigeren Schwiegervater als Kasim wird Salam nicht finden. Und die Liebe zur Heimat soll auch gelten. Aber die Halbwüchsige erinnert mich an jene jungen Männer und Frauen, die ich die Jahre über kennenlernte, und die – bisweilen sogar gepaart mit gutem Aussehen – intelligent auftraten, sich bewegen und ausdrücken konnten. Die eigentlich, so mutmaßte ich, auf die Welt gekommen waren, um einen besonderen Weg einzuschlagen. Aber nein, sie hatten nur das eine Glück vor Augen: das brave, das übersichtliche, das häusliche.

Tradition, oft nur ein anderes Wort, um den alten Ranz zu rechtfertigen. Achtzehnjährige haben am Wickeltisch nichts verloren. Sie sollen sich ausprobieren und den Vätern widersprechen. Wie viel verschleudertes Leben, weil bemühte Herren in grauer Steinzeit ihre ewigen Wahrheiten erfanden. So haben Palästinenser immer zwei Feinde: den einen vor ihrer Haustür und den anderen in ihrem Kopf.

31

Als ich ins Hotel zurückkomme, zeigt mir Faris ein Buch, das ein Amerikaner vor einigen Monaten auf dem Zimmer vergessen hat (okay, ich hatte den Rezeptionisten heute Morgen nochmals gebeten, mir von früheren Gästen zu erzählen): *The Valkyries* von – welch unheimliche Überraschung – Paulo Coelho. (Der Faris nichts sagt, er hat nie von ihm gehört.) Der Brasilianer zimmert so unsäglichen Schwachsinn, dass man nicht umhin kann, mit geradezu perverser Neugier nach Stellen zu suchen, die zu schmerzhaften Lachkrämpfen führen. Ich gehe sofort ins Internet und erfahre, dass das Werk schon vor zwanzig Jahren zusammengeschmiert wurde und 2011 unter dem Titel »Schutzengel« auf dem deutschen Markt erschien. Der Plot ist unüberbietbar: »Paulo« (!), der Held des Buches, begibt sich in die kalifornische Mojave-Wüste, wo *Walküren* (»Schlachtjungfern«) als geile Rockerbräute auf Pferden reiten. Das werden seine Schutzengel, denn Paulo will »zu sich finden«, will das ganz Tiefe, das ganz Außergewöhnliche, eben all das, was ihm »sein Meister J. vorausgesagt hat«.

Jene Stelle zu finden, die am umwerfendsten von Coelhos Dachschaden Zeugnis ablegt, ist nicht leicht. Es wimmelt davon, aber ich muss mich entscheiden, also nehme ich die hier, sie ist granatenblöd und gewiss nur noch von einem allein zu toppen, eben von der eso-esel-wiehernden Plaudertasche Paulo C. selbst. So könnte jemand schreiben, dem ein Säbelhieb das halbe Hirn weggehauen hat: »Da die Schlachten zumeist auf der Astralebene geführt werden, werden unsere Schutzengel das Schwert und das Schild ergreifen und uns vor den Gefahren schützen und zum Sieg führen. Aber auch unsere Verantwortung ist ungeheuer groß: Es ist an uns, in diesem Augenblick der Geschichte unsere eigenen Kräfte zu entwickeln, daran zu glauben, dass das Universum nicht an den Wänden unseres Schlafzimmers endet.«

Warum ich das in einem Buch über das »heilige« Land erwähne? Weil man irrtümlich denkt, die Zeiten von Propheten, Weltenherrschern und Engelsheerscharen seien vorüber, seien erledigte Vergangenheit. Gerade nicht, der himmlische Firlefanz ereilt uns auch im 21. Jahrhundert, auch in der westlichen Welt. »Magier« Coelho hat Hunderte von Millionen Lesern. Folglich: Hirnlosigkeit (oder halbe Hirnlosigkeit) scheint unglaublich attraktiv, sprich, der Blick Richtung »Außerirdische«, die rettend eingreifen, bleibt unverwandt.

32

Jedes Mal, wenn ich durch die Hotelhalle auf die Treppe zugehe, die zu meinem Zimmer führt, hallt es. Wie Schritte durch ein verlassenes Schloss. Ich mag dieses Geräusch. Es klingt beruhigend, eine geheimnisvolle Stille liegt über dem Haus.

33

Abends holt mich Kasim wieder ab. Karim, sein heiratsresistenter Sohn, hat mich zum Junggesellenabend seines besten Freundes eingeladen. Zurück ins Flüchtlingslager und hinauf ins letzte »offene« Stockwerk der befreundeten Familie. (Klar, auch hier wird Nachwuchs erwartet.) Großfamilien rücken an, jeder bekommt einen Teller, vollgetürmt mit Ziegenfleisch und Reis, Softdrinks werden gereicht. Irgendwann fragt Kasim den Hausherrn, wo sich Mekka befindet. Und der Mensch deutet auf ein Loch in der Wand: »Dahinter.« Also kniet sich Kasim nieder, davor. Und betet. Während sich die anderen zweihundert laut – überlaut über die Musik hinweg – unterhalten.

Dann wandern alle hinunter, auf eine Art Parkplatz, wo inzwischen eine Flutlichtanlage installiert wurde und auf der Bühne ein Sänger zu Playbackmusik loslegt. Aber wie, aber mit einer Leidenschaft, so dröhnend, so berstend, dass man sie als Zuhörer nur aushält, wenn man eine ähnliche Begeisterung mitbringt. Ein rührendes Bild, denn nur Männer sind vorhanden, die Händchen haltend tanzen. Und mitsingen. Die Braut ist irgendwo bei ihren Freundinnen. Und alle anderen Frauen schauen aus den Fenstern auf die hübschen Kerle. Alle in einem Alter, in dem der Körper 24 Stunden am Tag vor Sehnsucht glüht. Und die meisten von ihnen dieser Sehnsucht noch nie nachgeben konnten, nie durften. Weil es die Tradition schon wieder besser weiß als die Natur. Deshalb beneiden sie hier den 23-Jährigen, der sich morgen Nacht an seine 19-jährige Ehefrau schmiegen darf. Als ich, hinterlistig, einen frage, warum sie hier so früh heiraten, kommt die schnelle, umstandslose Antwort: »Endlich ficken!« Zwei eindeutige Worte, die nichts als die Wahrheit verkünden. Denn nicht einmal ein Bordell haben sie im Ort. Und zur Homoliebe (*die* funktioniert heimlich) kann sich nicht jeder überreden. Deswegen muss so bald eine Gattin her.

Die natürlich – so wollen es der »Alles-Bezwinger« und sein Prophet – »rein« antreten muss. Kasim klärt mich auf: Sollte das Mädchen »geöffnet« sein, wird sie der Jüngling wieder zurückschicken, an ihre Familie, die dann alle getätigten Investitionen zurückzahlen muss. Das ist eine gute Nachricht, denn in noch finstereren Zeiten musste die »Sünderin« um ihr Leben fürchten. Und die ebenfalls »geschändete« Familie um ihren Ruf. Den gewiss ruinierten.

Die Stimmung ist ausgelassen, sie schreien und jauchzen vor Vergnügen, obwohl kein Tropfen Alkohol fließt. Bis, Schlag 21.15 Uhr, die Welt verstummt und drei Sekunden danach wieder laut wird: Jetzt brüllt der Muezzin und alle halten still, auch die Händchen haltenden Tänzer, und – beten. Scheinheilig alle gemeinsam, denn hier kann jeder jeden sehen. Dann wieder schreien und jauchzen. Bis irgendwann der Strom ausfällt, wohl überfordert von den Dezibel, die er produzieren musste. Und alle Beteiligten, jetzt ohne Verstärker und mitten in fröhlicher Finsternis, tanzen und singen weiter. Niemand mault, niemand panikt. Bewundernswert, wie sie die Situation annehmen und vehement auf ihrer Freude bestehen.

Irgendwann bricht Kasim auf, seine Nachtschicht beginnt. Er fährt mich zurück, erzählt, dass seine Frau ihm Vorhaltungen machte, weil er mich nicht zum Übernachten eingeladen hatte. Er ist ganz und gar schuldlos, denn sein Angebot hatte ich bereits wortreich und heftig schwindelnd abgelehnt. Himmel, nein, kein Familienanschluss. Ich liebe die Anonymität eines Hotels.

Wilde Träume jagen mich nachts, ich bin umzingelt von Totgeschlagenen und Ermordeten, die ich alle nicht kenne. Bis ich aus dem Bett falle und aufwache. Keine Ahnung, wie diese Bilder in mein Unbewusstes gelangten. Gestern sah ich Fotos vom Krieg in Jenin, die Toten, die Schwerverletzten. Vielleicht daher.

34

Ich habe eine Verabredung mit dem Chef des *Freedom Theatre*. Ein kleiner Weltruhm eilt diesem Theater voraus. Vorgeschichte: Juliano Mer-Khamis gründete 2006 das Haus, als (gewaltloses) Widerstandsnest, als »kulturelle Intifada«. Damit Palästina nicht untergeht, damit wir anderen uns daran erinnern, dass hier ein Volk um sein Überleben kämpft. Er war der richtige Mann. Er hatte eine israelische Mutter, deren Familie teilweise in Auschwitz umkam, und er hatte einen palästinensischen Großvater, der von den Auschwitz-Überlebenden aus seiner Heimat vertrieben worden war. Am 4. April 2011 wurde Mer-Khamis erschossen, in seinem Auto, in Jenin. Bis heute keine Spur von den Tätern. Und das Motiv der Tat? Auch ein Geheimnis. Seine Inszenierungen gegen die Besatzung? Die Besatzer als Mörder? Seine Aufrufe für eine demokratische, offene Gesellschaft in Palästina, ohne Offenbarungsgeraune aus fernen Zeiten, ohne Pochen auf letzte Wahrheiten? Palästinensische Konservative die Auftraggeber? Nur die Mörder wissen es. Zwei Brandanschläge hat das Theater ebenfalls hinter sich.

Mer-Khamis' Nachfolger, Nabil al-Raee, war mit der Truppe vor zwei Jahren in Deutschland auf Tournee. Jetzt, vor Tagen, wurde er nachts – inszeniert von der israelischen

Armee – in seiner Wohnung, in Jenin, verhaftet. Und sitzt seitdem im Gefängnis, in Israel. Weder sein Anwalt noch seine Freunde können ihn kontaktieren. »Aus Sicherheitsgründen«, die Standarderklärung, seit Jahrzehnten. Nächtliche Festnahmen wie die von al-Raee, mit Hunden und ein paar Dutzend Schwerbewaffneten, gehören zum Alltag in Palästina. Sinn, jenseits aller vorgeschobenen Gründe: immer als Herrscher auftreten. Immer Schrecken verbreiten. Immer den anderen demütigen. Immer, so wird es mir eines Tages wortwörtlich ein Soldat erklären, eine »Schikane-Operation«. Deshalb: Ein Theater, das versucht, mit Geist, Humor und künstlerischem Vermögen ein anderes Bild der Palästinenser zu zeigen, ist verdächtig. Die Propagandamaschinerie der Machthaber will, dass der Rest der Menschheit endlich kapiert, dass hier fünf Millionen rasend gewordene Judenhasser leben, die von nichts anderem phantasieren als von der Vernichtung der jüdischen Rasse.

Ach ja, Zakaria Zubeidi, der Mitbegründer des *Freedom Theatre*, befindet sich ebenfalls in Gewahrsam. In palästinensischem. Und auch die *PA (Palestinian Authority)* ist nicht bereit, eine Anklage zu formulieren. Auch sie fürchtet die von den Theatermachern geäußerten Gedanken: jene, die alle Pfründe und Gewissheiten infrage stellen. Freigeister sind in diesem Eck der Welt nicht frei, die großen und kleinen Machtbesessenen wollen sie knebeln. Die Wirklichkeit scheint der mächtigste Feind ewiger Wahrheiten. Wer auf sie pocht, muss weg.

Ich rede mit Jonathan Stanczak, einem jungen Schweden mit jüdischen Eltern, der zurzeit als Leiter des Hauses fungiert. Die Hierarchien sind flach, er koordiniert mehr, als dass er bestimmt. Zwanzig Leute sind fest angestellt, insgesamt gehören fünfzig Frauen und Männer zum Ensemble. Sie bieten eine »acting school« an und reisen mit ihren Arbeiten übers Land. Aufklärung soll stattfinden über die Erniedrigungen von Seiten Israels, aber auch über die Unfähigkeit der eigenen Regierung, ein halbwegs auf demokratischen Spielregeln basierendes Staatswesen zu etablieren. Und, noch heißer und gefährlicher: Rütteln wollen sie an den von Generation zu Generation vererbten himmlischen Weissagungen. Nur ein Beispiel, megabrisant: Der Umgang zwischen Mann und Frau, das Aufbrechen jahrhundertealter Rollen, in denen beide Seiten sich eingerichtet haben: die Frau als zweite Garnitur, stets »hinter«, nein, »unter« dem Gott auf Erden, dem Mann.

Dass sie das am *Freedom Theatre* mit Verve und dem Wundermittel Imagination tun (ich sehe ein paar gefilmte Inszenierungen), beruhigt. Nicht vieles ist dröger als Agitprop mit erigiertem Zeigefinger. Nein, kunstvoll soll es sein, erfinderisch, zum Lachen und Entdecken und Traurigsein verführen. Dass sie überhaupt existieren, verdanken sie privaten Sponsoren und Spenden ausländischer und israelischer (!) NGOs (non-governmental organizations). Jonathan sagt einen bemerkenswerten Satz, als ich ihn frage, was ihn denn antreibe, immerhin ist sein tägliches Leben in Gefahr: »Dass ich an etwas beteiligt bin, das mir wichtiger und drängender scheint als meine eigene Existenz.« Big words, aber er spricht sie wie nebenbei aus, ohne Inbrunst. Er weiß sicher, wie gefährdet sie hier alle sind. So mancher in der hiesigen Bevölkerung arbeitet als Kollaborateur für den *Shin Beth*, den Inlandsgeheimdienst Israels. Spitzel, die ihre Heimat nicht lieben, sondern sie verraten.

35

Ich gehe zurück in die Stadt, will zur Oase, ins Café. Um zu trocknen. Aber irgendwann werde ich aufgehalten. Ein Mann sitzt vor einem Teeladen und lädt mich ein: Mister Ahmad mit der extravaganten Nase eines Gamal Abdel Nassers. Ein Sprudelmann, ich muss nicht fragen, er legt von selbst los. Er ist zu Besuch hier, nach dreißig Jahren Leben in Chicago als Taxifahrer. Vor ein paar Monaten hatte er beschlossen heimzukehren. »Weil ich Amerika nicht mehr ausgehalten habe.« Und weil er die alten Tage in seinem »fatherland« verbringen wollte. Die Freunde fehlten, der Rest der Familie, die arabische Sprache. Aber bald kam die Ernüchterung, nun hält er Palästina nicht mehr aus. Er wollte hier ein Import-Export-Business aufbauen, mit den gesparten Dollars. Es scheint nicht zu klappen, hier sind sie ihm zu langsam, das viele Palavern nervt. Er sei, sagt er, zu verwöhnt von Effizienz, von Geschwindigkeit, von »things get done«. Aber sie, die Hiergebliebenen, »still live the old-fashioned fucking life«. Nichts, meint er, habe sich geändert, dieselbe Schwunglosigkeit, »no entertainment, no fun, no drive«. Er redet wie ein Westler, obwohl alles an ihm orientalisch aussieht, sogar sein Boubou, der hellblau strahlende Überhang. Er will Taten sehen, Ergebnisse. Jetzt ist Ahmad traurig, ja, verwirrt. Wohin nur? In den USA ist es ihm zu kalt, die Herzenswärme fehlt. Und hier leben sie im vorletzten Jahrhundert. Hier, sagt er gekonnt, finden sie nicht in die Zukunft.

36

Ein alter Mann im Rollstuhl fährt auf zwei Mülltonnen zu, der linke Fuß fehlt, mit dem rechten tritt er in ein Pedal. Die Arme scheinen zu schwach, um die beiden Räder anzuschieben. Er wühlt im Abfall, zieht weggeworfenes Obst heraus und isst es auf. Bilder aus einer Vorhölle, hier auf Erden. Jedes Mal, ja, jedes Mal, wenn ich jemanden sehe, dessen Leben abgestürzt ist, weiß ich, dass ich Glück hatte. Kein anderer Gedanke kommt auf. Nur der eine. Er ist der einzige, der entscheidende, der vom Unterschied zwischen ihm und mir erzählt.

37

Mit einem Sammeltaxi nach Nablus. Eine Stunde lang muss ich mich um nichts kümmern, brauche nur da zu sein und zu schauen. Vorne lenkt einer und hinten sitzt einer, der jetzt durch wuchtige Landschaften fahren darf, nein, gefahren wird. Auf die Frage nach seinem Beruf antwortete einst Albert Londres, der Urvater aller französischen Reporter: »Je suis un voyeur«, ich bin ein Sehender. Das muss ein Traumberuf sein: die Welt ansehen. So fassungslos einen der Blick bisweilen zurücklässt. Aber der Reisende muss nicht in Akten wühlen, nicht die Stinklaunen seiner Arbeitgeber erdulden, nicht sich dabei ertappen, wie seine Lebenszeit bei einer Tätigkeit zuschanden kommt, von der er nie geträumt hat. Er schaut – und begreift sein Glück.

Bald steigt eine junge Frau zu. Wir kommen ins Gespräch. Julia D. hat einen amerikanischen Vater, eine Mutter von den Philippinen und ein schönes eurasisches Gesicht. Seit einem Jahr arbeitet sie in Nablus für eine NGO, die sich darauf spezialisiert hat, hiesigen Bauern bei der Bewässerung ihrer Felder – Wassermangel ist ein Riesenproblem – zu helfen. Damit sie ökonomischer mit den vorhandenen Ressourcen umgehen. Ja, sie hat sich in das Land verliebt. Sie weiß nicht genau, warum. Denn nichts ist leicht hier. Man muss aufpassen und darf keine Fehler machen. Seit der *Zweiten Intifada* sind die Leute noch misstrauischer. Gerade bei attraktiven westlichen Frauen, die hier leben und als Agenten Israels verdächtigt werden. Weil sie – so erzählt die studierte Agronomin – auf Palästinenser angesetzt werden: um sie zu verführen und die Verführung heimlich zu filmen. Als Mittel der Erpressung: Entweder arbeitet der Verlockte als Informant für den *Shin Beth* oder das Material wird der Familie, inklusive Ehefrau, zugespielt. So gibt es Verräter aus Geldgier und Verräter aus schierer Not.

Julia hat sich arrangiert. Ihr holländischer Freund darf sie nur besuchen, weil sie dem Wohnungsbesitzer versichert hat, dass sie verlobt sind. Wird sie von lästigen Männern –

die gibt es weltweit – angesprochen, reagiert sie mit totaler Ignoranz. Die hat sie trainiert: null Reaktion, auch keine aggressive. Wie eine Zen-Meisterin geht sie ihren Weg.

Die 28-Jährige klärt mich auf (und senkt die Stimme): Sie hat palästinensische Freundinnen, unverheiratet, die mit ihren Freunden nur anal schlafen. Um sich ihrem Ehemann, eines Tages, als »Jungfrau« präsentieren zu können. Der Druck der Tradition, der Religion, liegt wie eine Grabplatte auf der Gesellschaft. Sie verführt, so Julia, zur 24-Stunden-Bigotterie.

Die Frau ist eine Goldgrube, sie kennt sich aus. Während sie erzählt, deutet sie auf die jüdischen Siedlungen und die israelischen Militärbasen, die links und rechts liegen. Mitten in Palästina. Sie weiß alle Namen, auch die der Check-points, an denen Palästinenser kontrolliert werden und Fremde darüber entscheiden, ob sie weiter durch ihr Land fahren dürfen oder nicht.

Zuletzt berichtet sie eine Anekdote, die ungemein vertraut klingt: Eines Abends kommt sie nach Hause und eine ältere Frau, sie wohnt drei Stockwerke über ihr, steht mit einem Korb Melonen im Treppenhaus. Sie kann nicht weiter, zu schwer. Also hilft Julia und weiß zugleich, dass sie nach der Hilfeleistung nicht davonkommt, soll sagen: auf jeden Fall zum Abendessen der Familie, mindestens zwei Stunden lang, eingeladen wird. Als Ausdruck von Dankbarkeit. Dabei will die Hilfsbereite nur ein Lächeln, sonst nichts, will – »down and out« nach einem zähen Arbeitstag – niemanden sehen, niemanden hören, in niemands Nähe sitzen. Aber das geht nicht, das wäre ein auf ewig unverzeihlicher Fauxpas. So lässt sie sich auf die Schlachtbank führen und hält still. Araber können sich Mitmenschen, die allein sein wollen, nicht vorstellen. Alleinsein muss gräuliche Einsamkeit bedeuten. Wer das ändern will, müsste die Familienbande, die Eisenketten, sprengen. So hilfreich sie oft sind, so oft behindern, nein, verhindern sie.

Ein paar Kilometer vor Nablus steigt noch ein Mann zu.

Da wir zwei uns allein auf der hinteren Bank befinden, müssen wir uns umsetzen: Julia ans Fenster, ich in die Mitte und rechts von mir der neue Fahrgast. Denn ganz undenkbar scheint, dass eine Frau (die Versuchung!) zwischen zwei Männern sitzt. Ein Mann zwischen zwei Frauen, das ginge, damit wäre der Prophet – in extremis – einverstanden. Mit einem heiteren Grinsen verabschieden wir uns kurz darauf. Julia eilt zur Arbeit, ich brauche ein Hotel.

38

Kleine Politikkunde: In den sogenannten *Oslo-Verträgen* (»Oslo I« wurde im September 1993 und »Oslo II« im September 1995 unterzeichnet) erkennen sich beide Seiten zum ersten Mal an: Israel akzeptiert die PLO *(Palestinian Liberation Organisation)* unter Führung von Yassir Arafat als offiziellen Vertreter Palästinas. Und die PLO verpflichtet sich, aus ihrer Charta alle Passagen zu streichen, die zur Vernichtung Israels aufrufen. Was geschah.

Durch die Abkommen wurden den Palästinensern zum ersten Mal, seit 1967, territoriale Zugeständnisse gemacht. Wohlgemerkt in ihrem eigenen Land. Aberwitzig geringe Zugeständnisse: Für etwa drei (!!!) Prozent des Westjordanlands – »Zone A« – wurden ihnen autonome Regierungskompetenzen zugesprochen. In einem Viertel des Gebiets – »Zone B« – teilen sich die *Palästinensische Autonomiebehörde* und Israel die Verwaltung. In den restlichen knapp 70 (!!!) Prozent – »Zone C« – üben die Israelis weiterhin allein die Kontrolle aus. Hier darf kein Palästinenser ohne Genehmigung der Besatzer eine Toilette aufstellen. Die er (fast) nie bekommt. Hier stehen die jüdischen Siedlungen, die Armeebaracken, hier verlaufen die Straßen, die Palästinenser nicht benutzen dürfen. Selbstverständlich behält sich Israel das Recht vor – siehe Jenin, das in Zone A liegt –, jederzeit und bevorzugt nachts militärisch einzugreifen, Häuser zu durchsuchen, Frauen und Männer zu verhaften.

39

Am Ende des Tages – da mag einer das jüdische Volk hassen, da mag einer (wie ich) voller Bewunderung sein für seinen Beitrag zum geistigen Reichtum der Welt, da mag einer Araber als Kameljockeys verachten und jedem von ihnen »dirty Arab« hinterherrufen, da mag einer (wie ich) die arabische Poesie lieben, die Musik, die Sprache der berühmten Reisenden, da mag einer jeden begangenen Fehler in diesem Konflikt verzeihen oder jedem seine Untaten auf ewig vorrechnen – nun, am Ende des Tages bleibt stets nur eine Wahrheit: Hier stiehlt ein Staat, Israel, einem Volk, den Palästinensern, sein Land. Getrieben von Gier und/oder religiösem Fanatismus und/oder politischer Unbelehrbarkeit. Das ist jammerschade und unheimlich schwer zu verstehen, wenn man bedenkt, was viele Bewohner Israels an Erbarmungslosigkeit hinter sich haben. Mein Lieblingswort im Jiddischen war immer: »a mensch«, einer mit noblen Zügen, einer mit Würde und Ehrhaftigkeit, einer, der weiß, was richtig, was menschlich ist. Die *mentschlekhkeyt* war mein zweitliebstes Wort, sie macht einen zum *Mensch*.

40

Noch ein Nachtrag, damit ich nicht von den Falschen umarmt werde: Ich zeige nicht mit dem Stinkefinger auf Israel, um mich als (nachgeborener) Deutscher ein bisschen besser zu fühlen, Subtext: Okay, der Holocaust war schlimm, aber was ihr hier macht, ist ja auch nicht schlecht. Diese Schlussfolgerung wäre zu komisch, zu lachhaft. Was in Palästina geschieht, ist nicht Auschwitz. Und: Auschwitz lässt sich nicht verrechnen.

Und noch ein Punkt, auch er soll den Blick schärfen: Ob jene, die heute Israel kritisieren und diese Kritik gleichzeitig mit einem öffentlich sichtbaren Wohlwollen den Palästinensern gegenüber abfedern, ob jene Kritiker tatsächlich so araberfreundlich sind, wie sie sich gerade aufführen? Ich zweifle. Manche gewiss, manche gewiss nicht. Das Hirn ist unheimlich trickreich, um sich so hinzustellen, dass man »gut« aussieht, konkret: Seht nur, wie ich für die Entrechteten dieser Welt das Wort ergreife! Nichts als Pose. Nehmen wir als Beispiel die Politik Frankreichs. Sie gilt als »pro-Palästina«. Gleichzeitig lese und sehe ich (ich lebe ja in dem Land), wie sie hier mit den Kindern arabischer Eltern umgehen. Leiser und lauter Rassismus an allen Ecken. Hat der Einsatz für Palästina also nur taktische Gründe, politische? Und gewiss keine menschlichen? Wer wüsste das mit Bestimmtheit zu sagen.

41

Nablus gilt mit seinen 130 000 Einwohnern als Großstadt, quirlig, umtriebig. Ich werfe mein Gepäck ab und flaniere durch den Souk. Ich will schauen, mich vergnügen, mich ablenken vom Drama. Und komme beim Hühner-Mann vorbei, zur rechten Zeit. Nun, ganz ohne Tote geht es hier auch nicht. Malik holt drei Hennen aus dem Käfig, wirft sie in einen Kübel, trägt ihn die paar Meter zum Schlachttisch, schneidet allen drei den Hals durch und steckt sie, eine nach der anderen, in ein je fünfzehn Zentimeter großes Loch, Kopf voraus. Damit das Blut abfließt. Sechs Füße zucken jetzt grotesk in die Luft. Das sind die Augenblicke, in denen ich wieder schwöre, Vegetarier zu werden.

Hat das Bluten und Krampfen ein Ende, kommt das Trio in heißes Wasser und der Hühnermetzger walkt sie anschließend mit der Hand hin und her. Um sie »einzuweichen«. Dann ab in den berühmten Kessel mit den etwa vierzig Haken aus knochenhartem Plastik, fingerlang, gleichmäßig über die runde Innenwand verteilt. Und das Getüm fängt zu schleudern an, donnernd. Um die Toten zu »entfedern«. Dann sind sie fasernackt und der Meister nimmt sie aus, zerlegt sie, verpackt sie: für den Kunden, der schon dasitzt und in Ruhe mitansehen konnte, wie drei gerade noch gackernde Hennen in seine Einkaufstüte gelangten.

42

Nein, hier wird man immer an den Status quo erinnert, denn hier in Palästina gibt es keinen Fluchtweg aus der Realität, kein Träumen in eine friedliche Welt. Ich sitze vor einem Café und zwei westliche Frauen und ein junger Araber kommen an mir vorbei, auf ihrem Rücken steht: *Project HOPE*. Ich laufe hinterher und freundlich erteilen Hanna, Danielle und Anas Auskunft. Sie arbeiten für eine NGO, die sich auf die Erziehung von Kindern spezialisiert hat. Heute wollen sie »peace« unterrichten, ich darf mit. Wir nehmen ein Taxi nach Balata, einem nahen Flüchtlingslager.

In einer Art Gemeindehaus warten die Mädchen und Jungen schon, etwa zwei Dutzend. Sogleich fällt auf, welch unglaublich schöne Gesichter sie haben, so tief, so welterfahren, so wissend: Nablus kam während der *Zweiten Intifada* schwer unter die Räder der israelischen Armee. Und Danielle, die Frau aus dem Bilderbuch mit dem Harvard-Abschluss, legt los. Und Anas übersetzt: Wie in anderen Sprachen »salam aleikum« sagen? Und die Amerikanerin bietet als Antwort an: »hello« oder »salud« oder »buenos días«. Und das indische »namaste« – mit den gefalteten Händen am Kinn – kommt auch dran. Ein Gruß, dessen Grundbedeutung in etwa bedeutet: »Das Gute in mir sieht das Gute in dir.« Das gefällt den Kids, sie wiederholen die Wörter, spielen Inder, die sich begrüßen, falten die Hände, wackeln mit den Köpfen. Und die 23-jährige (!) Danielle aus San Diego fragt, was »salam« (Frieden) für jeden Einzelnen bedeute. Und alle reden durcheinander und jeder gibt seine eigene Interpretation: sich grüßen und Respekt zeigen oder andere kennenlernen oder ein starkes Volk sein oder sich um die Gräber der Toten kümmern (!) oder Freiheit für Palästina, ja, ein unzerstörtes (!) Haus bedeutet ebenfalls

Frieden. Und was tun, um ihn herzustellen? Und wieder schreien sie begeistert drauflos: die Feinde bekämpfen oder finanzielle Unterstützung aus dem Ausland oder Freunde haben oder ein Lied singen. Und sie singen und sie malen und sie tanzen und sie spielen »Freeze«. Und die Achtjährigen quietschen vor Vergnügen, sind wild und überschwänglich wie alle Achtjährigen dieser Welt und versprechen – Anas bittet sie darum –, »immer in herzlicher Weise ihre Worte zu gebrauchen«. Das klingt umso absurder, als uns vier, zwei Stunden später, beim Verlassen des Hauses von der anderen Straßenseite eine Handvoll Kinder entgegenläuft, scharf vor uns abbremst und unisono ruft: »Fuck you!« Schallendes Gelächter auf beiden Seiten. Beim Abschied vereinbare ich mit Danielle ein gemeinsames Frühstück. Ich will wissen, woher sie ihre Weisheit hat.

43

Zurück ins Zentrum, ich komme an einem Protestmarsch vorbei. Etwa 150 Leute fordern die Freilassung von Mahmoud Sarsak, der sich seit drei Jahren ohne Anklage in einem israelischen Gefängnis befindet. Und seit fast neunzig Tagen keine Nahrung mehr zu sich nimmt. Und zu sterben droht. Der Palästinenser, der hier als Fußballer bekannt ist, wird von den israelischen Behörden als *unlawful combattant*, sprich als »ungesetzlicher Kämpfer«, gegen jedes internationale Recht seiner Freiheit beraubt. Ohne Kontakt zu einem Rechtsanwalt, ohne jede Rechtshilfe, ohne je zu erfahren, was ihm vorgeworfen wird.

Israel hat diesen »Brauch«, offiziell »Administrativhaft« genannt, von den Engländern übernommen, die sie damals – vor über sechzig Jahren – hier ebenfalls praktizierten. (Um Araber und Juden aus dem Verkehr zu ziehen.) Nach israelischen und internationalen Angaben befinden sich zurzeit knapp über 300 Palästinenser in dieser »administrative detention«: jemanden einkerkern, nicht weil er etwas Ungesetzliches getan hat, sondern weil er es tun könnte. Oder weil er es getan haben könnte. Auch wenn jeder Beweis fehlt. China ist für diese Praktik berühmt. Und Israel, die »einzige Demokratie im Mittleren Osten«, auch.

Ich greife voraus: Einen Monat später – *amnesty international* und die FIFA setzten sich ebenfalls für den Todgeweihten ein – wird Mahmoud Sarsak freigelassen. Geschwächt und ohne einen Schekel Kompensation für drei gestohlene Jahre. Kein Vergehen konnte ihm nachgewiesen werden.

44

Zurück in den Souk. Palästina strengt an. Jeden Moment sieht man Bilder oder hört Gedanken, die das Herz anfransen und nach Schutzmaßnahmen verlangen, im Kopf. Um sie auszuhalten. Aber ich will es so: dass Eindrücke mich bestürmen. Weil es mich zwingt, »da« zu sein. Weil ich an Einsichten und Gefühle herankomme, die mir in einer harmloseren Umgebung verschlossen blieben. Eine Reise hier vor Ort fordert ununterbrochen. Jeder Reisende wird schonungslos aufgerufen, sich zu stellen. »Wir sind zum Urteilen verurteilt«, notierte Sartre einmal. Hier stimmt der Satz von früh bis spät.

Und selbstverständlich gerate ich in Situationen, die beschwingen, die Wärme und Schutz signalisieren: Ich betrete einen Schreibwarenladen mit der ganz banalen Absicht, einen Filzschreiber zu kaufen. Und ich zahle und trödle herum, will noch dableiben. Bis ich es kapiere: dass ich den Duft in solchen Läden liebe, den Geruch von Papier, ja, bewegt auf all die Stifte schaue, all das Werkzeug, mit dem sich Schönheit und Geist produzieren lassen.

Hundert Meter weiter stehe ich vor einem Mann, der einen Fahrradschlauch flickt. Umgeben von Haufen kaputter Räder. Und plötzlich rinnen mir die Tränen. Bis ich weiß, warum: Weil mich das Bild an meine Jugend erinnert und an den wunderbar spinnösen Herrn Huber, der in seiner Werkstatt aus dem 19. Jahrhundert mein Rad reparierte. Warmherzigkeit und Umsicht gingen von dem Alten aus. Einer, der Kinder mochte und hilfsbereit aushalf.

Ein Souk als Märchenland. Da nimmt es keiner mit dem Orient auf. Ein paar Schritte weiter blicke ich in die Höhle eines Schmieds. Und ich erkenne nichts. So finster ist es. Erst als sich unsere Augen treffen: seine, die des Meisters, weit hinten vor der Höhlenwand und schwarz wie ein Amboss, und meine, eher hell und ganz vorne. Und dann lächelt der Mensch, nur erkennbar an den Zähnen, die jetzt glamourös im Dunklen blitzen. Lauter Bilder, die besänftigen.

45

Und daneben die anderen, gegen die ich mich wehren muss. Um sie zu verkraften, um auszuhalten, dass es sie gibt. Die verwunden und aufladen mit Wut und bösen Wahrheiten: Ich komme an einem Internetcafé vorbei, voll besetzt mit sechs Kindern. Über jeden Bildschirm flimmert *Counterstrike*, das wohl berühmteste Killerspiel. Der Besitzer des Ladens begrüßt mich heiter: »It's a beautiful game.« Schön absurder Satz. Ein Knirps sitzt neben einem anderen, alle gebannt, jeder mit derselben (virtuellen) Knarre in der Hand. Links oben kann man ein Menü aufmachen und die Waffengattung aussuchen, mit der man die Welt aufräumen will: *Magnum / Rifles / Machine Gun / Pistols / Bullpup / Shotgun*. Hier sind alle mit dem Maschinengewehr unterwegs, nichts macht erfolgversprechender tot. Kein Gerät steht zur Verfügung, mit dem sich Versöhnung stiften ließe. Nur solche, mit denen man jeden umlegen kann, der sich in den Weg stellt. Das »Spiel« zeigt keine Geschichte, keine Entwicklung. »Terroristen« kämpfen gegen »Anti-Terrorristen« und wer zuerst tot ist, hat verloren. Auch fällt kein Wort. Ein totenstilles Spiel. Nur die Salven sprechen. Nur der Tod des anderen scheint ein Problem zu lösen. Bis zur nächsten Hausecke, dann kommt das nächste Problem, der nächste Todeskandidat. Der nicht tot umkippt, sondern in rote (digitale) Fetzen zerrissen wird. Das gewaltsame Ende sieht farbenfroh aus, auch macht es keinen Lärm. Kein letzter Schrei entkommt dem Getroffenen. Er stirbt und verschwindet aus dem Bild. Ich vermute, dass die Leichenberge in den Köpfen der Kinder aus lauter Juden bestehen. Vor Stunden war ich bei einer Friedensübung dabei, nun, hier trainieren sie gerade den Hass.

Als ich das Café verlasse, fällt mir Chris Kyle ein. Vor ein paar Monaten veröffentlichte der US-Marine seine »Memoiren«: *American Sniper*. Auf den genau 400 Seiten erzählt der Texaner seinen Weg zum Weltmeister aller Scharfschützen. Während seines Einsatzes im Irak. »Ich habe es geliebt« und »Dort habe ich die besten Momente meines Lebens verbracht.« Der 38-Jährige spricht voller Enthusiasmus über die knapp 250 irakischen Leichen, für die er nach eigenen Angaben verantwortlich ist. Jetzt können die Überlebenden aufatmen. Er ist wieder zu Hause, obwohl er »really, really« gern weitergemacht hätte. Aber »ein Mann muss sich entscheiden« und Chris, der gutgelaunte Massenmörder, hat sich für seine »family« entschieden. Gewissensbisse? »No!« Halt, doch: »Nicht mehr von den Wilden umgelegt zu haben.«

Sorry, Mister Kyle lag mir am Herzen, ich musste von ihm berichten. Klar, keiner endet als grinsendes Monster, weil er früher als *Counterstrike*-Junkie unterwegs war. Aber ich wage Zweifel anzumelden, ob diese Art Zeittotschlagens (wenn es denn bei der Zeit bleibt) zum lässigen Umgang zwischen den Weltbewohnern beiträgt.

Ach ja, inzwischen wurde Kyle selbst erschossen. Auf einem Schießstand in Texas. Wo sonst? Von einem anderen Irak-Veteranen. Von wem sonst? Auch schießwütig, auch krank im Hirn.

Wie auch immer. Kaum bin ich auf der Straße, geschieht

etwas, das meine Nervenspitzen beruhigt. Ich sehe einen Mann am Rande des Bürgersteigs stehen, er will hinüber auf die andere Seite. An seinem leeren Blick erkenne ich, dass er blind ist. Ich nehme ihn bei der Hand und lotse uns durch den flutenden Verkehr. Wobei er ohne das leiseste Zaudern mitgeht. Das würde ich gern besitzen: dieses Zutrauen, dieses Jeden-Tag-mein-Leben-Fremden-Überlassen. Und da es sich um einen alten Mann handelt, muss er ein unglaubliches Vertrauen entwickelt haben. Denn seit Jahrzehnten geht alles gut. Immer kommt er heil auf der anderen Seite an.

46

Die schönen arabischen Frauen, von Kopf bis Fuß. Wenn sie denn den Mut haben, sich als Frau zu kleiden. Nablus gilt ja als »überkommen«. Soll sagen, dass viele Bewohnerinnen dieses »moderne« Selbstvertrauen nicht haben. Sie schmoren noch in den Kleidervorschriften des 7. Jahrhunderts: Sie tragen den *Hijab* (arabisch für »Vorhang«), um das Haar und Teile des Gesichts zu verbergen. Nicht wenige sind sogar mit dem *Niqab* unterwegs, der Gespenster-Burka, aus der nur noch die Augen schauen – wenn sie Glück haben. Da mir Religion grundsätzlich sinister vorkommt, ganz gleich, ob einer als (christlicher) »Stellvertreter Gottes« wie ein Clown mit Krone und Wanderstab auftritt, jemand als (jüdische) Sargtruhe mit Schläfenlocken oder eine als (muslimische) Krautscheuche, die – schwarz eingemottet von oben bis unten – bei 35 Grad daherkommt, als zöge sie zum Nordpol um: Mein Verstand meckert und will wissen, warum. Warum der Aufzug, die Lächerlichkeit? Da ich vollkommen unfähig bin, an eine göttliche Kittelordnung zu glauben – sei sie vom Herrgott oder den Herren Jehova oder Allah –, würde ich gern mit einer dieser Frauen reden. Nein, das reichte nicht, wir müssten vorher ausmachen, dass wir offen miteinander sprechen, sie also bereit wäre, das auszusagen, was sie tatsächlich fühlt und eben nicht den Seich nachplappert, mit dem ihr der Ehemann oder der »große Bruder« oder der lokale Mufti jahrzehntelang das Hirn verklebt haben: »Der weibliche Körper muss vor den geilen Blicken des Mannes geschützt werden!« Was würde sie sagen? Dass sie inzwischen ein frohgemuter Bimbo geworden ist, der sich widerstandslos diese Zwangsjacke zumuten lässt? Oder würde sie losheulen über die tägliche Vergewaltigung zu einem Kleidungsstück, das unter Umständen eine Elefantenherde in die Flucht schlagen könnte? Ich kenne keine fünf Frauen auf allen fünf Kontinenten, die sich nicht attraktiv fühlen, sich und die Welt nicht via Farben und Eleganz verschönern wollen. Mit demselben Recht wie die andere Hälfte der Menschheit. Denn sonst müssten wir Männer uns ebenfalls in Sack und Asche zeigen. Da uns nichts anderes vor der lechzenden Anmache heißer Weiber bewahrte. Die Ironie sei erlaubt, um den Schwachsinn des Arguments jener bloßzustellen, die gern herrschen: am liebsten über das »schwache Geschlecht«.

So sollte sich herumsprechen, auch unter den klugen, tapferen Palästinenserinnen: Der Aufstand muss von den Frauen kommen, sie müssen aufschreien. Denn die Geschichte lehrt, dass niemand freiwillig seine Macht preisgibt. Man muss sie den Machthabern entreißen. Nur so ändern sich die Verhältnisse.

47

Kurz darauf sehe ich drei Frauen mit Einheitstracht und Kopftuch vor einem Schaufenster stehen, in dem luftige, leichte Kleider ausgestellt werden. Keine Minifetzen, nichts Gewagtes, durchaus »anständig«. Aber nicht zentnerschwer, nicht rabenschwarz und nicht schweißfördernd. Und die drei tuscheln angeregt, deuten auf verschiedene Modelle, unüberhörbar ihre Sehnsucht: *Schau, das würde mir gefallen!* Aber die Mauern, hochgezogen im Kopf der Gläubigen, sind steil und aus reinstem Beton. So dürfen die drei vorerst nur träumen, heimlich und unter sich.

48

Abends im Hotel. Ich sitze im Restaurant, direkt neben dem großen Fenster. Ein Seidenhimmel zieht auf, der Lärm verebbt, die Hitze. Freundliches, diskretes Personal. Ich könnte augenblicklich nicht unbekümmerter sein, da nach dem Essen das schöne einsame Glück beginnt: den Tag aufschreiben. Der so unspektakuläre Vorgang – das Tippen in den Mac – räumt mein Herz auf, löst es. Ja, Schreiben besänftigt die Wunden. Die ich nicht hergeben will. Auf die ich nicht verzichten will. Sind sie doch der Eintrittspreis für Innigkeit, sind sie doch mein Vermögen. Ohne Wunden keine Sprache. Sie erst verführen zum Schreiben.

49

Um halb neun kommt Danielle Marie Gram zum Frühstück. Ein amerikanisches Wunderkind. Schon ihr zuzuhören fordert Nerven. Jeden, den sie trifft, beschenkt sie. Entweder mit ihrer Großzügigkeit oder, wie jetzt, mit ihrer Geschichte. Hier stehen, aus Platzmangel, nur Auszüge aus der fulminanten Biografie einer so außergewöhnlichen, so jungen Frau: aufgewachsen in Kalifornien, Mittelklasse, Vater und Mutter bemüht und besorgt, sie wird katholisch erzogen. Als Elfjährige erkennt sie, dass diese Religion nichts zum Frieden auf Erden beiträgt, sie geht zu den Methodisten. Hier, sagt sie, sind sie weltoffen, ihre Gemeinde hat eine lesbische Pastorin, jede Art Mensch ist willkommen, die Hilfsbereitschaft in der Pfarrei entspricht ihrem eigenen Drang, das Leben anderer zu erleichtern. Sie fängt an, politisch zu denken, gründet mit dreizehn einen »speech and debate club« an der Highschool, das Hauptthema ist der gerade wütende Irakkrieg – jener Überfall, bei dem ihr Landsmann

Kyle im Auftrag von Bush junior die »savages« abknallte. Danielle will nicht auslöschen, sie will verstehen. Sie wird Vegetarierin, meditiert, folgt den Prinzipien des Jainismus, der auch Gandhi beeinflusst hat: anderen so wenig Harm wie möglich zuzufügen. Sie hilft in »safe houses« mit, in denen misshandelte Frauen und Kinder unterkommen, gründet »kids for peace«. Am eigenen, siebzehnjährigen, Leib erfährt sie, dass Brutalität zu ihrem Leben gehört. Sie wird vergewaltigt, ein *date rape*: Der Schulkamerad macht sich auf der Heimfahrt von einem gemeinsamen Dinner über sie her. So ist ihr erster Mann ein Verbrecher. Viele raten ihr zu, aber sie zerrt ihn nicht vor Gericht. Sie will nicht, dass der junge Erwachsene (mindestens) zehn Jahre lang für seine Tat sitzen muss. Seine Bestrafung, so argumentiert sie, würde nichts« zur Friedlichkeit in der Welt beitragen.

Sie bewirbt sich für Harvard, vierhundert melden sich in ihrem Fach an, zwei, darunter sie, werden genommen. Sie studiert Religion und Soziologie, beteiligt sich an verschiedenen Arbeitsgruppen, immer geht es um politisches Bewusstsein, um Gewalt und das Verhindern von Gewalt. Sie sammelt Preise und Stipendien.

Sät jemand Frieden, kann er nicht sicher sein, Frieden zu ernten. Kurz nach ihrem 20. Geburtstag wird ihr Bruder ermordet, knapp zwei Jahre älter als sie. Verblutet nach einem Dutzend Messerstichen, nachts auf der Straße. Bis heute gibt es keinen (verhafteten) Täter. Die Polizei verdächtigt einen paranoiden Obdachlosen, der mordete, weil es ihn überkam. Aber die Beweise fehlen. Möglich auch, dass der Messerstecher zur lokalen *Kings Band* gehörte, die dafür bekannt ist, dass jeder, der Mitglied werden will, zuerst eine grausige Tat vollbringen muss. Als Mutprobe.

Ihr erster (offizieller) Boyfriend erledigt sie mit Worten, einer, der sich gut fühlt, wenn er andere erniedrigt. Bisweilen zückt er auch die Fäuste, als Drohgebärde. Zuletzt schreibt er ihr eine lange Liste von Punkten, die ihm an ihr nicht gefallen. (Ich habe noch nie verstanden, was Menschen sich alles von anderen Menschen zumuten lassen.) Nur mit Mühe kommt Danielle – die Blitzgescheite, die Versöhnliche, die Schöne – von ihm los.

Sie macht ihren *Bachelor of Arts*, die Doktorarbeit ist geplant. Inzwischen arbeitete sie in Bolivien, in Japan, in Laos, Thailand und Kambodscha, lebte zuletzt neun Monate im Norden Ugandas, in einer Hütte ohne Wasser und Strom. Um mit psychisch schwer gestörten Kindern zu arbeiten, die Joseph Kony, der irre gewordene Anführer der *Widerstandsarmee des Herrn*, als »Soldaten« zwangsrequiriert hatte: um sie zum Morden seiner Gegner abzurichten.

Danielle entgeht einer zweiten Vergewaltigung, da auch sie jetzt bewaffnet unterwegs ist: Eine Tränengasdose taugt nun als Leibwächter. Ihr Vater hatte sie wissen lassen, dass er sein Leben beenden würde, sollte ihr etwas zustoßen. Den Tod des Sohnes hätte er noch hingenommen, aber das letzte Kind will er behalten. Seit dem Frühjahr arbeitet die Amerikanerin in Nablus, für das *Project HOPE*. Hier ist die 23-Jährige mit dem maßlosen Hunger nach Tiefe und Erkenntnis gut aufgehoben. Denn es gibt wohl kein anderes Land, in dem sich pro Quadratmeter mehr traumatisierte Kinder befinden als in Palästina.

Nach dem Frühstück bin ich erschöpft. Man muss sich anstrengen, um so viel fremdes, starkes Leben auszuhalten. Gelingt das, bleibt nur Bewunderung. Und der Neid auf so viel Radikalität.

50

Durch die Stadt, die neue, die alte, wieder in den Souk. Überall die Heerscharen junger Männer, die nicht wissen, wohin mit ihrer Vehemenz, wohin mit den vielen Muskeln, dem strahlenden Körper, den tausend Träumen und Kopfgeburten. Tagsüber, nachtsüber. Und so sitzen sie als Verkäufer vor einem Schuhhaufen und warten. Bis eine barmherzige

Seele ein Paar kauft. Oder sie stehen in einem Laden, so breit wie eine Hundehütte, mit Fünf-Euro-Armbanduhren an den Wänden, bis zur Decke. Und ihr einziges Tun besteht darin, ein Made-in-China-Blech auszupacken und herzuzeigen. Und es wieder einzupacken, weil der Konkurrent im Nachbarladen es noch billiger verschleudert. In den Sekunden, in denen ich an ihnen vorbeigehe, versuche ich zu fühlen wie sie, sie »wahrzunehmen«. Ich bin dann sie und sehe mich jeden Tag hierherkommen, den Verschlag aufsperren und meinen Platz einnehmen, den Hundehüttenplatz, und weiß jeden Tag, dass mein Leben keinen Ausweg finden wird. Weder als Mensch mit einem Beruf, der eine Ahnung von Sinn vermittelt, noch als Palästinenser in meinem Land, das mir nicht gehört. Denke ich diesen Gedanken schmerzhaft lange genug, lande ich bei mir als Selbstmordattentäter. Lieber alles in die Luft sprengen, als mir zuzuschauen, wie ich Stunde für Stunde betrogen werde. Lieber mich in Stücke reißen, als Tag um Tag zu verwittern und aushalten zu müssen: dass ich kein zweites Mal auf die Welt komme und dass es eine nächste Chance nicht gibt. Nur die eine. In der ich nutzlos verkomme.

51

Ich gehe ins Hammam *Al-Shifa*. Ich brauche wieder eine Prise Orient. Eintritt zahlen, plus ein paar Schekel für »skin rubbing« und »massage«. Gemäuer aus alten Zeiten, gediegen abgewetzt: mit einem Handtuch bedeckt auf die heiße Bodenplatte legen. Durch die schmalen, bunt-verglasten Öffnungen weit oben fallen die Sonnenstrahlen eines späten Vormittags. Gelb, blau, grün. Von irgendwoher kommt das zarteste Geräusch, das Plätschern von Wasser. Nur liegen, nichts denken, nur Leib sein. Später in den *steamroom* und die siedende Luft atmen. Und mit Erfolg jedes Gespräch abwimmeln. Ich will jetzt nicht plappern, ich will es machen wie die Alten hier, die still und innig aushalten: das Glühen und das eisige Wasser. Ich brauche alle Kraft, um nicht vor den Elementen davonzurennen. Das ist die Stunde des Körpers, der sich messen will an den Zumutungen, die ihm – noch glaubt er es nicht – guttun werden.

Irgendwann auf eine der Bänke legen und Issam schrubbt mich, reibt mich, ja, schleift mich. Der junge Kerl muss vergessen haben, dass die Haut ein empfindsames Organ ist. Der Halbwüchsige greift zu, als müsse er meine Knochen neu ordnen. Wie erfreulich, dass der Besitzer noch den sensiblen Heisan eingestellt hat. Als Masseur. Als Schlusspunkt, zur Wiedergutmachung. Er ölt ein und setzt mich wieder zusammen. Zuletzt ziehe ich ins hauseigene Café um, Modell Opiumhöhle. Man darf zwischen den Kissen lümmeln und verdöst eine Wasserpfeife schmauchen. Ein paar Männer beten, ein paar spielen Karten, ein paar schauen verträumt. Auch die Jungen sind stiller geworden. Jetzt versöhnen sie sich wieder mit ihrem Dasein. Ein Hammam mit Kaffeehausanschluss taugt auch als Nervenheilanstalt.

52

Während der zwei Stunden war mir eine Idee gekommen. So eile ich, schön benebelt vom Rauchen und Dämmern, zum nächsten Taxistand. Ich will Munib al-Masri besuchen, vielleicht die schillerndste Figur der Stadt: 1934 hier geboren, er hat in Texas studiert, wurde dann Businessman, dann Milliardär. Handelt mit Öl, mit Gas, mit Hotels, wirtschaftet im Baugewerbe, in der Landwirtschaft etc. Legenden ranken sich um ihn, die abenteuerlichste: dass er Arafat das Leben gerettet hat, auf dessen Flucht vor König Husseins Rache. (Als die PLO in Jordanien ihr Hauptquartier hatte.) Gesichert ist, dass ihm mehrmals der Posten des palästinensischen Ministerpräsidenten angetragen wurde. Und er immer ablehnte. Doch der Mann hat noch einen zweiten Beruf: Philanthrop, Menschenfreund. Enorme Summen investiert er in Schulen und Krankenhäuser, in die hiesige

Infrastruktur. Ob er der »Messias auf dem Hügel« ist, als den manche ihn bezeichnen? Hoffentlich nicht. Ich will Menschen begegnen, nicht Überirdischen.

Mit dem Auto den Berg Garizim hinauf, dort steht Masris Villa, die er sich vor einem Dutzend Jahren bauen ließ und »Beit Falasteen« nennt, *Haus von Palästina*. Irgendwo las ich, dass er es genau dort haben wollte, aus Angst, dass ihm jüdische Siedler – die oft auf eigene Faust losziehen und Land, mit Vorliebe »biblisches Land«, besetzen – den Grund und Boden stehlen würden.

Interessante zwanzig Minuten Anfahrt, denn Chauffeur Kadir erzählt mir von seiner Wut. Über 22 Jahre lebte er in New York als Busfahrer und eines Tages wollte seine Frau zurück in die Heimat. So ist er hier und hasst alles. Vor allem die Aussichtslosigkeit. Jetzt hängt der Haussegen schief, er will wieder nach Amerika, sie nicht. Ich rate seelenruhig zur Scheidung. Doch Kadir schwankt, er will die Frau und New York. Ich schenke ihm einen Satz von einem in dieser Gegend gänzlich Unbekannten, von Kurt Tucholsky: »Leben heißt aussuchen.«

Wir halten vor dem schweren Gitter, ich läute, schaue in die Kamera. Keine Reaktion, ich läute nochmals, diesmal Sturm, Kadir hupt penetrant, irgendwann gleitet das Tor sacht nach rechts und ich gehe die grandiose Auffahrt entlang, von Pinien gesäumt, mit weiter Aussicht hinunter auf Nablus. Am Ende der hundert Meter steht ein junger Mann, der sich höflich und irritiert nach meinem Anliegen erkundigt. Als er es weiß, will er wissen, ob ich ein »appointment« hätte. Leider nein. Er führt mich dennoch, mit leicht verwundertem Gesichtsausdruck, zur Rückseite des Prachtbaus, mitten hinein in ein Büro, das im Erdgeschoss liegt. Und sechs andere Männer und der Chef, alle ausnehmend elegant gekleidet, sitzen um einen großen Tisch voller Computer und Papiere. Und blicken überrascht auf den Fremden. Nicht so elegant gekleidet, eher verstaubt und verschwitzt. Und al-Masri reagiert verärgert, als er von meinem Wunsch hört, meint, dass es ziemlich unprofessionell sei, einfach hereinzuplatzen, ohne Termin, ohne Absprache. Als er mich nach meinen »Credentials«, meinen »Berechtigungsnachweisen«, fragt und ich nichts vorzuweisen habe, weder Visitenkarte noch Presseausweis noch Akkreditierung, legt sein Ärger noch zu. Wenig beruhigend, denn der Mann hat mehrere Herzoperationen hinter sich.

Ja doch, er hat mit jedem Wort recht, aber ich bin bei »öffentlichen« Personen grundsätzlich gegen offizielle Interviews. Weil ich da nur das übliche Blabla zu hören bekomme, das sie vorher mit ihrem *Public Relation Department* abgesprochen haben, den faden Brei, den man in jeder Zeitung nachlesen kann. Ich will überrumpeln. Vielleicht lockt das Gedanken bei ihnen hervor, die ich noch nicht kenne.

Immerhin habe ich einen Pass dabei und gebe ihm die Adresse meiner Website. Sofort ruft einer seiner Mitarbeiter sie auf. Und sie scheint dem 78-Jährigen zu gefallen, er traut mir jetzt, obwohl er kein Wort Deutsch versteht. Aber ich merke, dass ihm mein Auftreten auch gefällt, da eher unkonventionell und forsch.

Er fordert mich auf, Platz zu nehmen und ihn zu fragen. Jetzt ist er warm und herzlich, fast will ich mir einbilden, dass ich seine Vaterinstinkte provoziere. Ich bitte ihn, ein paar Sätze zum hiesigen Drama zu sagen. Und er beginnt mit dem wunderbaren Hinweis, dass er um jeden Tag Leben froh ist, den er auf Erden verbringen darf. (Auch Muslime wollen nicht sofort ins Paradies.) Dann legt er los: dass er die deutschen Politiker für scheinheilig hält. Weil sie die Unfassbarkeiten, die in Palästina geschehen, nicht beim Namen nennen. Nur den üblichen »ausgewogenen« Stuss verbreiten, der niemanden verpflichtet. Und, er betont es nochmals: Kein Jude und kein Israeli soll vernichtet werden, niemals hat er, al-Masri, das Existenzrecht Israels infrage gestellt. Aber auch der jüdische Staat steht nicht über dem Gesetz, auch er muss begreifen, dass die längste Besatzung der modernen Geschichte aufzuhören hat. Und dass die halbe Million fremder Siedler hier nichts zu suchen hat. »This land is our land.« Es geht nicht um Krieg, es geht um Einsicht: »Aber ja doch, die Welt muss uns helfen, muss für uns einstehen. Allein schaffen wir es nicht.«

Und jetzt passiert etwas Lustiges. Kaum hat er den Satz ausgesprochen, deutet er auf mich und fügt hinzu: »Sie müssen darüber schreiben, Sie müssen der Welt erzählen, was hier täglich geschieht.« Das ist famos abwegig und ich antworte lachend, dass die Regierung in Tel Aviv keinen nassen Furz darauf gibt, was ich zu berichten habe. Die Welt auch nicht. Doch Mister al-Masri schüttelt den Kopf: Es gäbe nur den endlos mühseligen Weg, das Ausland über die hiesige Wirklichkeit zu informieren. »Alle, die von ihr wissen, sind dazu verpflichtet.« Beim Abschied frage ich ihn nach seinem ersten Gefühl, wenn er an Palästina denkt: »Sadness.« Er lächelt väterlich, als er mir die Hand gibt. Ich gehe zurück durch die Allee. Himmel, so schön kann die Welt sein.

53

Ich fahre noch weiter hinauf. Knapp unter dem Gipfel von Garizim liegt das Dorf Kiryat Luza. Hier, so die letzte Statistik, leben 387 Samaritaner, der Rest von ihnen, gut zweihundert, wohnt in Israel. Mehr gibt es nicht. Ihr Name kommt von »Samaria«, der früheren Bezeichnung für den nördlichen Teil von Palästina. In der Antike gehörten sie zum Volk der Juden, zur Mehrheit, zählten vielleicht eine Million Gläubige. Dann kam der Zwist, die Abspaltung. Sie sahen sich als die »wahren« Gläubigen, als Bewahrer der reinen Lehre, ließen nur die fünf Bücher Mose, den »Pentateuch«, gelten, verweigerten die Heirat mit »Heiden« (Nicht-Juden), verteidigten das »Hohepriestertum«, brachten Tieropfer (wie heute auch) und verschrieben sich einem Gesetz, das beinahe ihren Untergang bedeutet hätte: »Nie-

mand von euch darf außerhalb des Gelobten Lands siedeln.«
Während die anderen Juden die Flucht antraten, blieben
ihre Verwandten an Ort und Stelle, wurden über die Jahrtausende verfolgt und dezimiert. So hatten am Ende des
Ersten Weltkriegs noch genau 146 von ihnen überlebt.

Die Ortschaft liegt in Zone C, hier bestimmen die Israelis.
In Sichtweite liegt die jüdische Siedlung Har Bracha. Als ich
im Dorfladen eine Cola trinke, hält ein Panzerwagen vor der
Tür, zwei Soldaten steigen aus und kaufen ein. Hier in Palästina. Ein *Good Samaritan Center* gibt es. Und ein *Museum of the
Samaritans*, voller alter Steine und Werkzeuge. Mittendrin
steht Mister Husney W. Cohen, der mich zuerst zum Opferstock führt, um unmissverständlich zu einer Spende zu
animieren. Und mich dann wissen zu lassen, dass er »the
only one who knows« ist: die genaue Strecke der Israeliten
durch die Wüste, sprich, er allein weiß die haargenaue Geschichte der Samaritaner. Sein neues Buch »is full of proofs.«
Der freundliche Herr ist der Prototyp des »Gottesfürchtigen«.
Da er Gott fürchtet, ist er immer rastloser damit beschäftigt,
»Beweise« zu veröffentlichen: für die (furchterregende)
Herrlichkeit Gottes und die (angemaßte) Herrlichkeit des
»auserwählten Volkes«. Dass die Wissenschaft immer er-
drückendere Nachweise dafür liefert, dass machthungrige
Märchenonkel über die Jahrhunderte die Bibel geschrieben
haben und dass nichts, was an göttlichem Sums verbreitet
wird, als Tatsache stattfand: Alles das soll nicht kümmern.
Religion funktioniert als Gedankenpolizei, die gegen den
formidablen Erreger Wissen – schlimmer noch: Wissen-
wollen – schützt.

Die Hauptstraße des müden Kaffs entlang, auf den Dächern wuchern die Satellitenschüsseln. Ich will hinauf
zum Gipfel, zum »Heiligtum«. Niemand zu sehen, nur zwei
kläffende Hunde, die wild an ihren Ketten reißen. Ganz
oben, auf 881 Meter Höhe, ist das Areal – Ruinenwände und
Steinhaufen – eingezäunt. Nirgends eine Passage, nur Stacheldraht. Bis ich eine Stelle finde, durch die man kriechen

kann. Der Wind faucht, ja, das Steinmeer hat etwas Archaisches, längst Vergangenes. Man steht ganz oben über der Welt.

Vor einiger Zeit ging eine sensationelle Entdeckung durch die Fachpresse: Schon vor 2500 Jahren befand sich auf diesem Berg eine Kultstätte, umgeben von einer monumentalen Mauer mit riesigen Holztüren. Der in der Bibel erwähnte Tempel von Jerusalem war im Vergleich dazu nur ein simpler Kubus. Im Klartext: Nur fünfzig Kilometer von dort entfernt befand sich hier ein gigantisches Gegenheiligtum. Beleg für den Glaubenskrieg, der zwischen den Israeliten stattfand. Die Juden hatten eben mächtige Vettern, eben die Samaritaner-Juden, mit denen sie um die *eine* Frage kämpften: Welchem Ort gebührt die wahre Ehre, Heimstätte des Allmächtigen zu sein? Da der Allmächtige wieder einmal nicht vorhanden war, um per Blitzurteil Eindeutigkeit herzustellen, wurde gegeifert, geleugnet, gemordet und – die Bibel umgeschrieben. Damit die Sieger des Gemetzels, die Mehrheitsjuden, Recht bekamen. So viel zur »Heiligen Schrift«, dem »Wort Gottes«.

Nicht dass die Verlierer inzwischen heller im Kopf geworden wären. Bis auf den heutigen Tag glauben sie, dass sich hier, auf dem Berg Gazirim, Adam und Eva zum ersten Mal begegneten. Dass hier Abraham so frei war, dem Herrgott seinen Sohn Isaak als Schlachtopfer anzubieten. Dass dies der einzige Platz war, der von der großen Flut – Arche Noah! – verschont blieb. Und dass hier eines Tages der »Gesalbte« – so nennen sie ihren Allerherrlichsten – ein zweites Mal »erscheinen« wird.

Als ich Stimmen höre, wetze ich hinter einen Quader. Wegen des Stacheldrahts ahne ich Ärger. Und er kommt, denn zehn Minuten später kann ich den beiden Männern nicht mehr ausweichen: israelische Ingenieure, die mich barsch auffordern, das Gelände zu verlassen. Noch sei es gesperrt, da es »besuchergerecht« eingerichtet wird, mit Geländern, Treppen etc. Ich maule und verstecke mich von

Neuem. Ich bin nicht auf die Welt gekommen, um ununterbrochen Vorschriften zu befolgen.

54

Zurück ins Dorf und das Haus von Aaron Ben Ab-Hisda suchen. Das dauert, denn hier will keiner auf der Straße sein. Als ich endlich davorstehe und läute, will niemand öffnen. Ich bin wieder einmal der Unangemeldete. Aber offensichtlich halten sie irgendwann den hartnäckigen Klingelton nicht mehr aus und ein Kind lässt mich eintreten. Und es zeigt auf die Treppe, als ich nach dem »Hohen Priester« frage, dem Patriarchen und Boss der Gemeinde. Und der 85-Jährige, rotes Käppi, dunkler Umhang, heißt mich in seinem Wohnzimmer willkommen. Mit den Augen eines Mannes, der Leid gewohnt ist und seit Langem beschlossen hat, sich diesem Leid zu ergeben. Er lächelt scheu, ich darf mich auf die Couch setzen. Er deutet an, dass das Essen bereits in der Küche auf dem Tisch stehe, lange könne er nicht bleiben.

Ich will keinem seine Zeit stehlen und so stelle ich sofort die ganz harten Fragen. Da Samaritaner nur reinrassige Samaritanerinnen – so will es der Himmelsgesalbte – heiraten dürfen (Ausnahmen gibt es), kann ein Volk nur via Inzucht überleben. Der Anteil mental und körperlich Behinderter in der Kommune ist enorm, also: »Ist Inzest der Weg zu Ihrem Gott?«

Ich habe schon wieder »Glück«. Kaum ist meine Frage ausgesprochen, betritt einer seiner drei schwerst gehandicapten Söhne das Zimmer und kommt piepsig krächzend auf mich zu, begrüßt mich tapsig. »Und«, frage ich eiskalt den Vater, »ist das gottgewollt?« Und der schöne Alte mit dem schönen Bart scheint die Frage schon oft gehört zu haben, vor allem in seinem Kopf. Und weicht sanft aus: »Ja, wenn ich an meine Söhne denke, bin ich unglücklich.« Doch ich bleibe penetrant, will wissen, wie Gott das bei einem so gottgläubigen Menschen wie ihm zulassen kann, bei einem, der sich zudem als direkten Nachfahren aus dem Geschlecht des Propheten Moses ausgibt. Und seine Antwort ist verblüffend, ja ironisch: »Ask god.« Gewiss, er stehe vor einem Rätsel, meint er, und so frage ich ihn wieder, denn bisweilen treibt mich ein geradezu kindisches Verlangen, die Unbedenklichen in ihrer denkfaulen Ecke aufzuscheuchen: »Will Ihr Gott, dass Sie und viele andere hier Kinder in die Welt setzen, die zu keiner Stunde über genügend Kraft verfügen werden, um ein Menschenleben zu bestehen?« Und jetzt passiert etwas Bewegendes. Der »spirituelle Führer« Ab-Hisda, der seinem Volk seit Ewigkeiten diesen Mumpitz eingebläut hat, zeigt Schwäche und Skepsis, spricht leise: »Wenn ich allein bin, weg von allen, ja, dann zweifle ich.« Als ich seine Antwort höre, packt mich kein Triumphgefühl, eher brüderliche Wärme. Jetzt sitzt mir jemand gegenüber, der sich verwunden lässt, einer ohne die Maske des unbelehrbaren Gottesmannes, ohne das dicke Brett unbesiegbarer Gewissheiten vor der Stirn. Nie und nimmer hätte er sich im Kreise seiner Leute dieses Geständnis abgerungen. Aber vor einem Wildfremden beichtet man unbeschwerter, ihn sieht man wohl nie wieder. Seine Frau ruft zum Essen. Herzlicher Abschied.

55

Die paar Kilometer nach Nablus zurück. Ich brauche jetzt wieder Modernität, Gegenwart, eine Ahnung von Weltoffenheit. Und mitten in der Stadt steht ein Symbol für das alles, das »Cinema City«. Nach zwanzig Jahren Abwesenheit, siehe Jenin, gibt es wieder ein Kino, hat sich wieder jemand getraut, einen so imposanten Komplex zu finanzieren. Ja, es braucht Mut für ein solches Unternehmen. Denn solange die Besatzung nicht aufhört, solange schwelt die Gefahr einer *Dritten Intifada*, eines dritten Aufstands, sprich einer erneuten Zerstörung durch die Besatzer.

Amerikanische Filme laufen, manchmal ein französischer, ein ägyptischer. Das coole Kino-Café, die schöne Jugend sitzt hier, mit Smartphones, mit Laptops. Sie wollen sein wie wir. Sie wollen teilhaben an der Welt.

Ich komme mit Kali ins Gespräch. Student, feine, intelligente Gesichtszüge. Die Eleganz, mit der er sich eine Zigarette anzündet. Ich frage ihn, ob er glücklich sei, und er antwortet mit Ja. Und warum? Und der 26-Jährige: »Ich habe keine Wahl.« Seine Erklärung für den trockenen Satz klingt amüsant: Würde er sich anders entscheiden, dann wäre er unglücklich. Und das Unglück tut ihm nicht gut.

Ist das eine orientalische Begründung? Erzählt sie doch etwas über hiesigen Fatalismus, über die Fähigkeit, die Gegebenheiten, selbst die so aufreibenden, hinzunehmen. Wir im Westen würden nicht ruhen, bis unsere Sehnsüchte Wirklichkeit werden. Hier nicht, hier haben sie ein Herz, das Ernüchterungen viel leichtsinniger erduldet. So eine behütende Gleichgültigkeit, die dafür sorgt, dass keine Drangsal die Seele auffrisst.

56

Aufbruch. Zuerst nach Burin. Sobald wir Nablus verlassen, beginnt *Zone C* und wieder verstärkt sich der Eindruck, durch Absurdistan zu reisen. Auf der rechten Seite der Ausfallstraße stehen jüdische Siedler, beschützt von Soldaten, und winken. Natürlich nur, wenn sich Wagen mit israelischem Kennzeichen nähern. Sie wollen per Autostopp in eine der umliegenden Siedlungen. Auf der anderen Seite befinden sich Palästinenser. Sie winken auch, sie suchen ebenfalls eine Mitfahrgelegenheit. Unser Taxi kommt an Bushaltestellen vorbei, »jüdischen« Bushaltestellen, an denen nur Busse für Siedler halten. Die Stopps sind leicht erkennbar, da schwere Betonklötze sie abschirmen. Damit keiner mit Vollgas auf sie zurast. Einmal sehe ich eine Frau alleine warten, direkt neben einem Soldaten mit der Maschinenpistole im Anschlag. Ihr Bodyguard. Beide hinter den riesigen Stein-blöcken. Hier geht der Irrsinn auf Erden um.

57

Vor einem Jahr weihte Bundespräsident Gauck in Burin eine von Deutschland finanzierte Schule ein. In Anwesenheit von Mahmud Abbas, dem Präsidenten der *Palästinensischen Autonomiebehörde*. Ich mag mein Land, wenn es für »Dinge« bezahlt, die anderen helfen zu leben. Wie diese Schule hier, großzügig angelegt, nagelneu glänzend. Die Flaggen beider Länder wehen. Ich kann nur den Kopf durch das vergitterte Tor stecken, denn heute ist Freitag, Feiertag.

Der Taxifahrer fährt an der Moschee vorbei. Freunde in Israel hatten mich darüber informiert, dass laut Anordnung der Besatzer das Minarett abgerissen werden muss. Denn von ganz oben könnte man auf die nahe Siedlung schießen. Die Beobachtungsposten, von denen man auf die Buriner schießen kann, dürfen bleiben.

58

Weiter nach Westen, weiter nach Qalqiliya, knapp vierzig Minuten Fahrt. Die Stadt liegt direkt an der Grenze zu Israel, an der *green line*. Der Ort ist eine Sensation, einmalig in der Welt: Er wurde vollkommen eingemauert, ist vollkommen – bis auf eine Straße Richtung Osten – von neun Meter hohem Beton umzingelt. Wobei, wie so oft, der 1967 festgelegte Grenzverlauf nicht respektiert wurde, sondern wieder ein-mal weit in palästinensisches Gebiet hineinreicht. Mit Hoch-spannungszaun darüber, mit Wachtürmen und Flutlicht-strahlern. Aus »Sicherheitsgründen«, was sonst. Denn hinter der Mauer liegen die jüdischen Siedlungen. So verfügen viele der hiesigen Bauern über keinen Zugang mehr zu ihren Feldern, so haben die meisten der 45 000 Einwohner nie das nur fünfzehn Kilometer entfernte Mittelmeer gesehen.

Das Zentrum der Stadt ist still, freitagsstill. Ich nehme ein Taxi, um an die Stadtgrenze zu fahren, an die Mauer, irgendwo. Zweihundert Meter davor lässt mich der Fahrer aussteigen, näher will er nicht ran. Ich verstecke mein Gepäck im Gebüsch und gehe los. Ich gehe so lange, bis ich den Beton berühre, gehe entlang, direkt unter einem Wachturm vorbei. Mit Blendglas, so dass ich nicht sehen kann, wer mich sieht. Wieder die leichte Beunruhigung, dass ich fotografiert werde. Denn wer hier entlangstreicht, muss ein Feind Israels sein. Sicher ist, dass ich jemand bin, der nie fassen wird, wie weit der Aberwitz bereits fortgeschritten ist.

Viele Graffiti stehen hier, »We are friends, not enemies« (ein Zitat von Abraham Lincoln) und »Free Palestine« und »Israël m'a tué« und »History hates walls« und »Paléstine vivra, Paléstine vaincra« und »This wall will fall«. Ich finde keine Hasssprüche, kein »Israel verrecke«, kein »Ins Meer mit den Juden«, nein, eher traurige Sätze, eher verzweifelt siegesgewisse.

Als ich zurückgehe, kommt mir ein Mann auf einem Fahrrad entgegen. Ich frage ihn, was er empfindet, wie er die Situation einschätzt. Und er sagt, eher unbeschwert: »Die Mauer ist gut, sie verhindert, dass die Juden herüberkommen.« Er meint das nicht rassistisch oder sarkastisch. Wie das folgende Gespräch zeigt, will er sagen: Hier sind wir sicher, mehr Land werden uns die Siedler nicht stehlen! Auf die Frage nach der Zukunft seufzt Qasim: »Ach, schon vor zwanzig Jahren hieß es, morgen haben wir Frieden.«

Ich frage den Automechaniker, was ich hier in Qalqiliya – seiner Burg, deren Befestigungen von den Feinden errichtet wurden – sehen könnte. Und er redet von einem Zoo, den sie hier hätten, dem größten in Palästina. Ich hole meinen Rucksack aus dem Gestrüpp und winke nach einem Taxi.

Feiner Zoo, sauber. Und viele Kinder, die Freude haben. Das soll heute zählen, ihr Lachen, ihr Staunen. Ich selbst mag keine »Tiergärten«, sie sind eher Zuchthäuser für Lebewesen, die lieber wild und frei wären. Nun, die Ironie ist nicht zu übersehen: In einer eingemauerten Stadt, die sich in einem eingemauerten Land befindet, schauen die Eingemauerten auf Tiere, die in einem nach allen vier Seiten vergitterten Käfig sitzen.

Ein Wasserstrahl für den Grizzly. Die meisten Tiere bewegen sich eher apathisch, viele sitzen und rühren sich nicht oder schlafen, sicher der Hitze wegen. Selbst die Schlangen liegen gekringelt im schattigen Eck. Nur der Pfau spreizt sich. Ich liebe diese Bewegung, sie sagt uns allen: Schaut, was immer passiert, ich bin schön und ihr sollt sehen, wie schön ich bin! Das ist sein Zweck in der Welt: schön zu sein und uns damit zu erfreuen. Es wird noch heiterer. Eine Henne verirrt sich neben den Pfau und zum ersten Mal fällt mir auf, wie unattraktiv dieses Federvieh ist. Weil der andere so funkelt. Soll einer sagen, die Welt ist gerecht.

Erstaunlicher Zoo. In einem Flachbau wird Biologie unterrichtet, sogar die des Menschen. Hinter Glasscheiben sieht man tatsächlich (gezeichnete) Geschlechtsteile, ja, noch revolutionärer: eine ganze nackte Frau ist zu besichtigen. Nicht in echt, aber in rosa Kunststoff. Doch, das ist ein Fortschritt: Wenn die andere Hälfte der Menschheit auch vorkommt, eben nicht als schwarze Kutte, die verschreckt vorüberhuscht, ja, wenn sie Neugierde auslöst und diese Neugierde hinterfragt werden darf. Ich spähe aus meinen Augenwinkeln und sehe, dass die Nackte, selbst wenn sie aus PVC ist, enormes Interesse bei den Anwesenden hervorruft. Ja, die Frauen, sie sind die Schönsten unter uns Säugetieren. Auch in Qalqiliya.

59

Zur *Service station*, ich will mit einem Sammeltaxi nach Ramallah, denn in Qalqiliya gibt es keine Hotels. Einer der Wartenden fragt mich, wo ich lebe. Als er es weiß, sagt er heiter seufzend: »Ah, Paris is your nationality.« Ich genieße das Stöhnen jener, die den Namen der französischen Hauptstadt hören. Jene, die sie nie gesehen, nur immer davon geträumt haben. Die Stimmen verraten Neid und Bewunderung. Himmel, ich wäre auch gern Paris: Mein Name fällt und alle bekommen weiche Knie. Ich phantasiere meist dann am heftigsten, wenn die Realität so anders ist. Wie jetzt, in der muffigen Tiefgarage.

Ich bin die einzige Kundschaft für Ramallah und muss warten, bis sechs andere kommen. Feiertage sind müde Tage. Wann es denn losgehe, frage ich den Fahrer, und er, wunderbar geheimnisvoll: »Gleich.« Das kann *gleich* heißen oder *gleich in ein paar Stunden*. Doch Latif bleibt gefasst, er denkt nicht (zumindest drückt es sein Gesicht nicht aus): Fuck, ich verliere Zeit und Geld, denkt nicht, fuck, was für ein Scheißtag. Nein, er tut das ihm Mögliche, nimmt Anrufe entgegen, notiert Reservierungen, organisiert. Und nach drei Stunden und fünfzehn Minuten ist *gleich* zu Ende und wir starten. Mit Gleichmut. Imponierend.

Besäße ich ein Handy, ich würde mir noch eine App wünschen: Man visiert mit dem Telefon die Stirn eines Menschen an und schlüpft in Sekundenschnelle in sein Hirn. Für eine gewisse Zeit wäre man dann der andere, spürte sein Lebensgefühl, seine Identität. Und wüsste endlich, wer er, wer sie ist. Und hätte wieder alles vergessen, sobald man den fremden Kopf verlässt.

60

Wie gehe ich mit den Informationen um, die ich höre, die ich sehe? Ich kann mir nicht vorstellen, dass jemand die Tragödie Palästinas versteht, ohne hier gewesen zu sein, mittendrin. Ohne den Beton angefasst, ohne die Auswegslosigkeit eines versperrten Lebens beobachtet zu haben, ohne die Erniedrigungen, die täglichen. Israel kommt mir wie ein guter Freund vor, den ich dabei ertappe, wie er schreckliche Dinge tut. Und ich mich frage, ob ich jetzt von ihm weggehe und die Freundschaft kündige. Weil ich seine schwerwiegenden Fehler nicht mehr hinnehmen will. Oder: Werfe ich mich auf die Knie und flehe ihn an, von seinen Schandtaten zu lassen? Denn keiner soll die Realität aus den Augen verlieren: An jedem – ja, an jedem – Tag werden Siedlerhäuser auf nicht-israelischem Gebiet errichtet und alle 24 Stunden gehören den Palästinensern, den Inhabern dieses Landes, ein paar Hektar Heimat weniger.

Welches Volk unter der Sonne würde sich nicht dagegen wehren? Und wäre es mit Gewalt. Der ist nicht von dieser Welt, den das nicht anrührte. Wer würde nicht aufschreien, wenn er mitansehen müsste, wie das, was er innig liebt, verschwindet? Stetig, ohne das geringste Zeichen von Besinnung auf Seiten der Raubritter. Noch dazu, wenn der Bestohlene – zumindest in Form eines Lippenbekenntnisses – von der Staatengemeinschaft Recht bekommt, er immer wieder nachlesen kann, dass alles, tatsächlich alles, was Israel in dem besetzten Gebiet unternimmt, gegen internationales Recht – Völkerrecht, Haager Konventionen, Genfer Konvention und und und – verstößt, sprich die Besatzung zuerst einmal die permanente Missachtung aller zwischenstaatlicher Vereinbarungen ist. »Das Sicherheitsbedürfnis Israels muss respektiert werden«, leiern dann automatisch jene, die gern über all das hinwegsehen. Interessant diese Logik: Ich züchte mir einen Nachbarn, der mich hasst, weil ich ihn rastlos demütige. Sein Hass trägt folglich zu meiner Sicherheit bei.

Es gab einmal israelische Politiker, die eine Vision hatten. Und Friedensverträge mit Jordanien und Ägypten schlossen. Die seitdem halten, seit über dreißig Jahren. Aber der letzte Hoffnungsträger, Jitzchak Rabin, ist lange tot, von einem jüdischen Fanatiker erschossen, und Benjamin Netanjahu – er befeuerte Mitt Romney als Kandidat in den letzten US-Wahlen – ist ein Typ, den mir ein israelischer Bekannter, zweifellos ein »selfhating jew«, in einer Mail so beschrieb: »Stell dir vor, unser Ministerpräsident hätte 1994 die ersten freien Wahlen in Südafrika gewonnen. Netanjahu statt Mandela! Könnte man noch die Blutbäder nachzählen, voll mit weißem und schwarzem Blut, die seine Politik der Unversöhnlichkeit ausgelöst hätte?«

Fraglos wünsche ich mir, gerade als Deutscher, eine Lösung des Konflikts. Annehmbar für beide Seiten. Weil mein Land Mitschuld an der Situation hat. Hätte es keinen Holocaust gegeben, wäre es zu keiner *UN-Resolution 181* gekommen, die der jüdischen Diaspora 1947 dieses Gebiet im Nahen Osten zuwies (ich vereinfache, aber *das* war der Hauptgrund). Und den »palästinensischen Arabern« den anderen Teil zuteilte. Von Anfang an waren *zwei* (2) Staaten vorgesehen. Also nochmals, denn daran wird nicht gedeutelt: Israel ist da. Und da soll es bleiben. Und Palästina soll auch sein, nicht minder berechtigt. Dass sich die Palästinenser heute als die »letzten Opfer Hitlers« betrachten, entbehrt nicht einer gewissen Ironie.

61

Fahrt nach Ramallah, durch eine karstige Landschaft, schroff, »biblisch«. Nur die hupenden Autos neben den Eseln erinnern daran, dass die Zeiten sich geändert haben. Und die schweren M16, die von den Schultern zweier Siedler baumeln, die den Daumen rausstrecken. Kommentarlos fahren wir an ihnen vorbei. Nie würden wir halten, nie würden sie einsteigen. Ab und zu rast ein Jetfighter am Himmel über uns hinweg. Er hat keine andere Aufgabe, als Stärke zu demonstrieren. Damit jeder weiß, unten auf Erden, wer hier der Starke ist.

62

Ramallah ist eine kleine Hauptstadt, etwa 30 000 (offizielle) Bewohner. Etwa 70 000 mit Al-Bireh, der Nachbarstadt, direkt daneben. Doch sie wirkt wie eine Metropole, das

Flair ist da, die Kaffeehäuser, die Alleen, die feinen Restaurants, die Universität, die Flüchtlingslager, die Villen, das Geschrei auf dem Gemüsemarkt, die verstopften Straßen, die *Muqatta* (der Sitz der Autonomiebehörde), das Rathaus mit einer christlichen Bürgermeisterin. Und, nicht weit entfernt, ein Stadion für 7000 Zuschauer. Hier spielt die Nationalmannschaft Fußball, trainiert von einem Israeli.

Wie es den Übermut anspornt, wenn ein toleranter Geist umgeht. »Ramallah is cool«, heißt es. Aber ja. Emsige Städte beruhigen mich. Sie versprechen Leben, sie dösen nicht. Ich finde ein Hotel, mit den drei sinnlichsten Möbeln in jedem Zimmer: einem Bett, einem Schreibtisch, einer Badewanne.

Ich gehe nochmals hinunter, der frühe Abend fängt an. Jetzt kommt ein Licht über das Land, vor dem man sich auf den Bauch legen müsste. Aus schierer Dankbarkeit. In einem nahen Laden gibt es Kaffee, ich nehme den vollen Becher und setze mich auf eine kleine Anhöhe. Rot leuchtet der Himmel auf die Häuser. Die Erde atmet aus. Ich will jetzt nicht sterben vor Glück, aber ein bisschen zittern, das schon.

Hinterher am Schreibtisch sitzen, um von den Glücklichen und den Unglücklichen des Tages zu berichten. Und nachdem alle notiert sind, hat die Zucht ein Ende und ich darf in die Badewanne. Das ist jetzt Seligkeit. Heute Vormittag dampfte der Körper, wie ein Schweißtuch lag das Hemd über der Haut. Nun erlebt er einen Zustand, der nicht zu toppen ist: das heilende Wasser, der heilende Zigarillo, das Lesen kluger Gedanken. Nur zwischendurch unterbrochen von der Sehnsucht nach einer Frau, ihrer Nähe. Ich höre über meinen iShuffle das Lied »Die Abwesenheit«. Es tröstet, André Heller singt poetisch von dem, was nicht ist.

63

Tage in Ramallah. Downtown Ramallah, zum Al-Manara Square, dem Zentrum. Manche arabischen Männer haben die schönsten Augen. Wie grüne Smaragde leuchten sie in die

Welt. Man will, dass sie einen anschauen. Um teilzuhaben an ihren Wundergaben.

Alles findet sich, Zeitungen, neue Stifte, die Wäscherei, ein Schuster, der umgehend die Sohlen auf meine Stiefel nagelt. Wie Hufe im Wilden Westen. Und man wie ein Cowboy ins Freie tritt.

Ich sehe eine Frau, die sich auf Zehenspitzen stellt, mitten in der Stadt, um an einer Hibiskusblüte zu riechen. Was für eine romantische Geste. Sich Zeit nehmen für Sinnlichkeit. Beschwingt geht sie weiter. Seltsam, aber der Anblick eines Menschen, der sich von Schönheit anrühren lässt, beruhigt mich. Als hätte ich einen Verbündeten mehr. Im Kampf gegen jene, die – schon geruchstaub – Bäume umlegen. Damit hinterher ihre Traumhäuser, die Parkgaragen, Platz haben.

Der *coffee man* steht auf der Straße, mittendrin. Keine arabische Stadt will auf ihn verzichten, jenen (ambulanten) Mann im bunten Aufzug und dem Messingtornister auf dem Rücken: um für einen Schekel Kaffee oder Tee in winzige Tassen zu gießen. Als ich drankomme, hält er plötzlich im Ausschenken inne, eines seiner zwei (!) Handys klingelt, er muss ran. Die kleine Unhöflichkeit stört mich nicht. Was tatsächlich wundert: Warum tut er das? Er weiß doch, dass der Anruf belanglos sein wird. Und sein Gesicht und sein Ton zeigen es. Irgendeine Nachricht hört er, die auch drei Monate später oder nie hätte eintreffen können, eine Banalissimo-Mitteilung, die nichts in seinem Leben ändern wird. Warum also? Ist es die Hoffnung, dass nun endlich der eine, der entscheidende, Anruf kommt? Die Lottostelle? Miss Palästina? Die Erbschaft vom Gangstercousin in Detroit? Ein Anruf, der die Öde verschwinden lässt, der sein Dasein auf den Kopf stellt, der alles widerruft, ja, der ihn endgültig aus seinem Ein-Schekel-Leben befreit?

Ich werde ihm die Monate über immer wieder begegnen und immer wird Tariq seine Laufkundschaft bedienen und immer wird er in der *An Nahda Street* stehen und immer wird er telefonieren. Unverändert hilfsbereit, eisern hoffend.

Ich komme an der *Transfiguration Church* vorbei. Da ich keine Ahnung habe, welche Art Kirche das ist, frage ich im Devotionaliengeschäft direkt daneben. Und der alte Herr gibt freundlich Auskunft: »Jesus ging mit drei Aposteln auf einen Berg, um zu beten. Doch plötzlich änderte sich sein Gesicht und seine Kleider wurden strahlend weiß, wie sie auf Erden niemand bleicher machen konnte«. Verstehe, Jesus wurde transfiguriert, zum bleichen Überirdischen verklärt. Nun aber der Clou, ich höre: Nebenan auf einer Wolke erschien Gottvater und rief (der Alte ruft, hinter der Kasse sitzend): »Das ist mein Sohn, ihm sollt ihr gehorchen!«

Ach, wir Menschlein. Die einen starren gebannt auf das Display ihres Mobiltelefons, die anderen starren zum Himmel. Alle halten sie Ausschau nach einer Antwort, die radikal mit den Zuständen aufräumt, sie alle sehnen sich nach dem einen Wort, dem einen Satz, nach der einen Geste, die sie erlöst.

Ich auch. Auch ich suche nach etwas, was mir hilft, mit dem Leben fertig zu werden. Und da ich weder ein Telefon mit mir herumtrage noch Stimmen von oben vernehme, stoppe ich ein Taxi. Um zum *Mahmoud Darwish Museum* zu fahren. Darwish ist ein Held der Palästinenser. Für mich auch, für viele, in vielen Ländern. Er ist ein Poet, ein Sprachgott, wohl die einzige Art Götter, die von Gottlosen verehrt wird.

64

Die Gedenkstätte liegt auf einem Hügel, mit Blick auf das so nahe Jerusalem. Grandios angelegt, großzügig, Bäume, Blumen, in der Mitte das Grab und links und rechts zwei Sandsteingebäude, hell unter einer makellosen Sonne. An keinen Dichter in keinem Land wird auf so grandiose Art erinnert. Auf einer Tafel steht: »I learnt all the words and took them apart to reconstruct a single word: Homeland« –

Ich lernte alle Wörter und habe sie alle zerteilt, um ein einziges Wort zu schaffen: Heimat. Schon unglaublich, wie ein paar Buchstaben das Herz bewegen können. Seit Kurzem ist der berühmteste arabische Dichter, der 2008 mit 67 Jahren starb, hier begraben. Mit äußerster Konsequenz trat er für Palästina ein. Kein Wunder, denn seine Familie wurde 1947 aus ihrem Dorf gebombt, er verbrachte Jahre in einem Flüchtlingslager, bekam Hausarrest, wurde immer wieder von den Besatzern verhaftet und immer wieder freigelassen, stets ohne offizielle Anklage. Nie nahm Darwish eine Handgranate in die Hand, er warf nur unablässig mit Worten um sich. Im Namen seiner Schmerzen und derer seines Volks. Seit seinem Tod gibt es den – von ihm inspirierten – *Award for Freedom and Creativity*, einen Preis für Freiheit und Kreativität. Den würde ich gern gewinnen.

Der Museumsraum ist still und abgedunkelt. Ein Dutzend Besucher, die sich leise unterhalten. Hier stehen die Dinge aus Darwishs Leben: sein Brieföffner, sein Autoschlüssel, seine Kaffeetasse, seine Uhr, seine Brille, sein Kurzwellenradio, Seiten voller Gedichte in der schwungvollen arabischen Schrift, die – von ihm verfasste – *Independance Declaration*, seine Bücher, auch die in fremde Sprachen übersetzten, auch die auf Deutsch verfügbaren: »Wo du warst und wo du bist« und »Wir haben ein Land aus Worten«. Und auf einem kleinen Podest steht sein eleganter Schreibtisch, mit Papier und Füller. Das sieht unglaublich verführerisch aus. Nichts als ein Tisch, ein Blatt und ein Stift. Drei harmlose Gegenstände, um Zeilen zu zaubern, die um die Welt gingen.

Reisen ist wie Geschenke einsammeln. Wer Glück hat, der geht jeden Tag – überhäuft damit – schlafen. Klar, an zahlreichen Wunden leckt der Reisende auch. Aber jetzt, als ich die Anlage verlasse und auf ein Taxi zugehe, leuchtet gerade ein Stern über mir. Denn kaum sitze ich im Fond und zitiere dem Fahrer eine Darwish-Strophe, da hält Herr Muhsin den Wagen wieder an und erzählt mir die Geschichte einer Ägypterin, die er vor einigen Monaten hier ins Museum gebracht hatte. Eine Frau, die weinte und ihm erklärte, dass sie sechs Jahre mit dem Dichter zusammengelebt habe. Und sich dann von ihm trennen musste. Weil die Zustände unzumutbar geworden waren. Für sie. Denn der Meister war nie da, immer unendlich weit weg, immer ein paar Schritte entfernt, immer nebenan in seinem Zimmer. Und stets rief er durch die Tür dieselbe Ausrede: »Verzeih, ich habe keine Zeit, ich muss schreiben.«

65

Deutschland punktet: Gemeinsam mit der *Alliance française* belegt das Goethe-Institut ein hübsches Gebäude in Ramallah. Alle drei Fahnen wehen oben auf dem Dach, auch die palästinensische. Ich gehe in die Bibliothek, dort surrt leise eine Klimaanlage. Sie ist eine anbetungswürdige Erfindung der Menschheit, okay, eine ökologische Sünde, gut, dann sündige ich eben. Immer vorbildlich sein ist mir zu anstrengend.

Ich lese die internationale Presse. Das ist noch anstrengender, denn seit gestern ist Palästina wieder kleiner. Ministerpräsident Netanjahu hat weiteres (fremdes) Land für die Besiedelung freigegeben. Man sieht, der Absolutismus funktioniert auch im 21. Jahrhundert. Aber die folgende Realsatire ist an Zynismus kaum noch zu überbieten: Die amerikanische Regierung, so lässt sie verlauten, ist »empört«. Über den Landraub. Klar, die Welt, vor allem die arabische Welt, soll den Schwachsinn schlucken. Als ob Mister Obama aus der BILD-Zeitung erfahren würde, was im Nahen Osten vorgeht. Als würde hier ein Muckser getan, ohne dass das *State Department* nicht längst auf dem Laufenden, sprich nicht längst über die Aktion des Diebstahls informiert wäre. Denn eine Weltmacht schickt keinen Sprecher vor, um der Welt kundzutun, dass sie empört sei. Was wäre das für eine Blamage, wenn sie es – für den Fall, dass sie tatsächlich so empfände – beim mündlichen Kundtun der Empörung beliße. Fest steht: Nicht ein Nickel wird von der Drei-Milli-arden-Militärhilfe der USA an Israel einbehalten. Die drei-tausend Millionen, die unter anderem dazu benutzt werden, um Soldaten zu bewaffnen, die jene beschützen, die sich Palästina unter den Nagel reißen. Wenn die US-Administra-tion wirklich empört ist, dann – Bush jr. war auch einmal »very outraged« – schickt sie ein paar Hunderttausend Marines in ein Land und bombt es an den Rand eines Bürger-kriegs. Siehe Irak. Damals wussten wir, was Washington meinte. Damals hatte ein Politiker ausnahmsweise wahr ge-sprochen. Man wollte fast aufatmen.

66

An der Rezeption des Goethe-Instituts finde ich einen Edel-stein, hochkarätig. Nach einer Viertelstunde nenne ich ihn den »dreamboy«. Denn einen Besseren als Sidi Aref J. werde ich nicht treffen: den 60-Jährigen im tadellosen Anzug mit Krawatte (keine Klimaanlage in der Eingangshalle!), einen Mann mit Stil, unbeugsam höflich, unheimlich kundig, alles wissend, polyglott, fließend, absolut fließend in Deutsch, Englisch, Französisch plus das höllisch schwere Ungarisch: Er hat in Budapest studiert und als Elektroingenieur abge-schlossen. Und natürlich Arabisch. Ein Humanist. Ein Traum-mensch. Weil ich ihn jetzt sofort und bald wieder und wie-der mit tausend oder zweitausend Fragen belästigen werde und er nie die Geduld über meine Ignoranz verlieren, doch immer eine Antwort parat haben wird. Oder eine Telefon-nummer von einem zückt, der (oder die) mir weiterhelfen könnte. Zudem hat er Humor und so eine menschenfreund-liche Resignation, die nicht mehr in Visionen investiert, sondern sich umsichtig in der Realität einrichtet.

Dass auch seine Familie vertrieben wurde, aus Jaffa (süd-lich von Tel Aviv), versteht sich von selbst. Aber er verachtet nicht und er glaubt nicht an die Zwei-Staaten-Lösung. Zu viel Land wurde bereits besetzt, die über 500 000 Siedler –

zum Großteil hochgradig fanatisch – werden nie freiwillig aufbrechen. Auch dann nicht, wenn ein Gesetz sie dazu verpflichtete. Viele von ihnen haben mit Bürgerkrieg gedroht, sollte die Armee sie zwingen. Denn sie sitzen – gemäß ihrer spirituellen Phantasmagorie – auf einem Territorium, das sie vom Himmelsherrscher persönlich ausgehändigt bekamen. Nach Israel umziehen hieße folglich, »Gottes Willen zu trotzen«.

Nein, Aref meint einen Staat, in dem die beiden Völker zusammenleben. Aber er weiß, dass die Israelis auch diesem Vorschlag nie zustimmen würden. Denn die Angst geht bei ihnen um, dass sie eines Tages demografisch das Nachsehen hätten, sprich: es mehr Araber als Juden gäbe, sprich das »Jüdische« irgendwann verschwinden und die Israelis politisch überstimmt würden. Undenkbar. Also kommt ihnen Aref noch einen Schritt entgegen und würde sogar auf das Wahlrecht für die Palästinenser verzichten. Wenn nur Frieden herrschte. Wenn sein Volk nur ungehindert reisen dürfte, nur nicht mehr gedemütigt würde, nur ein »normales« Leben führen könnte.

Ein Weiser redet hier, aber seine Angebote – obwohl manch anderer Intellektuelle ähnlich denkt – sind nicht mehrheitsfähig. Die meisten Palästinenser wollen ihr eigenes Land und dort in Selbstbestimmung leben. Wie andere Völker auch. Zudem trauen sie den Israelis nicht zu, sie, die Nicht-Juden, mit Achtung und Respekt zu behandeln. (Es gibt jüdische Gruppierungen, die eine zwangsweise Evakuierung aller Palästinenser – des »Krebsgeschwürs« – in die saudische Wüste fordern.) Die eine Million Araber, die als israelische Bürger in Israel leben, waren von Anfang an Bürger einer minderen Klasse. Sie werden »toleriert«, im schlechtesten Sinne des Wortes. Wer nicht Jude ist, hat ungute Karten. Das liegt in der Natur der Sache: Heute, im Zeitalter der Globalisierung, um jeden (bitteren) Preis ein Staatsgebilde aufrechtzuerhalten, das sich als jüdisch, sprich »rein«, versteht, ist entweder saukomisch oder eben atavistisch, eben taub jeder geschichtlichen Entwicklung gegenüber.

Aref schenkt mir zuletzt noch eine wunderliche Anekdote: Sein Vater flieht 1948 von Jaffa nach Jerusalem. Er wird entdeckt, sein bellender Hund sofort erschossen. Als jüdische Freischärler auf ihn anlegen, spricht er sie auf Deutsch an. Weil er die beiden in dieser Sprache hatte reden hören. Und sie verschonen ihn. Weil sie dachten, so mutmaßte Arefs Vater, dass jemand, der Deutsch spricht, gebildet sein muss und folglich kein dämlicher Araber sein kann. So hat eine fremde Sprache dem Vater das Leben gerettet. Als Aref diese Geschichte zum ersten Mal hörte, verliebte er sich in die deutsche Sprache, ihr verdankte er schließlich zwei Leben: das des Vaters und das eigene. Denn bald las er *Max und Moritz* und Vaters Lieblingsbuch, Schopenhauers *Die Welt als Wille und Vorstellung*. Muss ich es noch hinschreiben? Natürlich ist Aref ein Freigeist, frei von religiöser Indoktrination. Er bemühe sich, sagt er, »Humanist« zu sein. Der Konjunktiv verrät noch eine Eigenschaft: Bescheidenheit.

67

Ja, warum wollen so wenige zum Humanismus konvertieren? Der kommt ganz ohne Zinnober aus, ohne Erbsünde, ohne blutrünstigen Gott, ohne heiligen Krieg, ohne Missionierungswahn, ohne Beichtspiegel, ohne Kniefall, ohne in die Luft gestreckte Hintern, ohne Pfaffen, Muftis und Rabbis, ohne Hetzreden aufs Leben, ohne Loblieder auf die Hölle, ohne das alles. Ein Humanist weiß nur: dass wir einander ähneln und dass wir Auserwählte auf Erden nicht haben, auch kein katholisches Volk Gottes, auch keinen Allesbesserwisser Allah, aber: dass jeder von uns Anspruch auf Würde und ein brauchbares Leben hat. Und dass wir nur die eine Pflicht haben, unser Dasein so frohgemut und sinnlich, mit allen Sinnen, hinter uns zu bringen: eben bedacht auf das eigene Glück und nicht unbedacht auf die Freuden der anderen. Humanisten haben eine reine Weste. Noch nie zogen sie in den Krieg, noch nie segneten sie Waffen, noch nie schlachteten sie Nicht-Humanisten.

68

Ich sehe drei seltsame Gestalten und brauche ein paar Sekunden, bis ich sie als das erkenne, was sie sind: Touristen. Meine ersten drei in Palästina. Und da ich ein schlechter Mensch bin und nicht immer auf die Freuden anderer achte, muss ich laut lachen. Denn der Anblick ist so überraschend, kommt so unvorbereitet: *hardcore tourists*, mit Frotteehut, Shorts und den bauchbaumelnden Kameras. Kein Klischee, dem sie entsagen. So ein Trio sieht schon in »normalen« Ländern bizarr aus, hier aber hat es etwas Groteskes.

69

Für den Spott werde ich bestraft. Ich gehe zum Markt und frage jemanden nach dem Weg. Ich suche ein Kino. Und der Mann bietet mir an, mich zu begleiten, da man sich in dem Gassengewirr leicht verirren könnte. Er geht voorneweg, ich hinterher. Plötzlich fühle ich, dass etwas meinen rechten Fuß festhält. Automatisch reiße ich ihn nach vorne, um ihn zu befreien. Da alles blitzschnell geht, ist keine Zeit, herauszufinden, was ihn an der Bewegung hindert. Denn eine Nanosekunde später ist auch der linke Fuß gefangen. Dann noch ein letzter, winziger Schritt und ich liege baumlang mitten auf einer schmutzigen Straße von Ramallah, schmierig, überall Obstabfälle. Mit dem Bauch voraus und dem Rucksack (für den Mac) wie einen Sargdeckel auf meinem Rücken. Der linke Ellbogen ist aufgeschürft, das nasse Hemd und die dunkle Hose voller Ölschmiere und Staub. Ich drehe mich um und sehe, dass sich eine Plastikschlinge um meine Knöchel gewickelt hat, eine Art Schnur, um etwas zu verpacken. Achtlos hingeworfen. Die Chance, sich beim Gehen darin zu verheddern, ist wohl eins zu einer Million. Heute war die Eins dran und ich humple fassungslos davon. Seltsam, ich bin schon so oft auf dem Boden gelandet, ja, das vorletzte Mal vor zwei Monaten mit dem Fahrrad in Paris. Und noch nie brach etwas in meinem Körper. Er ist unbeschreiblich tüchtig und treu. Erstaunlich auch: Die Umstehenden haben nicht gelacht, sie schienen eher betroffen, boten Hilfe an. Als wäre es ihnen peinlich, dass ein Besucher – von so weit weg – in ihrem Land zuschanden kommt. Ich suche ein Taxi, ich muss ins Hotel, ich sehe aus wie jemand von der Müllabfuhr.

70

Mehrere israelische Siedlungen liegen in unmittelbarer Nähe von Ramallah. Die meisten von ihnen stehen auf Anhöhen, aus strategischen Gründen: Man sieht den Feind kommen und kann rechtzeitig auf ihn feuern. Ich steige den Hügel nach Psagot, einer jüdischen Gemeinde, hinauf. Jeder, den ich nach dem Weg dorthin frage, warnt mich. Ich lasse mich nicht einschüchtern, nicht, um heldenhaft der Gefahr zu widerstehen, sondern weil ich weiß, dass man einen Unbewaffneten nicht sofort umlegen wird. Ich erwähne die Warnrufe dennoch, weil sie zeigen, dass das Feindbild längst in den Köpfen festsitzt. Auf beiden Seiten: Siedler zielen, Siedler töten. Palästinenser zielen, Palästinenser töten. Alle anderen Bilder sind verschwunden. Der andere ist grundsätzlich der potenzielle Mörder.

Als ich oben ankomme, bleibt alles ruhig. Hier befindet sich der Hinterausgang, ein Tor, darüber Stacheldrahtrollen, links und rechts Zäune. Weiter hinten auf dem Gelände steht ein Wachturm. Unmöglich zu erkennen, ob er besetzt ist. Jedenfalls hält keiner mich auf, als ich die Abgrenzungen entlangschleiche. Steinig, nichts Aufregendes zu entdecken. Die etwa 2000 Bewohner legen fleißig zusammen, heißt es, denn auch hier soll eine Mauer her. Wie verständlich: Nirgends fühlt sich ein Betonkopf wohler als zwischen Beton.

Als ich zur Zufahrtsstraße zurückkehre, höre ich plötzlich jemanden rufen: »Are you lost?« Als ich mich umdrehe, sehe ich einen Mann vor einem Haus stehen, nur ein paar Schritte vom Stacheldraht entfernt. Herr Kadir erzählt, dass diese Gegend früher »Kuwait Hill« hieß, weil in den 50er-Jahren – da gehörten die *Westbanks* noch zu Jordanien – reiche Kuwaiter hierherkamen, um sich in der Ramallah-Hitze von ihrer Wüstenhitze zu erholen. Kadir lebt seit vielen Jahren in Memphis, in Arizona, aber wie immer um diese Zeit verbringt er seine Ferien mit Frau und Tochter in Palästina. Was er sich wünscht? »Frieden und Hoffnung.« Und was empfindet er den Israelis gegenüber? Zorn, Verachtung, Verzweiflung? »Von alldem etwas. Sie können sich nicht vorstellen, wie viel Hass auf jeder Seite vorhanden ist.« Doch, langsam kann ich es.

71

Es gibt viele internationale NGOs, die den Palästinensern helfen. Auch israelische, die sich mit Eifer und Großzügigkeit für eine Zweistaatenlösung stark machen: Weil sie der unwiderruflichen Meinung sind, dass beide Völker ein Recht haben, hier in Frieden zu leben. In sicheren Grenzen, mit gegenseitigem Respekt. Ich werde Juden begegnen, die sich mit einem Mut und einer Menschlichkeit für ihre Nachbarn einsetzen, die an das Beste erinnern, was humanistisches Denken und Handeln leisten können.

Als ich die *International Academy of Art Palestine*, die Kunsthochschule, besuche, bin ich leider ein Jahr zu spät. Denn hier fand eine sehr spezielle Entwicklungshilfe statt: Drei Wochen lang konnte jeder Picassos *Buste de femme* bewundern, unter schwersten Sicherheitsmaßnahmen aus dem *Van Abbe Museum* in Eindhoven nach Ramallah transportiert. Und Tag und Nacht von Kalaschnikows beschützt. Ein Bild mit einem Versicherungswert von fünf Millionen Euro in ein Land zu bringen, das über kein einziges Museum für moderne Kunst verfügt, das ist eine kleine Heldentat. Und ein Akt grandioser Menschenfreundlichkeit, initiiert von Louis Baltussen, dem Chefkonservator des holländischen Museums. Das palästinensische Publikum war begeistert. Der Geruch der weiten Welt zog ein, das Wunder Kunst, eben die Möglichkeit, das eigene Dasein noch anders wahrzunehmen als über Gewalt und Schmach. Dass es sich dabei um ein Gemälde handelte, das von der Schönheit der Frau erzählt, verleiht der Tat etwas von waghalsiger Sinnlichkeit.

72

Abends bin ich mit Noura in einem feinen Restaurant verabredet. Nach der Lektüre zweier kluger Artikel von ihr, in einer israelischen Zeitung, hatte ich ihr eine Mail geschrieben. Sie ist freiberufliche Journalistin, Christin, Palästinenserin, ohne Kinder, ohne Ehemann, ihr Vater weiß nicht, wie sie lebt. Denn es ist ein anderes Leben, nicht das, das er seiner Tochter erlauben würde. Ihr »permit«, um nach Jerusalem zu reisen, wurde heute Morgen abgelehnt, ohne Angabe von Gründen. Gegen sie liegt nichts vor, die Zuteilung bzw. die Ablehnung einer Reiseerlaubnis hängt von der Willkür der israelischen Behörden ab. Aber Noura hat ein leichtsinniges Gemüt, Hass ist ihr zu anstrengend. Zudem nimmt unser Gespräch eine ganz unbeschwerte Wendung. Vielleicht auch, weil man sich bisweilen instinktiv gegen die Ohnmacht der Ausweglosigkeit wehrt. Weil man einen Abend lang keine Lust auf Drama hat, weil man so genau weiß, dass augenblicklich kein Reden über das Unglück hilft. Also plaudern wir über ein Bett. Das wir brauchen, weil wir die Nacht miteinander verbringen wollen.

Wie erfreulich, von Zeit zu Zeit treffen sich eine Frau und ein Mann und alles scheint ohne strapaziöse Manöver möglich. Ich liebe solche Momente, weil sie »von selbst« geschehen. Die einzige Aufgabe besteht darin, die Energie wahrzunehmen und ihr nachzugeben.

Nein, natürlich ist hier nichts einfach, denn sogleich begreift man wieder, dass man sich in Palästina befindet. Und dass hier ein Bett organisieren, in dem zwei unverheiratete Leiber sich näherkommen könnten, ein ungemein mühsames Unterfangen ist. Bei Noura geht es nicht, undenkbar, denn ein fremder Mann, des Nachts, würde sie gleich zwei Verdächtigungen aussetzen: dass sie Sex mit ihm hat und dass er möglicherweise für den *Shin Beth* arbeitet. Und in meinem Hotel – ich rufe an – sind die Aussichten nicht besser, denn auch hier dürfen nur Eheleute unbekleidet zueinanderfinden.

Das ändert nichts an unserer (beschwipsten) Laune. Irgendwann wird sich eine Lösung zeigen. Und ich bin nicht sauer auf Palästina, nur wieder einmal fassungslos über den unbedingten Willen von Menschen, sich von einem moralinsauren Reglementierungswahn terrorisieren zu lassen. Mit Vorschriften, die nur die eine Aufgabe haben: die anderen, die »Ungehorsamen«, am Leben zu hindern. Und die Gehorsamen auch.

73

Am nächsten Tag will ich die jüdische Siedlung *Beit El* besuchen. Ebenfalls am Stadtrand von Ramallah. Sie ist gerade in den Schlagzeilen, auch den internationalen: Hasan Habri, ein Palästinenser, kämpft seit Jahrzehnten darum, dass ein Teil des Gebiets, auf dem sich die Siedlung befindet, an ihn zurückgeht. Nun hat der israelische Oberste Gerichtshof beschlossen – was für eine Farce! –, dass der Mann Recht bekommt. Anders formuliert: Über zwanzig Jahre lang muss ein Palästinenser vor Gericht ziehen, damit ihm die Besatzermacht einen Teil seines Privatgrundstücks in seinem eigenen Land erstattet.

Ich gehe auf einer Straße, die nur von den Siedlern benutzt wird, eine der vielen »separation roads«. Nur Autos und Lastwagen, keine Fußgänger. Irgendwo bellt ein Hund und er bellt wie einer, der jeden hasst, der vorbeikommt. (Auf den ersten friedlichen Hund hier warte ich noch.) Dann auf den Eingang zu, der wie ein Grenzübergang aussieht, mit Schranke, Baracke und Soldaten. Als ich mich auf siebzig Meter nähere, rennt ein Bewaffneter auf mich zu und brüllt los. Unmöglich zu verstehen, was er sagt. Aber ich verstehe die M16, die er auf mich richtet. Ich strecke die Hände in die Höhe. Was zum Teufel soll die Drohgebärde? Bis ich kapiere: Der Rucksack auf meinem Rücken, klar, ich habe dreißig Kilo Sprengstoff geladen. Ginge ich jetzt weiter, dann würde er abdrücken. Jetzt kapiere ich auch seine Wörter: »Go back, go back!«, gellt er. Ich drehe mich vorsichtig um und gehe zurück, ruhigen Schritts.

74

Ich fahre nach Bil'in, zwölf Kilometer westlich von Ramallah. Das Dorf mit den 1800 Einwohnern wurde in den letzten Jahren berühmt: Israelische Bauarbeiter begannen 2005 eine »Barriere der Separation«, noch als Zaun, hochzuziehen. Natürlich aus »Sicherheitsgründen«, um »Terroristen« abzufangen, die ins nahe Israel eindringen könnten. Dass achtzig Prozent der umliegenden palästinensischen Felder und Olivenhaine beim Bau gleich mitkassiert wurden, sollte nicht stören. Die Bewohner protestierten, die Medien kamen, Israelis protestierten mit, ein israelischer Rechtsanwalt brachte eine Klage ein. Die – wieder ein Akt von bizarrem Rechtsverständnis – zur Folge hatte, dass die Armee aufgefordert wurde, den Grenzverlauf »umzuleiten«, sprich: Einen Teil ihres Lands bekamen die Bewohner zurück, dafür durfte die Demarkierung, jetzt aus Beton, woanders – zweihundert Meter versetzt – errichtet werden: um eine der größten Siedlungen, *Modi'in Illit*, abzuschotten. Auch sie »legalisiert« von den obersten Richtern. Auch sie mitten in

Palästina. Mit geplanten 150 000 Zuwanderern. Dass der Internationale Strafgerichtshof dieses Vorgehen – wie ALLE anderen Besiedlungen – als eine Verletzung des internationalen Rechts verurteilt hat, beeindruckt die Besatzer nicht. Zudem: Dass die Armee oft Anordnungen des Obersten Gerichtshofs ignoriert oder nur teilweise befolgt, wie hier in Bil'in, sollte doch erstaunen: in der, ach ja, »einzigen Demokratie im Nahen Osten«.

Seit dem Urteil gehen die Proteste weiter, inzwischen gab es Tote und Verletzte, immer auf Seiten der Palästinenser und Ausländer, aber die Bil'iner lassen nicht los. Jeden Freitag ziehen sie zur Mauer und erinnern die Siedler und die Welt daran, dass hier Unrecht geschieht. Heute ist Donnerstag, ich will mich umschauen.

Keine fünf Minuten bin ich auf der Dorfstraße unterwegs, als zwei Männer neben mir halten und fragen, ob sie mich zur »wall« bringen sollen. Aber ja. Wir fahren den knappen Kilometer hinaus aus dem Dorf und der Anblick ist gigantisch: die riesige Mauer und davor zwei Stacheldrahtverhaue und genau parallel dazu eine nagelneue Asphaltstraße. Morgen werde ich erfahren, welchen Sinn sie hat. Das wahrlich Gigantische: Hundert, zweihundert Meter hinter dem modernen Festungsgemäuer steht das blühende Modi'in Illit, mit bis zu sechs Stockwerken hohen Häusern. Schon fertig, schon bezogen. Andere befinden sich noch im Rohbau, umstellt von Kränen, Zementmischern, beladenen Trucks, Baggern, Bulldozern: die lärmenden Geräusche einer gewaltigen Baustelle. So können die Dorfbewohner jeden Tag zuschauen, wie andere sich in der Zukunft einrichten. Auf ihrem Land, laut, emsig, rastlos gierig. Dass auch Palästinenser dort mithämmern, ist die andere Tragödie. Aber die Leute haben wohl keine Alternative, die Armut zwingt sie zu dem Verrat.

Mohammed und ich (Freund Hassan muss zurück) setzen uns unter eine Eiche. Überall verbrannter Boden, noch eine Erinnerung an die Siedler: Sie haben auch die Olivenbäume gestohlen, sie samt der Wurzeln herausgerissen und davongetragen. Und als Abschiedsgeschenk die umliegende Erde abgefackelt.

Aber nun beginnt etwas himmlisch Schönes und wird über Stunden dauern. Etwas, das man vor fünf Minuten nicht einmal ahnen konnte. Mohammed und ich, wir Wildfremden, können sofort miteinander kommunizieren. Ganz innig. Als wüsste jeder vom anderen die Namen seiner zwei unerschütterlichsten Lieben: Sprache und Literatur. Eine leichte Brise weht, wir sitzen im Schatten und ein Gespräch, unendlich weit weg vom Krieg und seiner Aussichtslosigkeit, nimmt seinen Anfang.

Mohammed war Oberst in der *PLO* und saß zwölf Jahre wegen »terroristischer Umtriebe« in israelischen Gefängnissen. Genaueres will er nicht sagen, auch, so deutet er an, um andere nicht zu gefährden. Entscheidend war für ihn jedoch, dass er dort das Lesen entdeckte. Dort, auf der Pritsche eines Zuchthauses. Und aus dem Zufall wurde die Leidenschaft seines Lebens. Mit Camus' *Der Mythos des Sisyphos* fing es an. Der Existenzialismus fegte Mohammeds Religion hinweg. Er wurde irdisch, diesseitsbejahend und völlig desinteressiert an geweissagten Paradiesen. Diese *eine* Existenz sollte zählen, sonst nichts. Sartre folgte, Beauvoir, die deutschen Existenzialisten Nietzsche und Heidegger (immer auf Arabisch), dann wieder die Franzosen, Jean Genet, Jacques Derrida, Françoise Sagans *Bonjour tristesse* und Victor Hugos *Die Elenden*, dann Goethes *Die Leiden des jungen Werther* und sein *West-Östlicher Divan*, dann Schillers *Die Jungfrau von Orleans*, dann Alberto Moravias *La Noia*, dann Frantz Fanons *Die Verdammten dieser Erde*. Dann Hunderte andere. Wie jeder Anfänger las er ohne Plan, las Kraut und Rüben, zickzack, von einem Jahrhundert ins nächste und wieder zurück, von jeder Weltanschauung etwas, vom Renaissance-Genie François Rabelais zum Genie moderner Literatur, zu James Joyce und seinem *Ulysses*. Und Mohammed fabuliert plötzlich begeistert von Leopold Bloom, dem Inbegriff des getriebenen, gehetzten Menschen des 20. Jahrhunderts, der an jenem weltberühmt gewordenen 16. Juni 1904 durch Dublin irrte.

Wir rauchen und hören erst jetzt wieder das Hämmern und Schreien von jenseits der Mauer. Mohammeds erste Reise, wenn er nur könnte, würde ihn nach Irland führen. Um an einem »Bloomsday« teilzunehmen, diesem Juni-Tag in jedem Jahr, an dem sich Freunde und Verehrer des *Ulysses* in der irischen Hauptstadt treffen und die wahren Stätten der fiktiven Geschichte besuchen.

Von unserem Platz aus kann man ein Schild sehen, das im Stacheldrahtgewirr hängt, darauf steht: »Tödliche Gefahr / Militärzone / Jede Person, die hier vorbeigeht oder Schaden anrichtet, riskiert ihr Leben.« Um uns herum liegen die leergeschossenen Tränengaspatronen, einmal aus Gummi und faustgroß, einmal aus Aluminium und länglich. Erinnerung an vergangene Demonstrationen. Mohammed nimmt eine leere Hülse, in der noch immer der Geruch von scharfem Gas steckt, und zitiert Baudelaires Gedicht »Abel und Kain«. Es erzählt metaphernreich von zwei tödlich verfeindeten Lagern: »Stamm Kains, dem heißen Herzen wehre, / Und hüte deine Gier.«

Auf seinen linken Unterarm hat sich der Ex-Offizier das Wort *Palästina* tätowieren lassen. Mohammed verfügt über ein Gefühl für Drama und Effekte, natürlich soll der Schriftzug an die Nummer eines KZ-Häftlings erinnern. Auch seine Mailadresse kann sich sehen lassen: homeless48@ – heimatlos seit 1948. Heute ist der 54-Jährige pensioniert, da gesundheitlich heftig angeschlagen von den Jahren in der Zelle. Nein, antwortet er auf meinen fragenden Blick, nein, er will nicht hassen, doch bleibt unverhandelbar: Die Juden müssen zurückgeben, was ihnen nicht gehört – das fremde Land. Und fügt hinzu, als wolle er seine Absichten unterstreichen: »My resistance is soft.« Er habe viel Zeit gehabt, auch um die Bücher Gandhis zu studieren, auch dessen Lehre – *satyagraha* – vom gewaltlosen Widerstand. Er selbst habe keine Kraft mehr für Gewalt, aber die Jungen würden kaum auf den indischen Friedensapostel hören. Zudem habe die Briten damals ein Grundgefühl von Fairness geleitet, eine Eigenschaft, die den jüdischen Kolonialisten völlig fremd sei.

Wir sitzen allein in einer Landschaft, wie in einem Bild aus verträumter Zeit. Gäbe es die Mauer nicht, es wäre eine Szene bukolischer Seligkeit. Die Bäume, der Blick in die Ferne, der friedliche Himmel. Mohammed sagt in eine kurze Stille hinein, dass er »happy« sei, eine gute Frau und fünf Kinder habe und seine Rente ausreiche, um nichts anderes mehr zu tun, als zu lesen und zu schreiben (er veröffentlicht in Zeitungen und Magazinen, ein Buch soll folgen). Mit ihr, der Literatur, rüste er sich jeden Tag auf. Um alles auszuhalten, ja, das ganze Leben.

Hassan kommt und holt uns ab. Als wir zurück nach Bil'in fahren, fällt mir ein Zeitungsbericht über israelische Frauen ein, die immer wieder – mit der Geduld von Heiligen, um die bürokratischen Hindernisse zu überwinden – palästinensische Kinder für einen Tag ans Meer einladen. Zum Baden und Jauchzen im Wasser. Und eines dieser Kinder einmal fragte, warum die Israelis sein Land stehlen. Es sei doch so trocken und karg und Israel doch so saftig und grün.

Wir sind eingeladen, zum Mittagessen. Hassan führt uns in sein uraltes Steinhaus, überall schief. Über eine Außentreppe gelangt man in den ersten Stock, wo die Wohnung liegt: ein einziges großes Zimmer. Die Eltern schlafen hinter dem Kleiderschrank, die Kinder davor, auf Schaumstoffmatratzen. Ansonsten ein zerbrochener Spiegel, ein Fernseher aus einem vergangenen Jahrtausend, eine Nähmaschine, Plastikgeschirr. Ziemlich bescheiden alles. Doch sauber.

Ein voll gedeckter Tisch erwartet uns, Huhn, Gemüse, Brot, Melonen und Mineralwasser. Hassans Frau Naima – nicht schüchtern, nicht verschleiert – hat gekocht. Sieben Leute – wir vier und Resul, ein Freund des Hauses, und zwei der acht Kinder des Ehepaars – nehmen Platz. Die Männer kennen sich, alle verbrachten Jahre im Gefängnis, alle »Terroristen«. Ein Sohn Hassans sitzt gerade ein. Sie alle haben mit unglaublichen Entbehrungen für ihren Kampf um Palästina gezahlt. Hier plaudern keine Maulhelden, sondern Vertriebene, die getötet haben und dafür zu sterben bereit waren. Aufs Haar ähneln sie den jüdischen Freiheitskämpfern, die nicht minder radikal ihre Ziele während der britischen Mandatszeit verfolgten: den Engländern, den Arabern gegenüber. Man kann diese Tatsache nicht oft genug wiederholen, damit die (westliche) Welt aufhört, einmal – bei jüdischen »Terroristen« – großmütig Verständnis zu demonstrieren, einmal – bei palästinensischen »Terroristen« – pikiert die Moralkeule zu schwingen. Es geht *immer* um das einmaligste Gut: um Freiheit. Und wer sie dem anderen raubt, muss damit rechnen, dass der Beraubte mit Gewalt auf ihn zugeht. Um sich seine Menschenwürde zurückzuholen.

Ein heiteres Essen, nach dem Hauptgang ziehen wir um auf die Sitzkissen, die auf dem Teppich liegen. Die Hausherrin serviert türkischen Kaffee. Die Lebensfreude lassen sich die Palästinenser nicht nehmen, irgendein Gen schützt sie vor endlosen Depressionen. Ich frage Naima – sie sitzt mit uns am Boden und nimmt am Gespräch teil –, ob sie glücklich sei. Aber ja doch, sie lebt in Palästina, sie liebt einen Mann, der sie liebt, sie hat Kinder, sie hat Arbeit: Sie deutet auf die Nähmaschine, sie ist Schneiderin, notiert mir sogar die Website, auf der man ihre Stickereien bestaunen kann.

Resul, der Schwager Hassans, bringt mich zurück nach Ramallah. Er hat 1973, im Yom-Kippur-Krieg, zwei israelische Soldaten erstochen, dann 22 Jahre im Exil gelebt. Inzwischen ist er als Lehrer pensioniert. Auch er schreibt, wie sein Freund Mohammed, auch er veröffentlicht. Auf meine Frage, was Sprache – als Lektüre und als kreative Arbeit – für ihn bedeute, sagt der 59-Jährige trocken: »Nicht vom Leben zermalmt zu werden.«

75

Ich kaufe mir einen Espresso, will wieder auf dem Mauervorsprung sitzen und den Himmel am Abend sehen. Wie er zu Seide wird und sich mit phänomenaler Gleichgültigkeit bewundern lässt. Ich mag diese Ungerührtheit. Weil sie alle Hoffnung verbietet, weil sie stets daran gemahnt, dass wir nur die Welt haben. Nichts anderes, um Schutz zu suchen.

76

Nach dem Frühstück gleich zum Sammeltaxi-Stand. Heute ist Freitag und ich muss nach Bil'in. Ein Sperrmüll-Sofa mit Ziegeln als Füße steht auf dem Parkplatz. Hier kann man sitzen und warten. Ein paar Meter entfernt hängt ein imposantes Plakat, Werbung für ein Luxushotel. Man sieht eine wunderschöne Couch, auf der zwei wunderschöne Menschen sich anlächeln. Ich grinse, ich habe ein Faible für Absurditäten.

Um 10.10 Uhr geht es los, ich komme mit einem jungen Ehepaar ins Gespräch. Halim, der Mann, erzählt, dass an Freitagen israelische Patrouillen auf der Zufahrtsstraße nach Bil'in mitunter stundenweise einen »fliegenden« Checkpoint einrichten. Um Ortsfremde zurückzuschicken. Er bietet mir an, dass ich dann sage, ich würde seine, Halims, Familie besuchen. Weil wir befreundet seien. Auf keinen Fall aber die Demonstration erwähnen. Und so sei es. Irgendwann müssen wir halten, grußlos verlangt man meinen Pass und eine Erklärung für meine Anwesenheit. Ich lüge brav und wir dürfen weiter. Erstaunlich, denn ich würde mir kein Wort glauben.

Ich bin zu früh, alles noch friedlich. Der Dorfdepp lehnt an der Moscheemauer und schneidet unbekümmert Grimassen. Stroh liegt auf den Dächern, Hennen gackern, an den Laternenpfählen hängen kleine Poster, Hinweise auf die »Märtyrer«, die während der Protestmärsche ums Leben kamen. Reste anderer Poster sind kaum noch zu entziffern:

Andenken der israelischen Armee, die via Zettel die Öffentlichkeit darüber informiert, dass jeden Freitag die Strecke zwischen Bil'in und der Mauer zur »geschlossenen Militärzone« erklärt wird. Die Angstmacherei soll vor allem die Ausländer verschrecken. Die dritte Sorte Poster zeigt je eine Handschelle und quer darüber einen Löffel. Erinnerung an die Hungerstreikenden.

Esel und Pferde grasen am Ortsrand, ich blicke durch das zerbrochene Fenster einer Legebatterie. Die armen Viecher, von glücklichen Hennen keine Spur. Auch sie leben eingesperrt. Doch immer wieder kullert ein Ei nach vorn in die Rinne. Von fern hört man die Geräusche der Siedlung, die Bauwut scheint ungebremst. Wie sagte es Gandhi: »Die Welt hat genug für jeden, aber nicht genug für einen, der nicht genug bekommen kann.« Ich stecke mir drei weiße Jasminblumen ins Knopfloch. Sie sollen mich friedlich stimmen.

Der Dorfladen hat offen, ein Übertragungswagen von der *Palestine Public Broadcasting Commission* ist bereits eingetroffen. Wir reden. Die drei TV-Leute wollen wissen, wie ich zu Israel stehe. An ihrem Ton – ich kenne ihn bereits aus Gesprächen mit anderen – ist zu erkennen, dass sie Hohn und Hass von mir erwarten. Und jedes Mal höre ich mich sagen: »Nein, ich hasse Israel nicht.« Und jedes Mal fühle ich Bestürzung über ein Land, das ich einmal so radikal bewundert habe. Und ich frage mich, ob diese Bewunderung genuin war, echt, oder nur gespeist wurde von dem Gefühl der Schuld über den Holocaust. Denn Zuneigung, die sich von Ressentiments nährt, ist keine Zuneigung, eher das Vorführen von Zuneigung: Ich bin lieb zu dir, weil ich dich einmal vernichten wollte! Zugleich stehe ich mit meinem »Liebsein« moralisch einwandfrei da: »Schaut nur, ihr Juden, ich mag euch!«, Subtext, vollkommen unbewusst: Ich mag euch, aber nicht, weil ich euch mag, sondern weil ich dazu – siehe Nazibarbarei – verpflichtet bin! Doch so funktioniert menschliche Wärme nicht. Die Wärme muss »unschuldig« sein, erst dann führt sie zu Nähe.

Doch, meine Zuneigung zu Israel war nicht gespeist vom deutschen Mord und Totschlag. War nicht als »Wiedergutmachung« gedacht. Sie galt vor allem einem Volk, das mir ungemein klug und feinsinnig, ungemein versessen nach Erkenntnis schien, ja, das sich nie schonte mit Selbstkritik. Heute muss ich um dieses Gefühl kämpfen. Israel unterlässt keinen Versuch, seine Freunde in die Flucht zu schlagen.

77

Kurz nach 13.30 Uhr ist es soweit, die Predigt in der Moschee ist vorbei und in der Dorfmitte haben sich die Demonstranten versammelt, etwa hundert Frauen und Männer, Einheimische und Kanadier, Dänen, Italiener, Spanier. Ein eher unorganisierter Haufen, manche mit einer Gasmaske im Gepäck, manche mit einer palästinensischen Fahne über der Schulter, alle reden durcheinander, alle setzen sich in Marsch, die einen zu Fuß, die anderen per Auto. Die Ambulanz vom roten Halbmond folgt zuletzt. Ich plaudere mit Rani Burnat, dem Fotografen und Rollstuhlfahrer. Zu Beginn der *Zweiten Intifada* wurde er von einem Scharfschützen zum Krüppel geschossen (man sieht am Hals die Narbe, den Durchschuss). Er ist vollkommen unsentimental und unverdrossen.

Nach fünfzehn Minuten kommt die Mauer in Sichtweite, man sieht den (israelischen) Kommandanten mit Telefon, sein Oberkörper ragt über die Mauer, vermutlich steht er auf einem Gerüst. Die anderen Soldaten – man sieht sie nicht, aber man weiß es – stehen hinter der Mauer, sie warten auf Befehle. Weiter zurück, bei den Baukränen, haben die Siedler Stellung bezogen, auf einer Art Sandhaufen, vor allem Kinder, ausnahmslos ultrakonservativ gekleidet. Ein paar ihrer Eltern (?), Zivilisten, tragen Sturmgewehre über der Schulter.

Jetzt geht alles sehr schnell. Der Stoßtrupp der Demonstranten, etwa zwanzig Leute, wagt sich bis auf ein paar Meter vor zur Mauer. Zwei ducken sich hinter einem Schutzschild, auf den der Kopf von Bassem Abu Rahmah gemalt ist, einem Bil'iner, dem eine Tränengaspatrone die Brust aufgerissen hat. Ich bin verdutzt, als ich im vordersten Pulk zwei vielleicht 20-jährige Spanierinnen unter uns entdecke. Hübsche Frauen, die Mut zeigen, das sieht gut aus. Daneben die jungen Palästinenser, das Gesicht mit dem typischen Keffiyeh vermummt, die jetzt mit elegantem Schwung und einem Wutschrei faustgroße Steine über die Mauer schießen. Per Handschleuder. Von weiter hinten kommen die Sprechchöre, man hört die unmissverständliche Aufforderung, Palästina zu verlassen, zornig und durch Megafone verstärkt. Von der anderen Seite wird auch geschrien, die »Ultras« samt Nachwuchs lassen sich nicht bitten: »Fuck Islam!« oder »Fuck Coran!« Kein Zweifel, die Fronten sind klar.

Jetzt wird es anstrengend, denn die israelische Armee beginnt zu feuern. Am unfreundlichsten sind die Gummigeschosse. Wer getroffen wird und Glück hat, trägt eine böse Wunde davon. Trifft das knallharte Teil einen Glücklosen am Kopf, bleibt er liegen. Schwer verletzt oder tot. Wichtig also, ab sofort: auf die Geräusche zu achten. Erfahrene Demonstranten »hören« sie rechtzeitig, drehen ab, werfen sich zu Boden. War es hier gestern bukolisch, ist es jetzt eher kriegerisch.

Es dauert nur Minuten und die zweite Waffe kommt zum Einsatz, »toxic water«, hier als *skunk water* bekannt. Es fängt mit einem Ton an, der vermuten lässt, dass ein riesiger Wasserhahn aufgedreht wird. Das ist das Startzeichen, um umgehend die Flucht anzutreten. Denn nun braust ein Tankfahrzeug die nagelneue Asphaltstraße entlang und jagt gewaltige Fontänen braunen Wassers über die Mauer. Der Wind hilft mit und wer nun in die falsche Richtung rennt, den erwischt es. Der riecht in Sekundenschnelle wie in Gülle gebadet. Wie eine Haut klebt der gräuliche Geruch an ihm. Mich erreichen die letzten Ausläufer, die letzten Tropfen, ich stinke ordentlich, aber nicht bestialisch. Zwischendurch hört man schwere Detonationen. Die nichts bedeuten, die *sound grenades* sollen aber Furcht einjagen, den Neulingen den Schrecken eines Bombenangriffs vermitteln. Der Krach macht tatsächlich schaudern, man denkt, zehn Meter entfernt schlägt eine 500-Kilo-Splitterbombe ein.

Zuletzt hagelt es Tränengaspatronen. Wieder rennen. Wieder chaotisch, denn wohin man ausweicht, immer landet eine silberfarbene Hülse vor dem Flüchtling und weißer, beißender Nebel steigt auf. Da nichts mich wappnet, keine Maske, kein Schal, knöpfe ich das Hemd auf, will mit dem Stoff meine Augen besänftigen, die Tränen aufhalten, höre andere »Links rüber« oder »Weiter rechts« schreien, muss stehen bleiben, damit der stechende Husten raus kann, flüchte weiter, jemand steckt mir im Laufschritt eine handtellergroße Gaze entgegen, mit Alkohol getränkt. »Breathe it in« schreit er und wirklich, kaum drücke ich den Mull an die Nasenlöcher, beißt das Gift weniger heftig.

Dreimal rücken wir vor. Sobald der Wind die Schwaden vertrieben hat, kommen wir zurück. Und wieder donnert und knallt es. Und natürlich verlieren wir auch die dritte Runde und natürlich taugt keine Steinschleuder, um gegen eine mit Hightech ausgerüstete Armee anzutreten. Nach etwa fünfzig Minuten ist das wöchentliche Ritual zu Ende, wir treten den Heimweg nach Bil'in an.

Die hundert sind nicht traurig, nicht deprimiert. Diese Zeremonie des Widerstands ist wichtig, sie soll das Selbstwertgefühl der Einwohner stärken und – das ist gesichert – den Zorn der Siedler wachhalten. Zuletzt ist das Ganze, trotz aller Wunden und Risiken, auch hinreißend übermütig, eine Hatz, ein adrenalin-pochendes Unternehmen: das Katz-und-Maus-Spiel eben, das Davonrennen, das Davonkommen, das Provozieren und – im letzten Augenblick – Rani im Nebel suchen und mit Vollgas den Rollstuhl samt Fotografen aus der Gefahrenzone schieben.

Ich schaue noch einmal auf *Modi'in Illit* und würde gern wissen, wie sich ein Mensch ein Haus bauen kann in einem

Land, das er einem anderen gestohlen hat. Ja, noch unbegreiflicher, da sich doch sein eigenes Land nur Kilometer davon entfernt befindet. Wie diesen Stumpfsinn in einer Siedlung ertragen, die vollkommen kulturlos ist, ohne Kino, ohne Theater, ohne Buchladen. Und die einer nur verlassen kann, wenn er sich seine Uzi umhängt. Um sich gegen jene zu verteidigen, denen er ihr Hab und Gut geraubt hat. Wie vermag einer mit sich im Reinen zu sein, wenn er bei jedem Blick aus dem Fenster jene sieht, die er betrogen hat. Wie kaltherzig muss einer sein oder wie vom Wahn, vom Gotteswahn, ergriffen, um das auszuhalten?

Aber vielleicht rede ich dummes Zeug, vielleicht blicken sie aus dem Fenster und wünschen den anderen, den Palästinensern, die Pest an den Hals. Weil sie nicht aufhören, ihnen ihr Gottesgeschenk streitig zu machen. Wie auch immer: unergründliches Menschenherz.

Ich wünschte mir eine Erfindung, wie sie in *Men in Black 3* zum Einsatz kam: Ein Gerät, mit dessen Hilfe man Erinnerungen löschen kann. Definitiv. So könnte man die Einbildung an einen länderverschenkenden Gott ersatzlos streichen, somit dem Hirn wieder die Möglichkeit geben, neu zu denken, unbelastet von dem hochheiligen Irrsinn, der schon so viel Unglück in die Welt getragen hat. Selbstverständlich müsste dieser Apparat auf alle Manifestationen des Größenwahns programmierbar sein. So kämen noch andere Götter unter die Räder, auch arabische, auch christliche: das ganze himmlische Panoptikum, das sich die Menschheit im Laufe der Zeiten erfunden hat, um das Leben auf Erden erbittert mühselig und beladen einzurichten.

Vor Tagen las ich ein Interview in *Haaretz*, in dem eine Gruppe orthodoxer Juden auch zum Thema Beschneidung befragt wurde. Alle erklärten, dass sie ihre Söhne diesem Eingriff unterziehen lassen, weil sie, die Väter, auch beschnitten sind. Vorhaut ohne Grenzen. Nun, wenn nicht einmal der Sohnemann-Schniedel anders aussehen darf als der seines Erzeugers, dann lässt sich schwer vorstellen, dass sich das Hirn des Jüngeren in eine andere, sprich neue, sprich offene Richtung entwickelt. Geistige Raumnot scheint erblich. Weltweit.

Nein, so stimmt es nicht. Nicht immer. In derselben Zeitung stand ein Bericht über einen israelischen Soldaten, Yaniv M., der plötzlich den Dienst an der Waffe verweigerte. Ja, er habe bisher »immer getan, was ihm aufgetragen wurde.« Damit sei nun Schluss. Seine Begründung, warum er nicht mehr im Westjordanland als Teil der Armee zur Verfügung stehe, klingt genial einfach: »Ich fing zu denken an.« Dass er dafür ins Gefängnis musste, erweist sich als logische Konsequenz. Generäle lieben die Gedankenlosen, die Willigen. Auch das ist kein spezifisch israelisches Problem.

Noch ein Wort, von Tom Segev, einem der führenden Historiker des Landes, international angesehen. Es fällt mir ein, als ich noch immer wie gebannt auf *Modi'in Illit* starre, das schon wieder zum Alltag zurückgekehrt ist und die nächsten Häuser hochzieht. Segev notierte einmal: »Zwei widersprüchliche Lektionen kann das jüdische Volk aus dem Holocaust ziehen: Niemand hat das Recht, die Israelis an irgendwelche moralischen Imperative zu erinnern, wie den Respekt vor den Menschenrechten, denn die Juden haben zu viel gelitten und alle fremden Regierungen waren unfähig, ihnen zu helfen. Oder: Der Völkermord fordert jeden Juden auf, am Erhalt der Demokratie zu arbeiten, den Rassismus zu bekämpfen und die Menschenrechte zu verteidigen.« Ist das nicht wunderschön? So, wie es Segev im zweiten Teil beschreibt, hatte ich alle »meine« jüdischen Schriftsteller kennengelernt. Beim Lesen ihrer Bücher. Als Freigeister, als Weltbürger, als Hellhörige gegen jeglichen Akt der Demütigung.

78

Auf dem Weg zurück nach Bil'in lerne ich Haitham Al Khatib kennen. Seit Jahren filmt er, was in seinem Dorf passiert. Er lädt mich in sein Haus ein, um mir sein Videomaterial zu zeigen. Das wird eine Kinovorstellung für Leute mit Nerven. Der junge Familienvater hat immer mit einem unglaublichen Mut gedreht, tagsüber, nachtsüber: Er zeigt auch Bassem Abu Rahmah, zeigt ihn in jenen Augenblicken, in denen eine Tränengasgranate ihm die Brust zerfetzt, zeigt, wie israelische Soldaten um zwei Uhr früh hier Häuser stürmen, Türen einschlagen und »Terroristen« aus den Betten reißen (jeder Teilnehmer an einem Protestmarsch gilt potenziell als »Terrorist«), zeigt, wie Kinder sich schreiend an ihre abgeführten Väter klammern, wie Frauen schluchzen, wie die schwerbewaffneten Besatzer mit Gewehrkolben nach ihm, nach Haitham, und anderen ausholen: um sie am Fotografieren und Filmen zu hindern. Von den verwackelten, mit Originalton aufgenommenen Bildern geht eine Gewalt aus, die ganz still macht. Wie in Eis geschweißt sitzt man hinterher da, wie eingemauert, wie einer, der wieder einmal überfordert ist von der Welt.

79

Ich gehe zurück nach Ramallah, die ersten Kilometer. Will schauen, will allein sein. An einer Hauswand entdecke ich einen fünf Meter hohen Graffito. Man sieht einen Baum, mitsamt der Wurzel aus der Erde gerissen. Und an den Baum, die Heimat, hat sich ein Mann gekettet, den Stamm umarmend. Manchmal ist mir das Leben zu drängend und ich spüre den Druck hinter den Augen. Als würde das Herz nach Luft ringen, als hielte es die Anwürfe nicht mehr aus. Ich lasse das zu, ohne Scheu. Denn hinterher ist mein Körper leichter. Sind die Tränen ein Zeichen von Mitgefühl? Bin mir nicht sicher, vielleicht, hoffentlich. Gewiss aber ein Hinweis auf eine aus den Fugen geratene Wirklichkeit.

80

Ich winke und fahre den Rest der Strecke per Anhalter. Im Hotel die verstunkene Wäsche abgeben und in die Wanne steigen. Auf meinem Mac überfliege ich die Nachrichten aus Deutschland, ganz oben steht, dass Thomas Gottschalk bei RTL unterschrieben hat, um zusammen mit Dieter Bohlen *Das Supertalent* zu moderieren. Hab ich ein schönes Leben. Manch einer muss den Schwachkopf vorführen, um an sein Geld heranzukommen, dabei stets beflügelt vom festen Willen, anderer Leute Hirnzellen zu vernichten. Dann lieber Tränengas schlucken und weinen.

81

Am frühen Abend bin ich mit Herrn Aref verabredet, meinem Dreamboy vom Goethe-Institut. Es gibt Frauen und Männer, deren bloße Nähe die Lebensfreude erhöht. Wir kommen an der Schule vorbei, die 1869 von den Quäkern gegründet wurde. Mit riesigen Mauern um das Gelände. Um die Kleinen »rein zu halten«, hieß es damals, von den Umtrieben der Welt. »Sie lebten umsonst«, sagt mein Stadtführer. Das ist ein treffender Ausdruck, um darüber zu informieren, dass die Schüler, unter christlicher Kuratel, ohne Vergnügen, emsig freudlos ihr Dasein verbrachten. »Zitterer« ist die korrekte deutsche Übersetzung für Quäker: immer haben sie ergeben vor dem »Wort Gottes« gezittert.

Wir gehen ins Restaurant *Zarour*, mit einem Garten aus einem Magazin für Landschaftsarchitektur. Und ein kluger Mann spricht zu mir und kein Laut ist zu hören, nur das Zwitschern der Vögel. Und einer redet und einer hört zu: Arefs Vater war nebenbei ein Ingenieur und hauptberuflich ein Schöngeist, der Goethe und Kant las, seinen Schopenhauer studierte und Robert Schumanns Kompositionen am Klavier spielte. Er liebte die Kunst, um mit seiner Melancholie fertig zu werden. (Dass er sich Schubert als Lieblingsmusiker aussuchte, kein Wunder, denn der Romantiker war ebenfalls depressiv.) Die Mutter zeigte sich ähnlich hungrig nach Schönheit. Ihrer beider Hunger nach Form und Harmonie schien eine lebenslang gelungene Ehe zu garantieren. »Das schöne Lächeln meiner Eltern«, so redet nach so vielen Jahren ein Mann, der längst selbst Vater ist. Es wacht noch heute über ihn, das Lächeln. Arefs Dankbarkeit den zweien gegenüber, seine geradezu leidenschaftliche Wertschätzung für das, was er von ihnen geschenkt bekommen hat: wie beneidenswert. Vater und Mutter als Ansporner und Bejaher, nicht als Machthaber und Verneiner. Wie ein Traumpaar erscheinen sie dem Zuhörer.

82

Mit einem Sammeltaxi nach Jericho, Richtung Osten, Richtung jordanische Grenze. Durch Checkpoints, alle paar Kilometer wieder an Mauern vorbei. Beton ist inzwischen das Wahrzeichen israelischer Politik geworden. Gibt es ein hässlicheres Material, ein abstoßenderes? Hart und knöchern und ewig und undurchdringlich. Noch nie drang ein neuer Gedanke in einen Betonkopf. Manchmal entsteht der Eindruck, dass ganz Palästina ein Gefängnis ist und wir gerade durch den großen Gefängnishof fahren. Stets gleiten die Augen den Beton entlang, ob sie nun nach links oder nach rechts schauen. Vor uns ein Bus mit israelischen Touristen (am Kennzeichen erkennbar), dahinter ein Polizeiauto. Sightseeing mit Leibgarde.

Die wilde Landschaft, viel Stein, viel Granit. Immer wieder tauchen, mitten im Niemandsland, die Camps der Beduinen auf. Auf nacktem Boden, ohne einen Quadratmeter Schatten, ohne Stromverbindung, ohne Wasserzufuhr. Früher wohnten sie in Zelten, aber die Nomadenzeit ist vorbei, jetzt hausen sie in ihren rußschwarzen Wellblechhütten, die wie große Schuhschachteln in der Sonne glühen. Kamele grasen, fressen die paar kümmerlichen Halme. Vor jedem Verhau steht ein Gatter voller Ziegen: ihr Verdienst, ihr Einkommen. Stünden nicht ein paar Autos herum und lägen auf manchen Dächern keine Solarmodule (für den Fernseher und die eine Glühbirne), die Ansiedlung würde, mit geringen Retuschen, ins Mittelalter passen. Der Anblick wirkt umso dramatischer, als sich dahinter, auf den Spitzen der Granithügel, die strahlenden Trutzburgen der Siedler erheben: in den fleckenlosen Himmel ragend, die roten Dächer, die blauweißen Flaggen, alles strotzt vor Wohlstand. So leben Sieger.

Aus den Hügeln wird brettflaches Land, jetzt beginnt die Wüste, der Sand, die Unendlichkeit. Wie ein Flammenwerfer faucht die Luft in das Taxi, wenn jemand aussteigt. Ich mag Wüste. Sie ist leer und Leere legt sich wie ein Sedativum auf mein Gemüt. Nach 45 Minuten passieren wir den letzten Checkpoint, Minuten später sind wir am Ziel.

83

Jericho sieht gut aus, ein Zentrum wie in Wildwest: mittendrin ein Platz mit überdachten Bürgersteigen. Ruhige Bewegungen, die Hitze macht bedachtsam. Mit einem leisen Lächeln wird der Fremde begrüßt. Seit 1994 untersteht die Stadt, als erste, der *Palestinian Authority*. Kurze Zeit diente der Ort mit seinen 25 000 Einwohnern als Hauptstadt. Bis Ramallah übernahm.

Hotels? Die Lage ist eher dürftig, Taxifahrer Rafik chauffiert mich ins *Sami Youth Hostel,* drei Kilometer außerhalb, direkt neben dem *Aqbat Jaber Refugee Camp*, wo etwa 6000 Flüchtlinge leben. Sami ist froh, als er mich sieht, denn ich bin seit Langem sein einziger Gast.

Nun, der Name ist irreführend, denn hier steht keine Jugendherberge, eher eine Pension. So bekomme ich die abgeranzte »family suite«: mit sechs Betten, einer Küche, einem formidablen Schreibtisch und einer – damit der Gast nicht wegkippt – Klimaanlage. Sie rumpelt, stößt aber zwischendurch immer wieder kalten Hauch aus. Ein kleiner Traum wird wahr, denn allein ein Hotel zu bewohnen hat etwas Märchenhaftes. Wie verwunschen fühlt es sich an, so unerreichbar zu sein.

84

Ich besuche das *Intercontinental Jericho*, zu Fuß nur fünfzehn Minuten entfernt, auf der anderen Seite der großen Zufahrtsstraße. Ein imposantes Hotel, leider kostet hier eine *Suite* hundert Mal mehr als Samis Zimmerfluchten. Auch schüttelt mir keiner freudig die Hand. Nein, ich komme nicht einmal durch das Zufahrtstor, ohne von zwei Sicherheitsbeamten abgefangen zu werden. So muss ich phantasieren und erzählen, dass ich auf dem Weg zur Rezeption bin (zu Fuß: das ist in dieser Weltgegend stets verdächtig, riecht es doch nach Habenichts oder Terrorist), um mich nach einem »room with pool view« zu erkundigen. Und so erreiche ich, unter Begleitschutz, die prächtige Eingangshalle und darf nach den (schwindelerregenden) Preisen fragen.

Schwindel und erregend passen gut. Denn das feine Haus hatte auch ein Casino, das *Oasis*. Zugänglich nur für Israelis (obwohl mitten in Palästina). Ein Bombengeschäft, denn in Israel ist Glücksspiel verboten. Im Laufe der *Zweiten Intifada* wurde die Goldmine geschlossen. Martin Schlaff, der Wiener Bauherr der genialen Idee, soll – laut Zeugenaussagen österreichischer Politiker und Nachforschungen von *Haaretz* – Millionensummen an israelische Politiker überwiesen haben. Um die Herren zur raschen Wiedereröffnung zu bewegen. Leider kann der damalige (und schwer verdächtige) Ministerpräsident Scharon dazu nicht mehr Stellung nehmen, liegt er doch seit Jahren im Koma. Aryeh Deri, einst Führer der ultrarechten Religionspartei *Shas* und Mitglied der einstigen Regierung, wurde inzwischen wegen Korruption zu drei Jahren Gefängnis verurteilt. Avidgor Lieberman, zu fraglicher Zeit Infrastrukturminister und später

Außenminister, ist bereits aufgrund anstehender Beste-
chungsverfahren zurückgetreten.

Das muss man den verfeindeten semitischen Brüdern lassen: Palästinensische und jüdische Politiker haben ein Faible
fürs Geld, fürs dreckige Geld, für die Seuche Korruption.
Geld. Gier. Fromme Sprüche. Das alte Menschenleid.

Wie auch immer. Nach meinem Ausflug an die Rezeption
werde ich wieder hinausbegleitet. Cool bewacht und mit
einer Broschüre bedacht, die alle Ingredienzen (»for hotel
guests only«) einer Fata Morgana verspricht: aalen in einem
Whirlpool und anschließend – mir schwindelt schon wieder – die Geheimnisse einer »chocolate massage« genießen.
Orient, mon amour.

85

Statt die Wunderhände von Fatima auf meinem geschundenen Rücken zu spüren, knallen 44 Grad auf meinen Kopf.
Ich gehe den weiten Weg in die Stadt zurück, irgendwann
komme ich an einer riesigen Skulptur, einem riesigen Schlüssel, vorbei, Text: »We will return.« Eine Anspielung auf das
von den Palästinensern geforderte Recht, wieder in die Dör-
fer, Städte und Häuser zurückkehren zu dürfen, aus denen
sie 1948 vertrieben wurden. Leider hat kein Politiker in
Ramallah den Mut, es überdeutlich und laut auszusprechen:
Der Anspruch auf die Rückkehr der Hunderttausende ist
eine Schimäre, ein kindliches Wunschdenken. Der Staat
Israel wird das nicht zulassen, er will »jüdisch« bleiben. Das
praktische deutsche Wort »Realpolitik«, das seit Jahren
auch in der internationalen Presse zu lesen ist, sollte hier
die Runde machen: Streben nach dem, was real ist, wirklichkeitsnah. Um nicht Gefahr zu laufen, an einer Überdosis
Illusionen zu verenden.

86

Jericho gilt als eine der ältesten Städte der Welt. So hatte der Bürgermeister in einem cleveren Coup festgelegt, dass am 10.10.2010 das zehntausendjährige (!) Bestehen gefeiert wurde. Um Besucher anzulocken. Er macht es wie seine Vorfahren: Man kann sich kaum vorstellen, wie oft hier schon Märchenstunde stattgefunden hat. Auch Herr Jesus – so die biblischen Märchenonkel – war hier unterwegs. So wie ich jetzt. Denn plötzlich stehe ich vor Zachäus, dem Zöllner, dem »Sünder«, dem Steuereintreiber, dem der Gottessohn seine »Heilsbotschaft« zuteilwerden ließ. Okay, ich stehe vor Salim, dem Muslim, der sich hier als Ein-Mann-Touristenfalle aufgebaut hat, direkt vor dem Maulbeerfeigenbaum an einer Straßenecke in Jericho, wo sich, so die Bibel, die »Bekehrung begab«.

Und Salim legt los, freundlich animiert von einem Geldschein: Ja, kaum sah Zachäus von der Baumkrone aus den Menschensohn – der moderne Märchenonkel zeigt auf den Ast, auf dem der kleinwüchsige Übeltäter saß –, stieg er herab und wurde von Jesus begrüßt. Und Salim spielt beide Rollen, springt von einer Position in die andere: Also, hier stand der kleine Mann und sagte dies und dort stand der ganz Große und sagte jenes. Vor zweitausend Jahren, bei weltrekordverdächtigen Außentemperaturen. Klar, die Umstehenden – laut Salim und der Bibel – murrten, denn Zöllner galten als Kollaborateure der Römer, der Herrscher. Aber Jesus stellte klar: »Auch Zachäus ist ein Sohn Abrahams. Und ich, der Gottessohn, bin gekommen, um zu suchen und selig zu machen, was verloren ist.«

Ich liebe Märchen, auch wenn sie von vorn bis hinten erdichtet wurden. Aber sie befriedigen für Momente meine, ja, unser aller kindhafte Sehnsucht nach einem, der die Welt aufräumt, nach einem, der weiß: Da sitzen die Guten und weiter hinten die Bösen. Und der die Guten segnet und die Bösen zu retten versucht. Salim, der Gläubige Allahs, der hauptberuflich als christlicher Geschichtenerzähler unterwegs ist, glaubt unverbrüchlich an seinen Zachäus und seinen Jesus. Mit dem drastischen Unterschied, dass Jesus nur Prophet und kein Gottessohn war, denn »Allah hat keine Söhne«. Natürlich zählt der Mann aus Nazareth – so Salim, der Historiker – nur als »second best prophet«, denn Mohammed thront als »the first«.

Gut gelaunt ziehe ich weiter, denn die letzten Antworten der Weltreligionen haben auch einen unbezahlbaren Unterhaltungswert. Erstplatzierter Prophet und zweitbester Prophet, das klingt hinreißend debil.

Mir fällt auf, dass mich auch Salim nicht nach meiner Glaubenszugehörigkeit gefragt hat. Das ist erfreulich angenehm in Palästina: Hier missionieren sie nicht, sondern lassen – im Gegensatz zu anderen arabischen Ländern – den Fremden in Ruhe. Man erfährt nicht an jeder dritten Hausecke, dass man als Ungläubiger in der Hölle braten wird. Das hat Stil, zeugt von einer gewissen Souveränität.

Weiter Richtung Zentrum, am Hauptplatz fahre ich die sechs Stockwerke hinauf ins *Top Café*. Gehe auf die Terrasse, will mich erholen und den schweißüberströmten Oberkörper trocknen. Aber das geht nicht, denn ich höre Kriegsgeräusche, Schreie, Schüsse, den Krach eines Hubschraubers, wieder Schreie. Doch vom Himmel droht keine Gefahr. Bis ich plötzlich verstehe: Zwei Lautsprecher übertragen die Geräusche ins Freie, aus einem anderen Raum, wo sich ein Fernseher befindet. Damit die Gäste wenigstens das Schlachtgetümmel hören, wenn sie schon auf die Bilder vom Massakrieren verzichten müssen. Ich schwebe wieder zur Erde zurück.

87

Unten finde ich ein Café, ganz unspektakulär. Die Stühle stehen auf dem Trottoir, dem überdachten. Still sitzen und der vergehenden Sonne zuschauen, die dunkler wird, farbiger. Nuri bringt den Tee und die Wasserpfeife. Ein Junge kommt vorbei und verkauft Zeitungen. Erstaunlich, in anderen Ländern in dieser Weltgegend sieht man jeden Tag auf Seite eins das Konterfei des Halunken, der gerade an der Macht ist. In Palästina nicht, da sieht man bisweilen eine Stadt, durch die sich eine Schlange aus Beton zieht. Oder weinende Mütter. Oder weinende Kinder. Oder weinende Väter, die ihre toten Söhne zum Friedhof tragen. Eben Nachrichten aus einem Land, das geknebelt wird.

Aber jetzt ist das Leben innig und gut. Der Rauch aus der Pfeife vermischt sich mit den Strahlen des Abendlichts. Das Sanfte macht friedlich. Wieder nehme ich mir vor, nicht zu verhärten.

Mir fällt – weiß der Teufel warum – Hanns Joachim Friedrichs ein, der bis zu seinem Tod 1995 Moderator der »Tagesthemen« war. Er hat den vielleicht dümmsten Satz über das Schreiben gesagt: »Einen guten Journalisten erkennt man daran, dass er sich nicht gemein macht mit einer Sache, auch nicht mit einer guten Sache; dass er überall dabei ist, aber nirgendwo dazugehört.« Ungeheuerlich dumm. Nein, ich, Reporter, will dazugehören, will eine Meinung haben, will mich reiben, will das Risiko eingehen, dass ich mich täusche, ja, ich will zur Rechenschaft gezogen werden für meine Parteinahme, nein, ich will mich nicht altklug und hasenfüßig hinter der »Objektivität« verschanzen. Ich will zeigen, wo ich stehe, meinen Freunden, meinen Feinden.

Das tatsächliche Problem: jene nicht zu hassen, deren Gegner man ist. Hass macht blöd. Damit kommt die Welt nicht vom Fleck. Jeder verirrt sich, bisweilen in schreckliche Irrtümer. Und jeder soll die Chance bekommen, seine Missgriffe zu erkennen. Solange das nicht passiert, werde ich mir die Wut, das wütende Dagegenmaulen, nicht nehmen lassen. Solange wird sie kochen.

Du musst ein Kind weinen hören über den Tod seiner Geschwister. Du musst einen Krüppel Widerstand leisten sehen, weil er es nicht erträgt, dass sein Land verschwindet. Du musst eine Familie erleben, die vor einem Steinhaufen schluchzt, der vor zwei Stunden noch ihr Haus war und gerade von einem Besatzer-Bulldozer niedergewalzt wurde. Du musst neben einer Frau stehen, die sich mit einem Schmerzensschrei über ihren Bruder beugt, dem die Beine weggerissen wurden. Du musst einen Mann dabei beobachten, wie er auf seinen Olivenhain zugeht, der in der Nacht zuvor von religiösen Zeloten niedergebrannt wurde. Du musst Nähe herstellen, um die Wirklichkeit als das zu begreifen, was sie oft ist: unerträglich, unmenschlich, unsäglich wirklich. Und du wirst dich »gemein« machen. Tust du das nicht, bist du tot. Herztot. Du weißt es nur nicht.

Ich lese in der aus Ramallah mitgebrachten *Haaretz* einen Bericht über die Möglichkeiten, jungen Leuten die Freude am Lernen einzuimpfen. So ein Artikel könnte überall veröffentlicht werden, denn das Problem lauert ringsum, in allen vier Himmelsrichtungen: unendliches Nichtwissen, Sucht nach platter Ablenkung, der allwaltende Stumpfsinn seichten Zeittotschlagvergnügens. Zuletzt zitiert der Schreiber den Bergsteiger George Mallory, der als einer der ersten versucht hatte, den Mount Everest zu besteigen (und bei seinem dritten Versuch, 1924, dabei umkam). Auf die Frage, warum er so versessen auf diesen Berg sei, antwortete der Brite mit noblem Understatement: »Because it's there«, weil es ihn gibt. Wäre das kein Satz, um Lebenströdler zum Leben – das wäre zur Neugier – anzustacheln? Sie zur Versessenheit auf die Welt anzufeuern: einfach weil es sie gibt? Einfach weil wir nichts Aufregenderes im Universum haben?

88

Am nächsten Morgen mit einer Seilbahn hinauf zum »Berg der Versuchung«. Ein solches Transportmittel macht mich krank, die Höhenangst holt mich ein. Allein in einer Gondel zu sitzen und irgendwann, vielleicht fünfzig Meter über steinigem Abgrund, stehenzubleiben: Das jagt den Schweiß auf die Hände, das sind die Augenblicke, in denen ich schwöre, immer lieb zu sein. Zu allen.

Oben angekommen, beginnt der Fußweg. Viele Stufen führen zum *Qarantal* (wörtlich: vierzig Tage), dem »Kloster der Versuchung«. Errichtet im 19. Jahrhundert, auf den Ruinen eines älteren Bauwerks. Das Gebäude, 350 Meter über dem Meeresspiegel, sieht sensationell aus, wie ein Wespennest klebt es an der Wand. Man sieht nur die Fassade, der Rest muss sich drinnen befinden, im Berg.

Der Weg ist gemein steil. Als ich an der Klostertür klopfe, bleibt sie geschlossen. Ich setze mich und warte. Bald kommt eine russische Reisegruppe, jetzt wird geöffnet, diskret schmuggle ich mich dazu.

Innen wirkt es nicht weniger dramatisch. Das gesamte (griechisch-orthodoxe) Kloster liegt im ausgebaggerten Felsen, in jede Höhle wurde hineingebaut. Schön duster und geheimnisvoll. Und meine zwölf neuen Reisegefährten, die einen eigenen Priester mitgebracht haben, legen los. Noch in die niedrigsten Ausbuchtungen kriechen sie, weil dort ein Kerzlein brennt und Ikonen hängen. Und jede Einzelne wird geküsst, nochmals geküsst, ein drittes Mal geküsst, ja, angeflüstert, gestreichelt und mit Verbeugungen bedacht. Da auch die russischen Menschen inzwischen vom Wohlstand heimgesucht wurden, hört man gleich das Ächzen ihrer wuchtig gewordenen Körper. Das hat durchaus Vorteile. Denn bestimmt sieht ihr Herrgott, wie sie sich schinden, um IHM zu gefallen.

Nach einer guten Stunde Kreuzgang, Kniefall und Himmelsflüstern geht es die letzten Stufen hinauf: Hier steht der Steinbrocken aller Steinbrocken, hier saß Jesus, als er vom Teufel versucht wurde. Nach vierzig Tagen Fasten. Dreimal versucht. Die Bibel war Zeuge und hat alles notiert. Auch den Kantersieg des Gottessohnes, der Sátanos zurück in die Wüste schickte.

Und jetzt ist kein Halten mehr, jetzt wimmert der Hirte noch lauter. Und noch lauter wimmern sie hinterher, dann hundert oder zweihundert Kreuzzeichen, dann Singen, dann Hinterhersingen, dann Vorbeten, dann Nachbeten, dann Vorlesen, dann Nachlesen, dann von vorne und wieder von vorne: bis ein jeder und jede zu Boden muss, um – mit schmerzwehem Leib – den Jesus-Klumpen zu küssen, ihn gewiss wollüstiger zu küssen als je den Mund eines Sterblichen.

Nein, da ist kein Gott im Monotheismus, der zum Tanzen und zu lauthalsen Schreien der Freude aufruft. Nein, nur machtsüchtige Götter treten auf, die sich am Bußgezeter der Sünder laben.

Irgendwann hat auch diese Folter ein Ende, zuletzt werden Zettelchen mit Bitten vollgeschrieben: auf dass die Mönchlein beim »Allbarmherzigen« ein Wort einlegen. Gegen eine kleine Spende. Auf dass ER die siechenden Familienmitglieder heile. Oder die Bittsteller selbst. Oder Putin auf ewig erhalte (so erzählt mir eine Pilgerin). Und gesegnete Steinchen vom Berg der Versuchung kann man ebenfalls kaufen, für ein paar Schekel in den Opferstock.

Auf dem Weg zurück zum Ausgang bin ich Nachzügler. Weil ich auf den winzigen Balkonen stehen will. Um einen phantastischen Blick auf Jericho zu werfen: südlich vom Toten Meer, im Osten von den Bergen Jordaniens flankiert. Schon verständlich, dass man in einer solchen Umgebung den Verstand verliert und von Himmelsherrschern und Höllenfürsten deliriert. Doch wie rätselhaft: Sogar bei Sicht auf eine so berauschende Welt träumen Abermillionen vom Jenseits. Was für ein undankbarer Haufen.

Ah, die Mirakel eines Klosterlebens. Da ich jetzt endgültig den Anschluss versäumt habe, verlaufe ich mich und lande in einem Nebengang, modern renoviert. Und was darf ich sehen (ohne gesehen zu werden)? Eine offene Tür und dahinter einen Herrn Mönch in Kutte, der lässig die Beine über einen Stuhl gelegt hat und auf seinem Fernseher einen Film anschaut. Da nur die Hälfte des Bildschirms sichtbar ist, kann ich Genaueres nicht erkennen, aber ich bilde mir ein, die Stimme von Humphrey Bogart zu hören. Das wäre ein Scoop: der Hollywoodstar im Kloster der Versuchung. Der Ordensbruder soll hochleben. Ein Teil von ihm will noch immer irdisch sein.

89

Ich gehe den weiten Weg hinunter in die Stadt, bis zum weltberühmten *Tell al-Sultan*, der Ausgrabungsstätte. Daneben liegt ein großer Parkplatz voller Busse. Seitlich steht ein hübscher Brunnen, über den der Bürgermeister hat ausrichten lassen, dass sich hier der tiefste Punkt der Erde unter dem Meeresspiegel befinde. (Der Chef liebt Superlative, auch wenn sie nicht stimmen.) Die coolen Enten, die zutraulich näherkommen. Ein Bettler sitzt zwei Schritte von ihnen entfernt. Seelenruhig schaut er mir in die Augen, ohne ein Wort zu sagen. Der Mann hat den magischen Blick, wie gebannt fingere ich in meine Hosentasche. Er lächelt, er weiß um seinen Trick. Sicher bin ich der Tausendste, den er damit erledigt. Von Kopf bis Fuß ist der Mensch ein armer Sack, aber Augen hat er, mit denen er auf anderen Kontinenten in ein Museum gestellt würde. So extravagant sind sie, so berückend grün.

Zum Parkplatz gehört das *Mount of Temptation Restaurant*, hier haben sie jenen Spruch aufgehängt, der verheißungsvoller nicht sein könnte: »Eat as much as you can«. Als ich durch die Reihen des voll besetzten Speisesaals gehe, wird klar, dass die meisten Anwesenden schon oft der Versuchung des Kalorienteufels nachgegeben haben. Hier nimmt Luzifer Rache für seine Niederlagen hoch droben auf dem Berg.

Im selben Gebäude gibt es auch einen Souvenirladen, eingerichtet vom *Temptation Tourist Center*. Praktisch alles, was sie hier anbieten, kommt aus dem Toten Meer. Da mag die *Dead Sea* ums Überleben – gegen die Austrocknung – kämpfen, hier erweist sich das Gewässer als Schatztruhe. Dank saftiger Dollarpreise. Schier alles kann mit Algen, Salzwasser, Sand, Steinen und Pflanzen geheilt werden. Heißt es. Das Tote Meer macht wieder lebendig, wieder vital, wieder schön. Runzeln, Akne, Schuppenflechte: no problem. Man sieht das Poster einer Frau, die in der eleganten Hand eine Seife hält, darunter steht »Temptation«. Sinnlicher kann man nicht verlockt werden. Einen Sonderplatz hat die »Rose of Jericho«, eine Trockenpflanze. Für die Christen, so kann man es gleich nachlesen, bedeutet sie die »Auferstehung des Gekreuzigten«. Denn sie kann blühen und vergehen und wieder blühen. Immer wieder. Für die Juden – wie die Moslems kennen sie keinen »Gottessohn« – ist sie das Symbol eines wiederbelebten Zionismus.

Hm, ob die Welt das alles braucht zu ihrem Glück? Einen Auferstandenen, der uns bescheiden wissen ließ, dass er die eine und einzige Wahrheit verkündet? Und braucht die Menscheit eine Ideologie, die von »Eretz Israel«, von Groß-Israel, träumt? Ich mag lieber den Satz von Gertrude Stein. Er verweist auf die Anmut des Gegenstands und verschont uns mit allem, was nach Krieg und Unfrieden riecht: »Eine Rose ist eine Rose ist eine Rose.«

90

Politische Fußnote: Dabei gab es einmal einen Zionismus, einen (unreligiösen) Zionismus der Freiheit, der – von Theodor Herzl inspiriert – nichts anderes wollte, als dem jüdischen Volk ein Zuhause zu schaffen, irgendwo auf den fünf Kontinenten. (Sogar Uganda wurde als Standort in Erwägung gezogen.) Von irdischen Idealen geleitet, gewiss nicht von überirdischen. Um eben frei zu sein von den Nachstellungen unbelehrbarer Judenhasser. Dieser Zionismus hat heute schlechte Karten. Jetzt geht die Perversion dieser Idee um, jetzt schmeckt dieser Ismus nach religiösem Fanatismus und Größenwahn.

91

An der Kasse zum *Tell al-Sultan,* der Ausgrabungsstätte, sitzt
Ramia. Sofort weiß ich wieder, was noch schöner ist als eine
Blume: eine Frau. Was für ein Anblick. Eine Ticketverkäu-
ferin mit dem Gesicht einer Göttin. Baudelaire hat das so
wunderbar beschrieben: dass Schönheit immer auch ein
Geheimnis bedeutet. Wer so schön ist, besitzt etwas, von
dem wir anderen nichts wissen. Und so bleibt uns nichts, als
ihnen das Wunder zu neiden, ja, sie dafür zu bewundern, ja,
ihre Schönheit zu besingen.

Wir flirten. Sie fängt an und sagt gleich, warum: Sie sei
Rebellin, sie werde nicht heiraten, sie werde nichts verstecken, bestimmt nicht, nicht einmal ihre Haare. Und sie
pfeife auf Traditionen. Das sind nicht nur Sprüche. Immerhin ist Ramia bereits 28, da haben ihre Geschlechtsgenossin-
nen schon fünf oder zehn Kinder. Da mir die Aufmüpfigen
immer gefallen, bitte ich sie höflich um ihre Telefonnummer. Die sie sogleich aufschreibt. Sicher ist diese harmlose
Geste für sie ein rebellischer Akt: einen Fremden aus einem
fremden Land darüber zu informieren, wie man sie erreichen kann. Sie, die gewiss weiß, wie atemberaubend sie aussieht. Wir machen aus, uns zu treffen. Ich möchte unbedingt wissen, was sie über ihr Land denkt, über den äußeren
Feind Israel und über den inneren Feind: jene Uraltsprüche
aus vergangenen Jahrhunderten, die ihrer Gesellschaft so
oft den Weg in die Moderne versperren.

Ich muss es gleich loswerden: Das Rendezvous wird nicht
stattfinden. Auch nicht unter den vereinbarten Bedingun-
gen: im hellsten Tageslicht, in Anwesenheit anderer, sprich
in einem Café. Selbst das wäre ein Kraftakt für eine junge
Palästinenserin gewesen. Ich werde auch nie die (ganz) wahren Gründe der Absage erfahren. Was ich am Telefon heraus-
höre: Druck von der Familie. Der scheint doch heftiger als
der Wunsch nach einem freien Leben. Ich bedanke mich
und dränge nicht. Ich nehme immer nur das, was ich geschenkt bekomme. Nie will ich verlangen.

Der *Tell al-Sultan* ist das eingezäunte Gebiet, in dem Archäologen die ersten Schichten menschlicher Behausungen ausgegraben haben. Wenn man diese Information nicht hätte, könnte man denken, über ein hügeliges Geröllfeld zu laufen, auf dem sich mittendrin tiefe Löcher befinden: Hinweise auf die verschiedenen Zivilisationen, die in Jericho vorbeikamen. Ein Laie ist gewiss überfordert, ein System zu erkennen. Hier also befanden sich die ältesten Steinbauten der Menschheitsgeschichte. Ich frage mich unter der unheimlichen Jericho-Sonne, ob mich das bewegt. Nicht sehr, dafür überkommt mich Mitgefühl für diese Frauen und Männer, die so viele Jahre vor mir gelebt haben. Immer bedroht, immer im Krieg, immer nur die Aussicht auf andere Steinbunker. Dann schon lieber heute leben.

Ach ja, Josua, der biblische Prophet, war auch da. Und im Alten Testament kann man nachlesen, dass der Herrgott auch zu ihm sprach: »Siehe da, ich habe Jericho samt seinem König und seinen Kriegsleuten in deine Hände gegeben ...« Denn die »Kinder Israels« standen vor den Toren der Stadt und wollten sie einnehmen. Also ließ Josua, wieder auf Geheiß seines göttlichen Übervaters, die berühmten Trompeten von Jericho auffahren. Und mächtig hineinblasen, auf dass die Stadtmauern einstürzten. Und so geschah es. Und da der Herr nur das eine Volk, die Israeliten, liebte und kein anderes, gab er noch schnell den Auftrag, alles hinter den Mauern kurz und klein zu morden. So soll Josua, unser Mann in Jericho, nochmals das Wort schwingen: »Denn als das Volk den Hall der Posaunen hörte, machte es ein großes Feldgeschrei. Und die Mauern fielen ein (...), also gewannen die Israeliten die Stadt und verbannten alles, was in der Stadt war, mit der Schärfe des Schwerts: Mann und Weib, jung und alt, Ochsen, Schafe und Esel.«

Das Beruhigende an der blutrünstigen Story: Sie stimmt nicht. Wissenschaftliche Untersuchungen haben inzwischen nachgewiesen, dass Jericho zu der vom Propheten, dem

»Wahrsager«, angegebenen Zeit nicht bewohnt war. Und Stadtmauern existierten damals auch nicht, grundsätzlich nicht. Der Herr hat also umsonst blasen lassen und ausnahmsweise wurden weder Jung noch Alt noch Frau noch Kind noch Greis noch Tier geschlachtet. Im Namen des Allgütigen.

Überraschende Randnotiz: Den Nazis gefiel die Geschichte vom Schlächter-Herrgott so gut, dass sie die Sirenen, die sie an den *Stukas*, den »Sturmkampfflugzeugen«, anbringen ließen, »Jericho-Trompeten« nannten. Um den Gegner einzuschüchtern und ihn somit effizienter in Schutt und Asche zu bomben.

93

In »meinem« Café lerne ich früh abends Ruhi kennen. Sein Vorname, sagt er, bedeute »aus der Seele«. Und er ist tatsächlich ein Seelenmensch. Warmherzig, gesprächig, seit langer Zeit beladen von einem, so scheint es, unlösbaren Problem. Er redet, muss reden. Und wo ginge das müheloser als an einem Ort, der fürs Reden und Zuhören erfunden wurde.

Der Taxifahrer hat nur *ein* Kind. Es ließ lange auf sich warten, denn alle Bemühungen Ruhis, seine Frau auf »normale« Weise zu befruchten, schlugen fehl. Erst nach mehreren (kostspieligen) *In-vitro*-Fertilisationen wurde Aila schwanger. Mit einer Tochter. Eine Tochter ist etwas Schönes, sagt Ruhi, aber ein Sohn wäre noch schöner. Sagt er nicht, aber so hört es sich an. Also wieder eifrig die Frau beschlafen, aber wieder passiert nichts. Keine Eizelle und kein Samen, die erfolgreich zueinander finden.

Ruhi ist ein moderner Mensch, keiner, der reflexartig der Frau die Schuld zuschiebt. Er lässt sich untersuchen: Ja, sein Sperma ist nicht immer konstant, manchmal schwächer, als es sein sollte. Während der Befund von ihr tadellos ist. Von Neuem beginnen die (immer teuren) Versuche mit *in vitro*.

Bis Aila ihm anbietet, kein Geld mehr dafür auszugeben, sondern eine zweite Frau zu suchen und zu heiraten. Sie wäre damit einverstanden, solange er sich nicht von ihr scheiden ließe.

Die Nächste kommt ins Haus, aber auch Sahar gebärt ihm kein Kind, von einem Stammhalter gar nicht zu reden. Ruhis Eltern, plus die vier Schwiegereltern (er hat ja zwei Frauen), machen Druck, plus der gesamte Clan, sprich das Heer der Verwandten: Ein männlicher Erbe muss her! Die Tradition will es so! Sogar die jetzt sechsjährige Tochter fragt, wo ihr Bruder bleibt.

Ruhi erzählt, dass er seit Monaten nachts im Traum spricht, laut und wirr. Bis er schweißgebadet aufwacht. Jetzt schläft er abwechselnd die eine Nacht bei der ersten Frau, die andere bei der zweiten. Jede Nacht als Befruchter. (Und tagsüber sitzt er zehn Stunden im Taxi.) Interessanterweise sind die beiden Gattinnen nicht eifersüchtig aufeinander. Denn Mohammed, der hiesige Wahrsager, hat ja verkündet, dass jeder Muslim bis zu vier Frauen ehelichen darf.

Armer Mann, an seinen Augenringen kann man den Stress nachzählen, der ihn Tag und Nacht heimsucht. Das ungemein Überraschende an der Geschichte ist, dass Ruhi – vom Standpunkt der Vernunft aus betrachtet – überhaupt kein Problem hat. Haben sollte. Denn Vater einer Tochter zu sein könnte doch nichts als Freude bedeuten. Aber nein, das ist ein Riesenproblem, denn vor Urzeiten hat ein Ex-Schafhirte einen Erzengel Gabriel die göttliche »Offenbarung« flüstern hören. Unter anderem wurde dabei – tief im Inneren einer gewiss massiv überhitzten Wüstenhöhle – geweissagt, dass ein Mann ohne Sohn kein echter Mann ist. Und so eine Familie keine vollständige Familie. Und ein Muslim ohne virilen Nachkommen kein echter Muslim. Erstaunlich, nicht? Kein Tsunami kam über Ruhi, keiner riss ihm einzeln die Fingernägel aus, keine Hungersnot traf ihn, kein Wahnsinniger erschoss seine Brüder. Nein, nur seine leisen Gedanken im Hirn schicken ihn täglich in die Hölle, nur diese obszön-toxischen Ansichten strecken ihn nieder: jener Gedankenmüll, herangeschafft über Generationen, der ihm so vehement eingehämmert wurde. Schon seit Jahrhunderten schrottreif, längst untauglich für ein Leben in heutigen Zeiten. Auch wahr: So unschuldig ist der 43-Jährige nun doch nicht. Er hätte NEIN sagen, er hätte vor Langem aufhören können nachzuleiern, was andere ihm vorleierten. Er hätte erwachsen werden können, einer eben werden, der »Stopp« schreit und sein Hirn in Bewegung setzt.

Er fragt mich nach meiner Meinung. Was könnte ich ihm anderes raten, als sich nicht martern zu lassen von den Missgeburten in seinem Kopf? Und dass er seine Tochter umarmen und allen verkünden soll, dass es gut ist, wie es ist. Immerhin kann ich ihm etwas Konkretes anbieten, denn Geld braucht jeder. Ich bitte ihn, mich am nächsten Tag an den Jordan und das Tote Meer zu bringen. Ruhi schlägt einen fairen Preis vor und ich sage Ja. Er fährt mich zurück zu meiner Pension.

Die Lichter brennen schon auf der staubigen Zufahrtsstraße zum Flüchtlingslager. Ein paar Läden haben offen, Kinder spielen Fußball, von irgendwoher weht Schlagermusik. In der Hotelhalle hat Sami drei Tische nebeneinander gestellt und Freunde eingeladen, einfach so, ohne bestimmten Anlass. Und als ich eintrete, bin ich ebenfalls ein Freund und muss mitessen. Der Gast als Freund, ja, die Gastfreundschaft der Palästinenser. Sie ist ein kleines Weltwunder.

94

Um zehn Uhr früh kommt Ruhi. Ich lade den Unglücklichen zum Frühstück in der Stadt ein, ich will ihm einen sorglosen Tag schenken. Dann los, die Fahrt dauert nicht lang, bald befinden wir uns wieder in *Zone C*, mittendrin steht ein Schild mit der Aufschrift »Baptismal Site«, wir sind auf der richtigen Spur. Beim ersten Checkpoint müssen wir den Kofferraum öffnen. Da wir heute keine Sprengstoffkisten und auch keine Stinger-Abwehrraketen dabei haben, dürfen wir weiter. Mit der Anordnung, ab sofort die Straße nicht zu verlassen, denn links und rechts sei der Boden vermint. Vieles andere ist laut Hinweisschildern ebenfalls untersagt: das »Auftauchen im Bikini« oder irgendwo zu halten oder über Zäune zu steigen. Denn hier liegt ein »militärisches Gebiet«. Ja, »Taufen« ist erlaubt, aber nur an den dafür ausgewiesenen Punkten. Wir erreichen »die Stelle«, die israelische Flagge weht und israelische Soldaten patrouillieren. Mitten in Palästina.

Ruhi bleibt in der Nähe des Wagens, ich gehe die Stufen zum Jordan hinunter, der Grenze zwischen Jordanien und Palästina. Der Anblick überrascht. Kein reißender Strom rauscht hier vorbei, sondern ein schlammbrauner Bach, keine fünf Meter breit. Doch sogleich wird es lustig und lehrreich: Am ersten Standort steht ein griechisch-orthodoxer Priester im Wasser. Und neben ihm, weiß gewandet, lauschen das (erwachsene) Taufkind und fünf erwachsene Zeugen. Ebenso knietief im Fluss. Und der Gottesmann, *English speaking*, liest und liest und liest aus der Bibel, natürlich den Absatz, in dem von Jesus erzählt wird, der – so will es die Legende – von Johannes dem Täufer hier, genau hier, getauft wurde. Die Sonne glüht und von der anderen Seite schauen Touristen und jordanische Soldaten zu. (Damit der Schekel nicht aufhört zu rollen, wurde südlich des Sees Genezareth eine weitere Taufstelle eingerichtet, *Yardenit*. Auch dort – genau dort – vollzog der Täufer am Gottessohn das Sakrament der Taufe. Die zwingend logisch war: Denn ungetauft müsste auch der Himmlische in der Hölle schmoren.)

Und jetzt passiert es. Ein Mobiltelefon läutet und am eigenartigen Klingelton (Autohupen) erkennt eine gerade noch tief ins Zuhören der »Heiligen Schrift« versunkene Zeugin, dass sie gemeint ist. Und sofort verschwindet alles scheinheilig Ergriffene aus ihrem Gesicht und ungerührt zieht sie das Handy aus der Hosentasche, steigt aus dem Wasser und beginnt zu plaudern. Ich bin so frei und folge unauffällig. Und höre mit. Natürlich verstehe ich nicht alles, aber am unbesorgten Ausdruck der Eiskalten wird klar, dass es sich um ein ganz und gar banales Gespräch handelt. Zuletzt sagt sie: »Very nice, let's see tomorrow.« Dann geht sie mit tropfnassen Hosenbeinen zurück ins Wasser. Und knipst die Scheinheiligkeit wieder an.

Da ist sie abermals, die Todsünde moderner Zeiten: Wir finden nichts mehr, was uns mitreißt. Wir sind die leidenschaftslosesten Menschen, die je auf Erden unterwegs waren. Keine Tätigkeit, kein Ereignis scheint so begeisternd, so berückend, so »erstrangig«, auf dass alles andere warten könnte. Und wäre es für zehn lausige Minuten. Auch nicht die Einmaligkeit, im weltberühmten Jordan River zu stehen und – so erfahre ich gerade – »die Verbindung zu Gott zu erneuern«. Auch nicht die Lippen einer schönen Frau. (Siehe den Schnösel im Bus nach Tiberias.) Es bimmelt – und wäre es die Nachricht von Kevin, der die Butterkeksdose vergessen hat – und wir armen Würstchen spitzen die Ohren. Eine Geste, die nichts anderes signalisiert als: Fuck the girl, fuck Jesus, fuck this very special moment: Ich geh ran!

Der Gedankengang geht weiter: Der Mensch mit dem Autohupen-Handy wird eines Tages allen zu Hause berichten, wie phantastisch und bewegend es war, damals bei der Taufe im Fluss, wie unglaublich packend. Er wird lügen, ohne es zu wissen. Es war genauso phantastisch und bewegend wie ein unerheblicher Anruf. Offensichtlich sind wir nicht mehr zum Zauber fähig, zum Überwältigtsein, zum Außerunssein. Nur kleine Erregungszucker gelingen uns noch, kleine Strohfeuer der Hingabe. Wir glimmen – aber brennen, ja, lodern?

Pardon, ich widerrufe alles. Ja, doch, es gibt sie noch: die Hingerissenen, die wundersam Verrückten. Denn zehn Meter neben den Orthodoxen stehen die *Reborn Christians* im Wasser. Eingeflogen aus den USA. Ihr Auftritt ist unbezahlbar.

Vorweg ein paar Informationen: Diese Sekte gehört zur

weltweiten »Erweckungsbewegung«, bei der es um »praktische christliche Lebensweise« geht, ganz buchstabentreu dem Evangelium verpflichtet. Freundlicherweise, so lassen es die Wiedergeborenen jeden wissen, rauschen alle Ungläubigen, sprich alle Nicht-Wiedergetauften, tief nach unten, in den »Ort der Verdammnis«. Deshalb soll der Mensch bei der Erwachsenentaufe, der zweiten nach der Babytaufe, »wieder« geboren werden. Um später – die Bibel hat es schon hoch und heilig offenbart – »mit Christus als Könige (Plural!) über der Erde zu regieren«.

Jetzt zurück zum Livemitschnitt. Und der ist drollig, fidel, unfassbar bescheuert. Auch hier befinden sich bereits alle in der dreckigen Brühe und ein Mordsdicker bläst in das mitgebrachte *Schofar*, ein krummes Horn, knapp einen Meter lang. Und sechs andere jubeln begeistert: »Yeah, man!« oder »Yeah, Jesus is the Lord!« oder »Yeah, his voice will thunder over the holy land« oder »His words will strike for the glory of the king«. Und der achte Amerikaner, eine Frau im Badeanzug, steht bis knapp unter Brusthöhe im Jordan. Sie ist die (erste) Glückliche, sie wird heute ein zweites Mal geboren. Mir fällt sofort ihr erfreuliches Dekolleté auf. Uff, ich bin keine zehn Atemzüge anwesend und schon habe ich gesündigt. Unkeusche Gedanken, klar, nur Glaubenslose sind zu solchen Schweinigeleien fähig.

Die Show geht weiter. Neben der Attraktiven steht der *minister*, der Pfarrer, er hält ihre rechte Hand und berührt sie leicht an der Schulter. Und spricht deutlich und intensiv auf sie ein: dass nun Jesus in ihr Herz kommt! Dass er ihr Kraft gegen alle Versuchungen geben wird! Und dass es keine irdische Gewalt mit der *Power* des Herrn aufnehmen kann! Dann drückt er sacht ihren Kopf unters Wasser, alles wird patschnass, auch die Dauerwelle. Und nun laufen die sieben zur Höchstform auf, ein Jauchzen gen Himmel bricht aus, ganze Sätze, halbe Sätze, zuletzt nur noch freudeschluchzendes Gestammel: »The Lord is among us!« – »The Lord is among us!« – »The Lord is among us!« Die Posaune schallt

übermächtig und der Dicke wird noch dicker, so gottergeben und happy bläst er, so fröhlich blähen sich seine Backen.
Und einer nach dem anderen nimmt jetzt ein Vollbad,
taucht ab in die berühmte Sauce und kommt selig prustend
»reborn« zurück. Das ist ein Happening, das ist ansteckend,
das ist himmelhoch doof und bezaubernd kindlich. Die
Orthodoxen schauen verstohlen (neidisch?), auch die Soldaten auf beiden Seiten, auch die Touristen blicken gebannt
herüber.

Meine Neugier gefällt den Tropfnassen, sogleich riechen
sie frische Beute. Wir plaudern und umgehend wollen sie
mich untertauchen: »To be saved like us!« Ich schwöre, dass
ich darüber nachdenken werde. Da mich aber mein (jensei-
tiges) Seelenheil augenblicklich nicht interessiert, lenke ich
unser Gespräch auf die eher irdischen Probleme. Ich frage
sie nach ihrer Meinung zu Israel. Da mit »weltlichen«,
sprich vernunftgesteuerten, Antworten nicht zu rechnen ist,
kommt sofort wieder der Herrgott ins Spiel: »We pray for
Israel!« Okay, und was ist mit einem Gebet für Palästina, das
Land, in dem sie sich gerade befinden? »No prayers!« Die
acht sind resolut und kennen den Stand der Dinge: Die Palästinenser dürfen ruhig bleiben, aber sie müssen sich un-
terordnen und ohne Wenn und Aber anerkennen, dass the
Lord all das hier den Juden geschenkt hat. Denn sie sind die
Auserwählten. Und deshalb ist ein Staat Palästina undenkbar, denn Gott hat ihnen (den Palästinensern) nie irgendetwas gewährt. Diese Araber beten ja Allah an, »the god of
sun« (sic!), und den gibt es überhaupt nicht. Was schlagen
sie also vor, als Lösung? – »Die Wiederkunft des Messias!« –
Und wann wäre das? – »Es ist nicht an uns, das zu wissen!« –
Und wenn er kommt, was passiert dann? – »Dann müssen
sich alle vor ihm aufstellen und jeder bekommt, was ihm
zusteht. Denn Gott hat alles aufgeschrieben!«

Das »heilige« Land taugt auch als riesige Freilichtbühne,
auf die sich all jene verlaufen haben, die man an anderen
Orten mit Blaulicht einfangen würde. Um sie zurück in die

Irrenanstalt zu befördern. Aber hier dürfen sie tollen und ihren hochheiligen Stuss – oft einfältig, oft brandgefährlich – verkünden. Wer wüsste ein Mittel, um ihr (Klein-)Hirn zu deprogrammieren und mit neuen Inhalten – randvoll mit Vernunft und cooler Menschenfreundlichkeit – zu bestücken? Wer?

95

Ich komme mit einem Soldaten ins Gespräch. Das ist ein Erfolg, denn meist drehen sie sich brüsk ab und erklären, dass sie nichts zu sagen haben. Seinen Namen will er nicht nennen, aber der junge Mensch klingt eher höflich, ja, um Verständnis bemüht. Er ist dreißig und schon lange Reservist. Seitdem muss er jedes Jahr für einen Monat einrücken. Er sei durchaus für einen palästinensischen Staat, aber das funktioniere nicht, denn die Palästinenser sind vollkommen – Stichpunkte: Wasser, Strom, Verwaltung – von Israel abhängig. Das klingt forsch, wenn man bedenkt, dass seine Armee gern Elektrizitätswerke, Flughäfen und Regierungsgebäude kaputtbombt und Wasser in Ozeanstärke nach Israel und in die Siedlungen abzieht. Außerdem, so der Israeli, solle die Welt doch nach Gaza blicken: 2005 wurden alle dortigen Kolonien evakuiert. Und das Ergebnis? Null Dankbarkeit, nur Hass. Very funny: Zuerst jemandem sein Land wegnehmen, dann aus rein taktisch-ökonomischen Gründen – zu viele Soldaten waren dort zum Schutz der Fanatiker gebunden – das Gestohlene aufgeben und dramatische Gesten der Danksagung erwarten. Dass viele der renitenten Siedler hinterher nicht nach Israel, sondern nach Palästina umzogen, verschweigt der junge Besatzer. Logisch.

Ich begreife wieder einmal, dass solche Diskussionen nichts klären. Soldaten bekommen mit dem Sturmgewehr und dem Tornister auch noch das Zaumzeug geliefert, das sie daran hindert, hinter den Scheuklappen die Wirklichkeit wahrzunehmen. Das muss wohl so sein, denn eigenständig denkende Soldaten sind keine Soldaten, sie sind Deserteure. So halte ich mich mit scharfen Gegenreden zurück. Auch, weil ich in einem Nebensatz des Unteroffiziers erfuhr, dass die Familie seiner Großeltern, mütterlicherseits, in einem deutschen Konzentrationslager ermordet wurde. Ich will seine Höflichkeit nicht überfordern.

96

Mit Ruhi weiter Richtung Süden. Nach ein paar Kilometern erreichen wir das Tote Meer. Ja, tot, denn der Salzgehalt von circa dreißig Prozent lässt nichts am Leben, sogar unter dem Mikroskop findet sich nichts, was atmet. Wegen permanenter Verdunstung fällt der Wasserspiegel pro Jahr um etwa einen Meter. Ein Drittel des Sees – nur dem Namen nach ist er ein Meer – ist bereits verlandet.

Für das Strandbad zahlt man einen heftigen Eintrittspreis. Der Kibbuz Kalya und die daneben liegende Siedlung Kalya sind so frei und kassieren die Einnahmen. Mitten in Palästina. Aber das soll das Wunder jetzt nicht schmälern. Ruhi muss wieder den Wagen bewachen und ich darf baden gehen. Das Wasser ist seicht, aber nach wenigen Schritten tief genug, um den schönen Wahnsinn zu genießen: sich ins badewannenwarme Wasser zu setzen, ohne den Boden zu berühren und ohne unterzugehen. So lässig trägt das viele Salz. Ein bisschen mit der Hand wedeln und schon dreht man sich im Kreis und bestaunt die Welt. Andere müssen in den Kosmos rasen, um ein Gefühl von Schwerelosigkeit zu bekommen, doch hier kann man schweben, ohne einen Fußbreit abzuheben. Und dann kommt die Königsstellung: sich flachlegen und dem absoluten Flow anheimfallen. Der Himmel über mir, das Wasser unter mir und der Körper dazwischen, der luftleicht und auf geheimnisvolle Weise nicht vorhanden zu sein scheint. Da so im Einklang, so wunschlos da. Und vergnüglich wird es auch noch. Ich drehe sacht den Kopf nach links und rechts und was erheitert ungemein?

Der Anblick von Dutzenden unbekümmert in die Luft gestreckter Bäuche. Wie majestätische (halbe) Kugeln gleiten sie dahin, wie Bojen. Das ist ein geradezu erhabener Moment: Einmal sind alle in dieser Gegend friedlich, unbeschwert, nur getragen und gewärmt von Mutter Erde.

Nicht weniger gewiss: Die ewige Ruhe wird hier nicht ausbrechen, denn bald donnern vier israelische Düsenjets über uns hinweg. Lautstark erinnern sie uns daran, dass der Frieden (fast) immer einen oder zwei Todfeinde hat, weltweit: die Gier und die Angst.

97

Weiter mit Ruhi in den Süden, wieder nur ein paar Kilometer und wir erreichen den *Qumran National Park*. Auch er liegt in Palästina und auch er wird – noch eine *cash cow* – von Israel verwaltet. Die Hinweisschilder am Eingang sind eindeutig: Wer den Vorschriften zuwiderhandelt, wird von den *IDF* (*Israeli Defence Forces*) zur Ordnung gerufen. Der Ort ist weltberühmt, hier hat 1947 der Beduinenjunge Mohammed Ad-Dib die ersten »Schriftrollen vom Toten Meer« (auch: Qumran-Schriften) gefunden. Gefunden wurde etwas, das ist gesichert, aber ob vom kleinen Mohammed »beim Suchen nach einer entlaufenen Ziege«? Das darf bezweifelt werden, denn sein Clan hatte schon lange mit dem Verkauf archäologischer Funde zu tun. Und da konnte beim Feilschen um den Preis eine hübsch dramatisierte Legende nicht schaden.

Einen Souvenirshop gibt es, ein Restaurant und einen Filmsaal, in dem eine Art Märchen-Doku über die historischen Hintergründe zu sehen ist: Die jüdische Sekte der Essener – im Zorn getrennt von den in ihren Augen zuchtlosen Glaubensgenossen in Jerusalem – hat sich hier niedergelassen. Von etwa 150 vor unserer Zeitrechnung bis 68 danach. Bis römische Truppen die Idylle zerstörten. Ein kluges Volk, schreibwütig, neugierig. Nebenbei asketisch und wohl von einem rastlosen Waschzwang besessen: Zwei tägliche »Reinigungsbäder« waren Pflicht, mindestens. Um alle Sünden loszuwerden.

Knapp 900 Schriftrollen aus Tierhäuten oder Pergament konnten sie rechtzeitig in den umliegenden Höhlen in Sicherheit bringen. Aufbewahrt in Tonkrügen. So gelehrt sie sich gaben, so sehr waren sie auch Kinder ihrer Zeit, sprich gejagt von eschatologischen Angstphantasien. In der »Kriegsrolle« wird beschrieben, wie sie sich – bescheiden als »die Söhne des Lichts« bezeichnend – bei der bald bevorstehenden Ankunft des Messias und dem damit verbundenen Weltuntergang gegen die »Söhne der Finsternis« (alle Nicht-Essener) formieren sollten: um über sie zu »triumphieren«. Nun, der »Retter« kam nicht (zumindest rettete er nichts), der Weltuntergang kam auch nicht, nur die (römischen) Finsterlinge kamen. Und die siegten.

Wenige Schritte neben dem Vorführraum, draußen, kann man ein paar Ausgrabungen besichtigen. Die unzweifelhaft beweisen, dass hier, zu angegebener Zeit, Menschen gelebt haben. Die Bäder, die Speiseräume, die Küchen, die Werkstätten und die Räume, so vermuten Archäologen, in denen geschrieben wurde. Aber ich merke wieder einmal, dass mich so uralte Vergangenheiten nicht interessieren. Sicher auch, weil ich nichts davon verstehe. Leider, aber so ist es.

Das soll nicht stören, denn das umliegende Terrain ist von überwältigender Schönheit. Eine Geröllwüste, umgeben von steil abfallenden Felswänden mit schwarzen Löchern, jenen Höhlen, in denen so viele Jahrhunderte lang die Texte lagerten. Nichts sonst zu sehen, nicht ein Strauch, nichts, nur gleißende Wüste und über ihr die weiße Sonne. Hier schmieden die Götter noch, hier ist die Welt noch nicht fertig. So eine Landschaft verschafft die schönste Einsamkeit. Weil sie absolut ist, weil man nur sein Herz schlagen hört, ja, nichts vom Alleinsein ablenkt. Auch nicht die Hitze, die steintrockene. Wer achtsam ist, hält sie aus. Nur murren darf einer nicht, nur einverstanden muss einer sein. Ohne Widerrede. Gelingt das, dann kommt ein seltsames Glück über den Besucher.

Irgendwo, mittendrin, steht ein Schild mit dem Hinweis auf eine »Überschwemmungsgefahr«. Ich höre mich fröhlich lachen. Ich liebe das Absurde.

98

Mit Ruhi zurück nach Jericho. Zwischen uns ist in den letzten Stunden eine kleine Männerfreundschaft entstanden. Obwohl uns Welten trennen, spüre ich sein gutes Herz. Zu gut vielleicht, weil ihn die Ansprüche seiner Umgebung ganz offensichtlich überfordern. Wie immer kann ich den Mund nicht halten und hetze ihn (verhalten) auf. Gegen die ewigen Wahrheiten, die seit Jahren sein Leben ruinieren. Möglicherweise kann er etwas mit *dieser* ewigen Wahrheit anfangen: dass wir nicht auf die Welt gekommen sind, um die Wahnvorstellungen anderer zu befriedigen.

Kurz vor unserem Ziel fragt er, ob er mich zum Abendessen zu sich nach Hause einladen dürfe. Freudestrahlend sage ich Ja. Und Ruhi telefoniert, ruft die erste Frau an (die zweite liegt krank darnieder), um sie zu informieren. Und eine wenig sanfte Stimme antwortet. Man muss kein Arabisch verstehen, um Bescheid zu wissen. Nein (ich erfahre gleich die Details), heute geht nicht, sie ist müde, sie war seit frühmorgens unterwegs, sie will nicht.

Nun steht Ruhi als Gedemütigter da: Seine Frau verweigert die Gastfreundschaft, die er einem Fremden angeboten hat. Das kann nicht gut gehen und so klingt es nur folgerichtig, dass sich die Eheleute in Sekundenschnelle anschreien. Begütigend lege ich meine Hände auf Ruhis Schultern. Er braucht jetzt Zuspruch. Außerdem treiben mich geifernde Paare in unauslotbare Depressionen. Kein Abendessen der Welt ist das wert. Erfreulicherweise greift das Schicksal ein und abrupt hat die Zwietracht ein Ende: Ein

Funkloch erlöst uns. Unbezahlbar, wenn technische Pannen plötzlich wieder Zimmerlautstärke garantieren.

Ich bitte Ruhi, nicht wieder anzurufen, der Krieg würde nur eskalieren. Und schlage ihm vor, zu unserem Café zu fahren, wo wir gestern schon saßen. Denn ein Glas Minztee und eine Wasserpfeife sind probate Mittel, um die Nervenspitzen zu besänftigen. So sei es. Und irgendwann lächelt der Beladene wieder. Wie alte Kumpel sitzen wir da und können cool miteinander schweigen. Leise Musik swingt im Hintergrund. Arabische Kaffeehäuser sollten zum Weltkulturerbe erklärt werden. Auf dass sie auf ewig bleiben und auf ewig verwundete Herzen trösten.

99

Am nächsten Tag mit einem Sammeltaxi Richtung Jerusalem. Die Klimaanlage fällt aus. So verharren alle sieben Fahrgäste still, um jede überflüssige Bewegung zu vermeiden. Kein Verlangen nach Reden und Zuhören. Dafür holt mich ein Gedanke ein, der mich seit Jahrzehnten verfolgt. Seitdem ich von den Tragödien des jüdischen Volkes weiß. Er gehört zu den vermintesten, den unerlaubtesten: Warum, zum Teufel, haben Juden so viele Feinde? Warum wurden sie über die Jahrtausende hinweg verfolgt, verjagt, vernichtet? Und dann kommt der noch gefährlichere Gedanke: Das muss doch Gründe haben. Es kann doch nicht sein, dass der Rest der Welt nur immer bösartig ist und die Juden nur immer unschuldige Opfer. Hat die Welt »Gründe« für diesen Hass, diesen blutigen Antisemitismus, dieses oft ungeheure Verhalten? Und jetzt trudeln alle je gehörten, je gelesenen, je erlebten Erfahrungen durch mein Hirn. Die ich nur als Informationen zulasse, ohne Emotion, ohne Vorliebe für das eine oder das andere Gefühl. Ich will nur fragen, penetrant fragen. Nein, ich will nicht bestätigt bekommen, dass die Juden zu Recht unter die Räder kamen, nein, ich will wissen, ja, wissen, verstehen, ja, verstehen: Warum ist es so?

Denn diese Tatsache – die ewig schwelende Abneigung – erscheint mir als eines der mysteriösesten Phänomene überhaupt: Warum gibt es ein Volk, das – abgesehen von Phasen überheblicher Duldung – nur Feinde hatte, oft Todfeinde? Wobei sich die Feindschaft im christlichen Abendland viel mörderischer manifestierte als in islamischen Ländern.

Lassen wir einmal das Blabla westlicher Politiker außer Acht, die grandios scheinheilig ihre »Sympathie für den Staat Israel« ausdrücken. Nicht weil sie Israelis wertschätzten, sondern weil sie Araber verachten und Israel als strategisch wichtig betrachten. Als Brückenkopf, als Verbündeten im Kampf gegen den »islamistischen Terror«. Es geht folglich nicht um Wohlwollen, eher um Zweckgemeinschaft.

Andere Politiker verfolgt ein Schuldgefühl. Das berechtigter nicht sein könnte. Allen voran deutsche Politiker, aber auch französische, italienische etc., alle eben, deren Regierungen und Völker sich für den Mord an den Juden instrumentalisieren ließen.

Aber all das beantwortet meine Frage nicht. Warum dieser zähe Hass? Weil so viele Juden intelligent sind? Also beispielloser Neid? (Ihr Anteil an Nobelpreisträgern stellt – proportional – jede andere »Rasse« in den Schatten.) Ihr Abschotten? (Jude ist man nur als Kind einer jüdischen Mutter, jahrhundertelang konnte niemand dem jüdischen Glauben beitreten.) Ihr Bestehen auf dem Status des »auserwählten Volkes«? (Religiöse Zwangsvorstellungen verpesten in vielen Ländern die Welt.) Ihre Weigerung, sich zu assimilieren? (Mitteleuropäische Juden haben alles getan, um sich in die jeweilige Gesellschaft zu integrieren. Und wurden massakriert wie keine andere Gruppe.) Weil sie die ideale Beute waren? (Die Nachfolgegeneration hat die Shoa-Überlebenden, ihre eigenen Väter und Mütter, harsch als Feiglinge beschimpft, die sich oft widerstandslos wie Schafe zur Schlachtbank führen ließen.)

All das sind keine Erklärungen, um die *eine* Frage – Warum? – zu beantworten. Ein Volk vergasen, weil es schneller denken kann als seine Henker? Weil es auf seine Eigenartigkeit besteht? Weil es sich – wie jedes andere Volk auch – für etwas Besonderes hält?

Der Wille, jüdische Menschen auszulöschen, scheint ein aberwitzig irrationales Phänomen zu sein, auf das es keine rationale Antwort gibt. Nie geben wird. Minderheiten haben schon immer als notorisch Schuldige getaugt. Und ihre Ausrottung, zumindest den Versuch dazu, kann man in langen, blutroten Kapiteln nachlesen: bei den Afrikanern, den Aborigines, bei so vielen indigenen Völkern.

So jagt weiter die Frage nach dieser unstillbaren, oft so gewalttätigen Verachtung durch meinen Kopf. Allein in den USA sind nach letzten Umfragen über dreißig Prozent der Einwohner, stramme hundert Millionen, antijüdisch eingestellt. Wobei die meisten, nach eigenen Angaben, keinen Juden persönlich kennen. (Wolf Biermann: »Der Antisemitismus ist eine Geisteskrankheit, die völlig ohne Juden auskommt.«) Möglicherweise steckt hinter den so schwer begreiflichen Motiven ein abstruses Gemisch aus verdruckster Missgunst, verdrucksten Ressentiments, verdrucksten Minderwertigkeitskomplexen. Und, entscheidend: die rastlose Suche nach einem Sündenbock. Um mit dem eigenen Versagen, dem eigenen Lebensfrust fertig zu werden. Klar, meerestiefe Torheit auf Seiten der Mordwilligen, gepaart mit den Hetzparolen konkurrierender Religionen (»Juden sind Christusmörder«), sorgten für den Rest, nährten diesen beispiellosen Vernichtungswillen.

Muss ich es noch hinschreiben? Keine Nation ist hassenswert. Keine, nie, nimmer. Selbst die Deutschen dürfen, vielleicht, eines Tages mit der Gnade der Vergebung rechnen. Vielleicht, denn wer könnte einen Holocaust verzeihen? Den unverzeihlichen.

Am *Damascus Gate* in Jerusalem nehme ich ein Taxi. Ich frage den arabischen Fahrer, wie er sich hier fühlt, und er, ausgesprochen witzig: »Very good, it's my country.« Ich bohre ein wenig und Sharif legt nach: »Die Israelis werden hier immer in Angst leben, immer. Weil sie wissen, dass sie diesen Teil der Stadt gestohlen haben. Auch wenn sie tausend Mal behaupten, es sei ihr rechtmäßiger Besitz. Tief innen wissen sie, dass es nicht stimmt.« Ich bin überrascht, denn der vielleicht 30-Jährige antwortet gelassen, interpretiert psychologisch, nicht mit Schaum vor dem Mund.

Sharif bringt mich in eine feine Gegend, in West-Jerusalem. Hier will ich einen Mann besuchen, den ich bewundere. Ich läute, bin zu früh und warte unten bei den Fahrrädern. Wer von den Hausbewohnern an mir vorbeikommt, übersieht mich, kein Gegengruß. Ich bin hier der Fremde, daher unerwünscht. Mein Rucksack macht mich nicht vertrauenswürdiger. Wenn Misstrauen an jeder Hausecke wuchert, dann hier in Israel.

Philipp (so soll er heißen) kommt. Wie ein Held. Strahlend, braun gebrannt, selbstgewiss. Er ist ein Einzelstück, mit Mut, unbeirrbarer Energie und festem Willen. Philipp gehört zu jenen Männern, die immer dort ankommen, wo sie ankommen wollen.

Herzliche Begrüßung. Im vierten Stock hat er eine lässig eingerichtete Wohnung, ein paar Sachen stehen herum, das Notwendige. Vom Balkon geht der Blick auf das schöne, gepflegte Viertel.

Der Sohn aus gutem Haus unternimmt nach dem Abitur eine Weltreise, stellt dabei fest, dass der bisherige 16-Stunden-Tag nicht genug ist, beschließt also eines Abends, statt acht nur sechs Stunden zu schlafen. Er zündet sein Leben an beiden Enden an, es soll brennen und leuchten. Er studiert in London *Communications* und *Fine Arts*, schließt die zwei Studien ab, zieht nach Paris, will Maler werden, wird Maler und begreift bald, dass es für die große Karriere nicht reicht.

So muss ein noch fordernderer Größenwahn her: Er fasst den Entschluss, die Welt zu erobern. Von Anfang an versteht er es, seinen so faszinierenden Narzissmus zu befriedigen. Und gleichzeitig anderen, vielen anderen, zu helfen. Denen, die weniger Glück hatten als er. In Indien zieht der Schweizer Häuser für Leprakranke hoch, schnorrt Geld bei den Reichen, radelt von Neu-Delhi in die Heimat, um aufzuklären und wieder die Hand aufzuhalten, vollbringt weitere Kraftakte und tanzt anschließend immer auf hundert Hochzeiten, redet, beschwört, singt in fünf Sprachen seine Bettelarien. Und trägt die Banknoten aus der »Ersten Welt« zu den Verlorenen in der letzten Welt, baut mit den geschnorrten Dollars Kliniken und sorgt sich, zudem, um obdachlose Kinder.

Er bewirbt sich beim *Internationalen Komitee des Roten Kreuzes* und sie nehmen ihn mit Handkuss. Philipp braucht einen mächtigen Partner, um die Welt so einzurichten, wie er sie gern hätte. Das IKRK schickt den neuen Mann zu den *hot spots* dieses Globus, nach Nepal, in die Zentralafrikanische Republik, nach Palästina und Kolumbien. Wer sich ein bisschen in moderner Erdkunde auskennt, wird wissen, dass fast jedes dieser Länder in Flammen steht.

In Afrika passiert es: Vier Rebellengruppen wollen die von allen afrikanischen Todsünden geschlagene Kleptokratie – hier wütete einst Bokassa – besitzen. Der Neue soll vermitteln. Er gerät in einen Hinterhalt, Kugeln krachen in den Landcruiser, das Glas der Windschutzscheibe splittert. Das unzweifelhafte Zeichen, dass für Gespräche jetzt keine Zeit ist. Sein Fahrer gibt Vollgas. Gewehrsalven jagen hinterher, aber sie jagen daneben. (Monate später wird ganz nah derselben Stelle eine Mitarbeiterin der *Médecins sans Frontières* erschossen.)

Der heute 37-Jährige wird nach Hebron versetzt, der Stadt im Süden von Palästina, dem jüdisch-arabischen Albtraum. Sein Aufgabenbereich: mit Familien sprechen, deren Häuser niedergewalzt wurden, die Söhne in den (israelischen)

Gefängnissen besuchen, medizinische Versorgung garantieren, Wiederaufbaugeld verteilen, Kindern psychotherapeutisch helfen, Nahrung und Trinkwasser ranschaffen, Zelte als Notunterkünfte errichten.

Manchmal reden wir zwei englisch, aus reiner Gewohnheit, und irgendwann sagt er: »Israel became a sick, psychopathic state.«

Die letzten zwei Jahre verbrachte er in Kolumbien, auch hier ist es anstrengend: eine mörderische Linke gegen eine mörderische Rechte und dazwischen die schießwütige Armee. Philipps und seiner Mitarbeiter Aufgaben: Verhandlungen vorbereiten, einen Rest Vertrauen herstellen, der geschundenen Zivilbevölkerung beistehen, Gefangenenaustausch.

Doch in Kolumbien kommt der Riss. Mitten durchs Herz. Der Mann beginnt zu straucheln. Der unglaubliche Stress der Jahre, der Mangel an Zeit für ein Privatleben, nie die Ruhe, um über die (große) Richtung im Leben nachzudenken, all das führt ihn zu überraschenden Nebengedanken: Er braucht Stabilität, er will nicht mehr allein sein. Er muss wissen, dass es jemanden gibt, der ihm verbunden ist, ausdauernd verbunden. Mit allen Sinnen.

Er trennt sich vom Roten Kreuz, geht nach Bologna an die *Johns Hopkins Universität*, macht seinen Master in *International Public Policy* und meldet sich für die *Schweizer Diplomatenprüfung* an. Und fällt durch. Wie alle Starken verkraftet er Niederlagen. Er bewirbt sich bei der UNO, 183 andere Kandidaten bewerben sich ebenfalls. Und *er* wird genommen. Hier ist er richtig. Denn noch immer will Philipp die Welt verschönern und den Weltbewohnern beistehen. Und er bekommt seinen Traumjob: Einsatzgebiet Palästina – das er mag und schon kennt –, mit Unterkunft und Büro in Jerusalem. Und so muss er fast jeden Tag seinen Schreibtisch verlassen und rüber ins besetzte Land fahren. Er hat inzwischen unheimlich viel Erfahrung gesammelt. Das ist auch der Grund, warum wir uns heute sehen. Er weiß entschieden mehr als ich.

Zurzeit arbeitet er an der Aufklärung eines delikaten Falls: die Misshandlung eines palästinensischen, sehr jungen Gefangenen plus versuchte Penetration durch eine Gruppe israelischer Soldaten, plus Urinieren auf den malträtierten Körper. Schwierige Spurensuche. Die Scham des Opfers und der grundsätzliche Wille von *Tsahal* (hebräisch für Streitkräfte), »peinliche« Vorkommnisse zu vertuschen: Man verzögert die Investigation. Da von der Knesset eingesetzte Kommissionen meist zu dem Ergebnis kommen, dass eine moralisch einwandfreiere Armee als die eigene nie existierte, ist von dieser Seite mit keiner Hilfestellung zu rechnen. Aber die UNO – in Palästina auch unter dem Namen *UNRWA / United Nations Relief and Works Agency for Palestine Refugees in the Near East* vertreten – ist eine Weltmacht, keine mittellose NGO. Sie macht Druck und die staatlichen Stellen reagieren. Immerhin. Von einer Zusammenarbeit kann jedoch keine Rede sein. Wie auch immer: Es wird eng für die Verdächtigten. Medizinische Befunde liegen vor, zudem Zeugenaussagen. Inzwischen betreut die UNO den Jungen psychologisch, mobilisiert andere Organisationen, unterstützt die Familie.

Wie jeder muss Philipp, der UNO-Gesandte, durch die Checkpoints. Oft erleichtert ihm sein Spezialausweis die Überfahrt, oft nicht. Weil einer der anwesenden Grenzer gerade schlechte Laune hat. Oder die übliche, in Israel weit verbreitete, Wut auf die UNO. Dann hilft auch kein Hinweis auf den Vertrag, den beide Partner, die Regierung und die Vereinten Nationen, unterschrieben haben: der die reibungslose Passage von UN-Leuten garantiert. Dann müssen Assistent und Chef umdrehen und einen anderen Übergang suchen. Das ist kein Drama, das ist – das Wort habe ich hier schon oft gehört – eine Schikane. Ich werde noch Szenen beobachten, in denen nicht hochrangige Ausländer die Grenze überschreiten wollen, sondern Palästinenser. Schikane ist dann das grundfalsche Wort, dann passen besser: Verachtung, Hohn, die Lust, andere leiden zu sehen. Philipp erwähnt eine von der BBC in vielen Ländern durchgeführte Umfrage. Israel hält sich wacker. Nach dem Iran und Pakistan liegt es auf dem dritten Platz der »mostly negative countries«. Gemeinsam mit Nordkorea.

Das wird ein feiner Abend. Philipp kocht (das kann er auch noch), wir sitzen auf dem Balkon und essen. Und trinken Wein. Ich bestaune diesen Mann. Mit welcher Geradlinigkeit er seinen Weg geht. Klarsichtig, entschieden. Ach ja, er ist schwer verliebt. Und er wird diese Liebe bald heiraten. Und hierher mitnehmen. Sie sieht schön aus, er zeigt mir ihr Gesicht auf dem Computer. Und klug und warm soll sie auch sein. Himmel ja, er hat das alles verdient.

101

Nach einer kurzen Nacht auf einem schiefen Sofa und einem schnellen Frühstück vereinbaren wir, uns wieder in Palästina zu treffen. Ich will Philipp bei der Arbeit zusehen, will etwas lernen. Herzlicher Abschied, er geht zum Joggen, ich schlendere durch den wundersam stillen *Sacher Park,* nahe der Knesset, zur *Central Bus Station.* Weiter nach Tel Aviv. Eine gute Stunde schauen und nichts tun. Nur hinausblicken auf die Welt, nur da sein.

Ab 11.15 Uhr steht am *Arlozorov Terminal* ein Bus bereit, angemietet von *Machsom Watch,* einer Menschenrechtsorganisation, die aus etwa 400 israelischen Frauen besteht. *Machsom* ist das hebräische Wort für »Kontrollpunkt«: Sie beobachten Checkpoints, sprich die Rabiatheit, mit der dort oft gegen Palästinenser vorgegangen wird. Sie wollen die eigene Gesellschaft und die internationale Öffentlichkeit darüber aufklären, dass nur gegenseitiger Respekt zwischen den beiden Völkern zu einer (Zweistaaten-)Lösung führt. Im Laufe der Jahre hat sich jedoch das Aufgabenfeld der Gruppe, die sich als liberal und in klarer Opposition zur Netanjahu-Politik versteht, erweitert. Teil des vielfältigen Programms sind auch diese Busfahrten, zu denen jeder eingeladen ist, der sich noch woanders informieren will als bei der offiziellen Propaganda-Maschinerie, dem *Government Press Office*. Die Organisation wurde inzwischen mehrfach ausgezeichnet, unter anderem mit dem *Aachener Friedenspreis*. In dem großen Bus sitzen viele Europäer, Amerikaner, ein paar Asiaten, ein paar Einheimische. Ina und Daniela leiten heute die Tour, die zwei Damen vorne am Mikrofon sind cool, witzig und unsentimental. Und stoßen Bescheid.

Wir fahren die »Seam Zone« entlang, das ist das Gebiet, das zwischen der nach 1967 festgelegten Grenzlinie (»the green line«) und der »wall« liegt, die der israelische Staat in den letzten Jahren hat hochziehen lassen. Noch fehlen vierzig Prozent der Mauer, dann ist der Traum vom betondick eingekesselten Palästina wahr geworden. Unkostenbeitrag, laut *Machsom*, etwa zehn Milliarden Dollar. Dass die Selbstmordattentate längst aufgehört haben, obwohl fast die Hälfte der Mauer noch nicht steht, löst nur bei jenen Leuten keine Irritation aus, die ungern logisch denken. Sprich es gibt noch unzählige Stellen, an denen »Terroristen« (und Reporter) ungesehen die Grenze nach Israel überschreiten können. Ich weiß, wovon ich rede, denn ich werde es tun.

In der *Seam Zone* – laut Völkerrecht palästinensisches Gebiet – befinden sich neben vielen jüdischen Siedlungen auch etwa 60 000 Palästinenser: die somit über keinen Zugang mehr zu ihrem Farmland verfügen, im »jenseitigen« Palästina. Weil ja die Mauer sie daran hindert. Andersherum gilt das auch: Palästinensern, die Ackerland in der *Seam Zone* besitzen, ist der Weg dorthin durch das neun Meter hohe Ungetüm versperrt. Für all diese Ausgeschlossenen haben sich die Besatzer sogenannte »agricultural gates« einfallen lassen: Fünfzehn (!) Minuten bis drei Stunden sind die Durchgänge passierbar, einmal pro Tag oder nur wenige Male pro Jahr. Damit die Bauern ihr Land bestellen können.

Wir besuchen so ein »Landwirtschaftstor«, von denen es gegenwärtig 66 gibt. Wir fahren zu jenem Durchlass, der das Dorf Habla von seinen Feldern in der *Seam Zone* trennt.

Hier gibt es noch keine Mauer, nur Zäune und Stacheldraht. Wir verlassen den Bus und schauen zu, wie praktische Demütigung stattfindet, tagtäglich: Auf der anderen Seite hat sich bereits eine Menschentraube gebildet, Palästinenser, die zu ihren Äckern wollen. Mitten in Palästina. Normalerweise wird um 13 Uhr geöffnet, so ist es vereinbart. Von wegen. Mit einer Viertelstunde Verspätung kommt ein Truck der israelischen Armee, später ein Jeep. Die Soldaten lassen sich demonstrativ Zeit, plaudern miteinander, verschwinden in einer Baracke, tauchen wieder auf, plaudern weiter und öffnen irgendwann das Tor. Um jeden Einzelnen und sein »permit« zu checken, jeden Fußgänger, jeden Wagen, jeden Traktor: Dann dürfen die Gedemütigten losziehen.

Daniela und Ina berichten, dass der *Shin Beth* etwa 200 000 »Verdächtige« auf eine »black list« gesetzt hat: Sie bekommen grundsätzlich keine Genehmigung. Das heißt, diese Palästinenser können niemals auf legale Weise verreisen, auch nicht die *Seam Zone* betreten. Besitzen diese Leute Land, dann müssen sie andere für die Feldarbeit bezahlen. Tun sie das nicht, verfällt nach drei Jahren ihr Anspruch auf ihr Hab und Gut. Und jüdische Siedler kassieren es.

Machsom arbeitet mit Palästinensern zusammen, die sich ebenfalls für eine friedliche Koexistenz einsetzen. Nach dem Mittagessen steigt Naim in den Bus. Weil Daniela und Ina ihn baten, seine Geschichte zu erzählen. Naim steht auf der Schwarzen Liste, das bedeutet, dass seine Kinder noch nie das nur wenige Kilometer entfernte Israel gesehen haben und Israelis nur als Soldaten kennen, die Wohnungen aufbrechen und Befehle bellen. In welchem Kind, fragt er, würde kein Abscheu hochkommen auf jene, die ihre Väter – so wichtig als Heldenfigur – vor ihren Augen entwürdigen? Naim: »Die Mauer zerbricht unsere Träume.«

Wir kommen an fetten (»jüdischen«) Kühen vorbei und mir fällt ein Interview mit einem palästinensischen Psychotherapeuten ein, der nach Jahren wieder seine Heimat besuchte. Er sah Kinder auf einer Weide stehen und fragte sie:

»Was macht ihr da?« Und sie antworteten: »Wir warten, bis die Siedler ihre Kühe gewaschen haben. Dann können wir das restliche Wasser zum Trinken mitnehmen.« Die Begebenheit ist aufschlussreich und die hiesige Rangfolge, von eins bis drei, eindeutig: Jude, Vieh, Araber.

Daniela und Ina, das sind zwei Weltfrauen. Man spürt, dass für sie »Jüdischsein« keine entscheidende Rolle spielt. Der Islam natürlich auch nicht. Dass Religion in der Politik nichts verloren hat. Dass sie begriffen haben – als moderne Frauen, als moderne Menschen im 21. Jahrhundert –, dass solche Kriterien nichts als obsolete Denkmodelle darstellen. Jude oder Moslem oder Christ sein, das sind nur verschiedene Namen desselben geistigen Konzentrationslagers: kriegerisch, unfähig zum Frieden, rechthaberisch wie unglückliche Narren. Sie wissen, dass Juden und Araber und der Rest von uns nur überleben, wenn der andere grundsätzlich den gleichen Wert hat, den man selbst beansprucht. Keiner ist auserwählt, keiner von Gott geliebt, keiner von Gott gehasst und keiner mehr und keiner weniger als ein Mensch. Der leben will und sein Glück sucht. Und Hass oder Liebe oder beides nur von seinesgleichen erfährt. Und nie und nimmer vom »Himmlischen«.

Wir fahren entlang mehrerer Siedlungen, auch entlang der berühmten, der berüchtigten: Ariel, dubios ernannte »jüdische Hauptstadt von Samaria«, mit 20 000 Einwohnern. Ein Teil der Bevölkerung besteht aus russischen Immigranten, die sich als »Kach-people« bezeichnen: Sie sind Anhänger von Rabbi Meir (»Der Erleuchtete«) Kahane, der sich als Hassprediger einen Namen gemacht hat, zwischendurch als FBI-Informant jobbte und als gewählter Politiker unmissverständlich für die Vertreibung der Palästinenser eintrat. Vertreibung ist ein mildes Wort, denn Mitglieder der von ihm gegründeten *Jewish Defense League* ließen sich zu erstaunlichen Propagandasprüchen hinreißen, der erstaunlichste: »Araber in die Gaskammern!« Aha, jetzt klingt es klarer: Vertreibung in die Gaskammern. 1990 fiel Kahane in

Manhattan einem Attentat zum Opfer. Zehn Jahre später wurde sein Sohn Binyamin Ze'ev – mehrmals wegen rassistischer Untaten im Gefängnis – auf dem Weg in seine Siedlung von Palästinensern erschossen. Hass scheint erblich. Und wer Hass sät, wird vom Hass vernichtet werden. Der Satz stimmt ebenfalls.

Während wir an dem Ort entlangfahren und Daniela und Ina berichten, sinniere ich einmal mehr über das unergründliche Menschenherz nach. Alle vier, die beiden Frauen und die zwei gerade erwähnten Männer, sind (waren) Juden, sind (waren) Israelis. Die einen entschieden sich für den Großmut und die Weltoffenheit und die anderen für die Gehässigkeit und die Verneinung des Fremden. Gut, dass es so etwas wie *Machsom* gibt. Man würde sonst den Glauben an die Menschheit verlieren. Und ist der dahin, ist alles dahin.

Ich denke plötzlich an Hannah Arendt, die von den Nazis vertriebene Jüdin, die mit ihrem Buch über den Eichmann-Prozess berühmt wurde. Ein kritisches Buch, auch ihren Leidensgenossen gegenüber. So wurde sie gefragt, ob sie denn Israel nicht liebe. Und sie erwiderte: »Nie in meinem Leben habe ich ein Volk oder ein Kollektiv geliebt. Ich bin zur Liebe fähig nur gegenüber meinen Freunden.« Das ist mutig und wunderbar wahr. Man kann nicht »die Juden« lieben, auch nicht »die Araber«, ja, »die Deutschen« auch nicht. Man kann Einzelne lieben, das geht. Mit einem wachen Herz. Aber man kann viele andere respektieren. Immerhin es versuchen, beharrlich und entschieden.

Kein Drama ohne Ironie. Irgendwann kommen wir an einem Riesenposter vorbei, auf dem ein Mittel für »stress reduction« angeboten wird. Pillen, um das wunde Herz zu beruhigen.

Auf der Fahrt zurück nach Tel Aviv erzählen die beiden Frauen noch etwas über ihre Beobachtungen an den Checkpoints: dass beide Seiten frustriert sind. Natürlich die Palästinenser, aber auch die Soldaten. Denn sie wissen, dass sie gehasst werden. Sie spüren die Angst. Sie spüren, dass Unterdrückung ein ungemein anstrengendes Geschäft ist. Sie erfahren jede Minute, dass sie die Feinde sind. Dazu die erbärmliche Langeweile, da kein Gramm Hirn vonnöten ist, um Papiere zu kontrollieren. Dazu die Hitze, die Kälte. Auch trafen Ina und Daniela schuldbewusste Soldaten. Die begriffen hatten, dass ihr Handeln Unrecht bedeutet, die, ja, Empathie für die Unterdrückten empfanden. Zuletzt: So mancher – ob nun siegessicher oder verunsichert – unterzog sich nach seinem dreijährigen Einsatz einer Behandlung. Wegen »PTSD«, wegen einer posttraumatischen Belastungsstörung.

Daniela und Ina nehmen mich in ihrem Wagen mit nach Jerusalem. Sie wissen, dass ich Deutscher bin, und stellen mir viele Fragen. Was mich leicht irritiert, denn ich horche lieber aus. Ihre seltsamste Frage: »Kannst du dir vorstellen, wie wir uns hier fühlen, in diesem Land, das wir so lieben und das nicht aufhört, so viel Unheil anzurichten?« Nein, kann ich natürlich nicht. Aber ich mag, was sie sagen. Heimatliebe schien mir stets die Voraussetzung für die Liebe zur Welt.

102

Durch Jerusalem wandern, durch die Neustadt. An Frauen vorbei, israelischen, arabischen, die Nervenschwache in Gefahr bringen. So atemberaubend – wörtlich – schön sind sie. Orientalische Märchengestalten schlendern die *Ben Yehuda Street* entlang, bronzefarben unter strahlendem Himmel. Ich habe noch nie Männer verstanden, die behaupten, sie würden einen solchen Anblick genießen. Ich nicht, mich betäubt er, mich erledigt er. Er entwaffnet, nichts bleibt einem, um sich zu wehren.

Was diese Frauen noch göttinnengleicher erscheinen lässt, ist die Tatsache, dass sie den Bürgersteig mit den »Haredim« teilen müssen. So heißen in Israel die ultrareligiösen Fundamentalisten. Über zehn Prozent beträgt ihr Anteil an der

Gesamtbevölkerung: kinderreichst und – wie offensichtlich – im unmittelbaren Kontakt mit dem Weltenschöpfer. Ihr Auftreten ist ähnlich anstrengend, jedoch aus genau gegenteiligen Gründen: fahle Gesellen, direkt dem Friedhof entlaufen. Verschmuddelt schwarz von oben bis unten, von der lächerlichen Kopfbedeckung bis hinunter zu den klobigen Stiefeln. Alles an ihnen atmet die Wut aufs Leben. Das Desaster Religion als visuelles Ärgernis. Der Artikel, der heute in *Haaretz* steht, passt zweifellos: Immer mehr Künstler und Intellektuelle verlassen Jerusalem Richtung Tel Aviv, das als offen und kosmopolitisch gilt. Vertrieben vom Spektakel dieser trüben Figuren, die nicht nur äußerlich wieder ins Mittelalter wollen: Vor Kurzem haben sie für die Trennung von Frauen und Männern in allen öffentlichen Transportmitteln demonstriert. Sie träumen von »Männertagen« und »Frauentagen« in städtischen Bädern. Und einer strikten Trennung der Schulklassen. Wie bei ihren monotheistischen Konkurrenten erkennen sie im Weib den Urgrund allen Übels. Schon Sechsjährige gelten als Gefahrenherd, auch in der Nähe des Kindweibs heißt es: Achtung, Versuchung lauert! Achtung, Abstand wahren!

Eine Stunde später bekomme ich Anschauungsunterricht, hautnah, live: Ich stehe in der Tram, die mich zurück zum *Damascus Gate* bringt, und sehe eine Frau – eher gediegene Mutter als 18-jähriges Playmate – auf einen freien Platz zugehen, neben dem ein Haredi sitzt, die Miene so finster wie sein Aufzug. Sie nähert sich und er raunzt sie an, auf Hebräisch und für jeden, auch für mich, verständlich: »Verschwinde, du kannst hier nicht sitzen!« Und die Frau zuckt zusammen und keiner sagt etwas. (Könnte ich Hebräisch, ich würde auch nichts sagen, ich würde schreien.) Denn Fanatiker machen Angst. Weil sie skrupellos sind. Nichts hemmt sie, denn ihr Auftraggeber ist ja immer der Allerhöchste.

Dass die Haredim zudem als Sozialschmarotzer verrufen sind (weit über die Hälfte von ihnen arbeitet nicht und hält beim Staat die Hand hin), macht sie nicht beliebter. Auf etwa siebenhundert (!) Prozent schätzt das *Central Bureau of Statistics* ihren Zuwachs in den nächsten fünfzig Jahren. Hilfe!

Warum stimmt Religion nicht friedlich? Warum kommen ihre hochheiligen Sprüche bei den Gläubigen nicht an? Warum schwadronieren sie von der Liebe Gottes und sehen so ungeliebt aus? Ich kann nur ahnen: Weil diese rastlosen Hetzreden gegen alles Sinnliche sie verbittern. Die Aufgehetzten liegen Tag und Nacht (da noch heftiger!) im Kampf mit ihrer »Natur«. Die leben und nicht 24 Stunden gewürgt werden will.

Frühabends in Ramallah. Bei meinem Kioskmann hole ich mir die Zeitungen der Woche. Er hat sie zuverlässig für mich gesammelt. Mit dem Stoß steige ich in meine Badewanne. Lesen und rauchen. Wie versöhnend. Gibt es ein aufregenderes Privileg, als denken zu dürfen? Von der Welt zu erfahren? Zeit dafür zu haben? Vor Jahren las ich von einem Mann, der sich auf seinem Speicher erhängt hatte, weil plötzlich sein Fernseher kaputt gegangen war und er keine Bundesligaspiele mehr verfolgen konnte. Ich habe damals lauthals gelacht. Was für eine Leidenschaft! Doch für König Fußball würde ich nicht Schluss machen. Aber bei der Vorstellung – diese Furcht überkommt mich regelmäßig –, dass von einer Sekunde zur nächsten das Lesen untersagt wäre und ich den Rest meiner Zeit buchstabenlos verbringen müsste: Diese Angst triebe mich zum Letzten, auch zum Tod durch den Strick.

103

Mit einem Sammeltaxi nach Hebron. Da das Land so klein ist, dauert auch die längste Fahrt nicht mehr als zwei Stunden. Links von mir sitzt Esdil, eine wahre Versuchung, denn die Studentin ist blitzgescheit, spricht fließend Englisch und versorgt mich mit zwei Dutzend Hinweisen zu dem, was mich erwartet. Zuletzt: Sie ist eine der vielen palästinensischen Schönheitsköniginnen. Scheinheilig frage ich nach ihrer Telefonnummer. Für den Fall, dass ich noch weitere Fragen hätte. Und nonchalant schreibt sie die sieben Ziffern auf. Die falschen, wie ich abends wissen werde. Sicher hat sie von ihrer Mutter erfahren, dass alle Männer Schweine sind. Ich nehme es mit Humor, denn inzwischen habe ich begriffen, dass Nähe zwischen Mann und Frau hier ungeheuer komplizierten Regeln unterliegt.

Rechts von mir sitzt Basim, ebenfalls hilfsbereit, ein 40-jähriger Ingenieur, der seine Eltern besucht. Er zahlt sogar mein Ticket, Widerstand zwecklos. Manchmal empfinde ich die Palästinenser als Wesen, die alles unternehmen, um geliebt und anerkannt zu werden. Ganz unscheinheilig erkundige ich mich nach seiner Nummer. Und er diktiert sie mir in den Block. (Und sie stimmt, ja, der Umgang unter Männern scheint komplikationsloser. Da die »Sünde« wegfällt, meist.)

Die Szenerie wiederholt sich: die Zitadellen der Siedler, die Militärbaracken, die Checkpoints mit Soldaten, die mit verschlossenen Gesichtern und schussbereiten Maschinenpistolen auf uns zugehen. Die grandios wilde Landschaft.

Hebron ist eine Bombe, die ab und zu hochgeht. Und dann wieder schweigt. Bis zur nächsten Detonation. Sie hat alles, um den ewigen Unfrieden zu garantieren. Die Triebfeder, die triebhaft den Konflikt nährt, ist wie üblich die unheilvollste auf Erden – der Gotteswahn. Kein Sprengstoff bombt tödlicher.

In der »Großstadt« leben rund 170 000 Einwohner. (Viele Familien wurden im Krieg – 1948 – aus dem heutigen Israel hierher vertrieben.) Doch mittendrin, mitten in der Stadt, residieren ungefähr 700 jüdische, meist amerikanische Hardcore-Vernagelte. Gotteskrieger, oft schwer bewaffnet, von denen manche durchaus willig sind (ich werde die Graffiti sehen), heimlich und schnell »Gas the Arabs« oder »Arabs in the gas chambers« auf Wände zu sprühen. Da die Unerbittlichen permanenter Bedrohung ausgesetzt sind, kommen auf jeden Siedler drei Soldaten. Um ihn zu bewachen: damit er nicht tötet. Und um ihn zu beschützen: damit er nicht getötet wird.

Wie kam es zu dem Irrwitz? Im Frühjahr 1968 checkte eine Gruppe Israelis, als Schweizer Touristen getarnt, in einem Hotel der Stadt ein. Und weigerte sich, es wieder zu verlassen. Man wollte ausharren, »bis der Messias kommt«. Da Stammvater Abraham bereits vor 4000 Jahren hier geschäftlich tätig gewesen war und – die Bibel hat es festgehalten – »die Höhle der Patriarchen« gekauft hatte (sic!), war klar: Hier ist das Land der Juden. Und die damalige Regierung – der Messias kam nicht, aber die israelische Armee – gab irgendwann dem Rechtsbruch statt. Und diese Brutstätte gegenseitigen Hasses nahm einen neuen Anfang.

Ich bin voller Neugierde, als ich mich auf den Weg in die Altstadt mache. Ich mag extreme Situationen. Zustände werden sichtbarer, sie verheimlichen weniger, ja, die Wirklichkeit kommt ganz nah. Vor dem Eingang zum Souk sieht man schon die ersten israelischen Flaggen, daneben ein bemannter Wachturm, daneben riesige Steinquader, daneben ein mit Stacheldraht überzogenes Tor. Dahinter führt eine kurze Straße zu den Siedlern. Nur Juden dürfen sie benutzen. Was kaum geschieht, denn keiner von ihnen würde wagen, das arabische Viertel allein und unbewacht zu betreten.

Hübscher Souk, orientalisch, umtriebig, farbig. Mit einem bizarren Eisen-Glas-Gitter, das einige Gassen überdacht: Auf den Gittern liegen Steine, zerschlissene Abfalltüten, Exkremente, zerbrochenes Geschirr, Glassplitter, offene Plastikflaschen (in denen sich Stinkwasser oder Urin befand), Kartonmüll, faules Obst, faule Eier, Blech, so ziemlich alles, was keinen Wert hat, dafür beleidigen und verwunden kann: Geschenke der Siedler, deren Häuser sich direkt hinter dem Markt befinden, die Hausbewohner also ohne Mühe den Dreck durch ihre (ebenfalls) vergitterten Fenster nach unten schleudern können. Früher gab es Verletzte, seit der Installation der Überdachung nicht mehr. Der junge Abed, Stoffhändler hier, erklärt mir die Lage: Auch Säure (»acid chloroform«) kam von oben. Strafverfolgung gibt es nicht. Die palästinensische Polizei hat keinen Zugang zu den Tätern und die israelische will nichts davon wissen. Abed lässt seinen Sohn rufen. Der 14-Jährige sieht nur noch auf dem rechten Auge. Er stand zur falschen Zeit am falschen Ort.

Am Ende eines Durchgangs befindet sich ein Checkpoint, der den Zugang zur Abraham-Moschee kontrolliert. Eine Amazone in Uniform fragt mich, ob ich »something sharp« mit mir trage, da der Metalldetektor klingelt. Nein, ich verstecke kein Messer in der Faust. Die kleinen Eisen an meinen Absätzen lösten wohl den Alarm aus. Wäre ich Premierminister, ich würde ein Gesetz durchsetzen, das den Schönen verbietet, sich zur Kriegerin ausbilden zu lassen.

Die Moschee ist mächtig und weitläufig. Ich mag die Leere, die Teppiche, die Stille. An diesem Platz, so die Märchen aus früher Zeit, hat Abraham die sechs Gräber erworben: für sich, für Isaak, den Sohn, für Jakob, den Enkel. Und für Sarah, seine Frau, für Rebecca, die Schwiegertochter, für Leah, noch eine Schwiegertochter. Drei Patriarchen, drei Matriarchinnen. Aber Abraham war der Chef, der Urpatriarch. Er war zudem der freundliche Herr, der sich bereit erklärt hatte, seinen Sohn Isaak per Dolch abzuschlachten. Als »Beweis« für seinen Glauben an Gott. Da sich die Muslime laut Koran (noch ein Wort Gottes, das Wort Allahs, des Konkurrenten) auch auf ihn, »Ibrahim«, beriefen, war Zwist, tödlicher Zwist, schon vorprogrammiert. Und da das Christenvolk – ab dem 12. Jahrhundert massakrierten die Kreuzfahrer vor Ort – ebenfalls den Mann für sich reklamierte, scheint es nur folgerichtig, dass in Hebron jahrtausendelang gewütet und gemeuchelt wurde.

Durch Eisenstäbe hindurch kann man auf die Kenotaphe blicken, die Scheingräber, denn nicht hier, in den riesigen

Särgen, liegt Abrahams Großfamilie, sondern – so die volkstümliche Phantasmagorie – unterhalb der Moschee, in der »Höhle der Patriarchen«. Dort hinein darf aber niemand.[*] Ganz gewiss keine Wissenschaftler. Sagen wir, um ein paar DNA-Proben – vorausgesetzt, jemand befindet sich in den Kellersärgen – zu entnehmen. Hier will keiner die Wahrheit kennen, sie hat noch keiner Religion gutgetan. In einer Nische sieht man auch den »Fußabdruck Mohammeds«. Sagen die Araber. Nein, sagen die Juden, es kann sich nur um den »Fußabdruck Abrahams« handeln. Hat Schwachsinn einen Namen? Bisweilen nicht.

Die Atmosphäre in der Moschee ist entspannt. Leute sitzen, andere beten wispernd, Besucher wandern umher. An den Mauern sieht man noch die Einschüsse, die an den Besuch von Baruch Goldstein erinnern: Militärarzt und nebenberuflicher Araberhasser, der sich am 25. Februar 1994 um fünf Uhr früh ganz hinten aufstellte und aus seinem Galil-Sturmgewehr auf die Betenden feuerte. Nachdem er seine vier mitgebrachten Magazine leergeschossen hatte und 29 tot und über 150 verletzt liegen blieben, wurde er überwältigt und mit einem Feuerlöscher erschlagen. Die Löcher in den Mauern sollen bleiben. Zum Gedenken an einen mörderischen Irren.

Zehn israelische Siedler kommen, Frauen und Männer, begleitet von vier Soldaten. Sie sind ungefährlich, ihre einzige Mission: mit ihrer Anwesenheit zu provozieren, zu zeigen, dass sie hier kommandieren, in Hebron. Sie versammeln sich um das vergitterte Loch, durch das man in die sagenhafte Patriarchenhöhle lugen kann (um nichts zu sehen). Die Besucher fanden es auch nicht der Mühe wert, die Schuhe am Eingang auszuziehen. Um diese einfache Geste des Respekts wird schriftlich und unübersehbar gebe-

---

[*] Früher, viel früher, ja, da durfte man hinunter. Aber nur, um als »Wahnsinniger« – geblendet vom Abraham'schen Licht – an die Erdoberfläche zurückzukehren. So berichten jene, die nie dabei waren.

ten. Man könnte eine Stunde lang über dieses »Bild« meditieren: statt sich gegenseitig das Leben zu erleichtern, lässt man sich jede Finte einfallen, um es einander zu verleiden. Das eigene, das fremde. Nach ein paar Minuten ist der Spuk vorbei.

Ich entdecke jemanden, der mir gefällt. Auf seltsam zwiespältige Weise. Ein Mann – mit weißem Bart und schönen Händen – sitzt auf dem Boden und vor ihm steht ein kleiner »Buch-Halter«, auf dem der Koran liegt. Und er liest. Diskret setze ich mich ihm gegenüber, zehn Meter entfernt. Und bin gebannt. Denn der Alte liest und nichts, absolut nichts, lenkt ihn ab. Und man sieht sein Gesicht periodisch aufleuchten, ja, er scheint Dinge zu erfahren, die ihn begeistern, ihn zutiefst bewegen. Er ist eins mit dem dicken Wälzer, unwiderruflich überzeugt, dass hier etwas geschrieben steht, das ewig dauert, das keiner kaputtmachen kann, das nie vergehen wird, das immer da war und immer sein wird: Das Einzige in dieser rasenden Welt, das bleibt. Umwerfend die Seligkeit, die von dem vielleicht 75-Jährigen ausgeht. Wie ich ihn beneide und nie so sein will.

104

Nach dem Goldstein-Attentat wurden die Eingänge getrennt. Seitdem führt einer in die Moschee, der andere in die Synagoge. (Sie wurde nach 1967, mit Waffengewalt, von den Siedlern im nördlichen Teil des imposanten Gebäudes eingerichtet.) Mit je einem eigenen Checkpoint. Und Bewaffneten auf dem Dach. Man hat mir geraten, bei der Kontrolle auf die Frage nach meiner Konfession mit »I am a Christian« zu antworten. Denn Christenmenschen dürfen rein, Muslime nicht. Ich denke gar nicht daran, das Idiotenspiel mitzumachen, und so erwidere ich auf die Frage des Soldaten, an wen ich »glaube«, mit: »In nobody.« Er versteht nicht. Das macht nichts, immerhin begreift er, dass ich nicht Allah anbete. Das beruhigt ihn, ich darf weiter. Am Metalldetektor hängt ein Attest vom Rabbinat: Dieses Gerät hat die ausdrückliche Erlaubnis, selbst an einem Samstag – am Sabbat, dem Ruhetag – aufzuleuchten. Man muss grinsen, ganz unvermeidlich.

Ich gehe an mehreren Räumen vorbei, auch am Studierzimmer, wo die Thora unterrichtet wird. Ein paar Studenten sind über den Büchern eingeschlafen. Wie erschöpft ihre Gesichter aussehen. Wenn ich etwas vom jüdischen Glauben verstanden habe, dann: Er ist eine Last, eine schier das Herz zermalmende Bürde. Ja, Mitgefühl überkommt mich und die Frage, warum sich ein Mensch das antut. Dieses Joch, diese Schwere, dieses Wissen, dass ihr Gott nie, absolut nie, mit seinen Getreuen – und Himmel, was sind sie treu – zufrieden ist. Ich kenne diesen masochistischen Irrsinn vom Katholizismus: als Ex-Katho, der von der christlichen Wut auf die Lebensfreude gekostet hat. Aber jüdische Fromme, die haben noch weniger zu lachen.

Viele wippen mit ihrem Oberkörper vor und zurück, jemand hält sein Smartphone in der Hand. Wie ich später erfahre, schaut der Gläubige auf eine App, die ihm anzeigt, wie oft und wie lange er wippen und beten muss. Das soll keinen erstaunen, denn Israelis gelten als wahre Technik-Wunderkinder. Durch eine ebenfalls vergitterte Öffnung kann man auf den Kenotaph von Abraham blicken (und auf die gegenüberliegende Luke, hinter der die Moschee liegt). Mehr Nähe ist nicht denkbar. An einer Seitenmauer führt diskret eine Tür in den Aufenthaltsraum der wachhabenden Soldaten.

Jetzt beginnt eine der intensivsten Stunden dieser Reise. Ich habe ja schon vor Jahren die »Gesellschaft der Fassungslosen« gegründet, wohl aus dem Empfinden heraus, dass mich die Gedanken und Taten der Weltbewohner schlicht überfordern, ich sie nicht mehr fasse. Aber was ich jetzt erfahre, macht fassungsloser denn je.

Eher harmlos fängt es an. Ich nehme einen Waschzettel zur Hand, auf dem das Anlegen und Tragen der *Tefillin* beschrieben wird, jener schwarzen Gebetsriemen, an denen sich zwei kleine, kubische Gebetskapseln befinden. Eine wird auf die Stirn gebunden, die andere an den linken (oder rechten) Oberarm. Und sechs junge Männer, alle Haredim und nicht älter als 25, sind geduldig bereit, mir die Bedeutung der Gebetsausrüstung zu erklären: In den beiden Schächtelchen liegen Pergamentzettel mit Zeilen aus der Thora. Sie sollen daran erinnern, den Geboten Gottes zu folgen, sprich an die Liebe zu IHM zu gemahnen. Nein, von der Liebe zu den Menschen steht nichts geschrieben. Die ganze Liebe gehört ihm, denn ER hat sie, die Israeliten, aus der Sklaverei in Ägypten gerettet. Deshalb liegen diese Sätze in der Stirnbox. Damit sie unmittelbar in den Kopf dringen.

Ich will die Jungen provozieren, sie verunsichern. Ich erzähle ihnen von einem israelischen Film, in Paris gesehen, in dem ein orthodoxer Jude seinem Gott dafür dankt, dass er ihn »nicht zur Frau gemacht« hat. Ich verstand die Szene immer als Ausdruck typisch religiöser Verachtung für das weibliche Geschlecht. Nein, nein, widersprechen sie, überhaupt nicht. Das Gebet meint genau das Gegenteil: Das höhere Wesen ist die Frau, aber sie hat weniger »Aufgaben« vis-à-vis Jehova. Weniger als ihr Mann, der 613 »deeds« erfüllen muss. Und deshalb dankte der Hauptdarsteller dem Schöpfer: für die Pein, die ihm die (Mehr-)Verpflichtungen IHM gegenüber verschaffen.

Das wäre wieder Borderline, aber reicht noch nicht zur Fassungslosigkeit. Sie kommt erst mit einem Mann, der sich als Ehud vorstellt. Und mich seltsamerweise auf Französisch anspricht. Und wir setzen uns an einen Tisch. Der Mensch scheint mich zu mögen, will reden. Ehud wurde in Jerusalem geboren, hat als »designer graphique« gearbeitet und lebt jetzt als Rentner in einer der nahen Siedlungen. Bisweilen arbeitet er als Fremdenführer im »jüdischen« Teil von Hebron. Ich sage ihm, dass ich Deutscher bin und nicht Franzose. Weil ich wissen will, wie er darauf reagiert. Keineswegs aggressiv.

Ehud erzählt eher nebenbei, dass weitläufige Verwandte in einem Konzentrationslager umkamen. So eine Information bringt mich immer zu einer wenig originellen Frage, auf die ich allerdings bisher keine befriedigende Antwort bekommen habe: Wie denn sein Volk, das israelische, auserkoren sein könne? Angesichts dessen, was ihm an Erbarmungslosigkeit widerfuhr? Und jetzt wirft Ehud die Bombe. Unaufgeregt, mit sonorer Stimme, deponiert er sie wie einen Satz über das Wetter: »Hitler wurde von Gott gesandt, um die Juden zu bestrafen.« Ich bleibe ruhig, denn ich will ihn nicht verschrecken, will, dass er sagt, was tief innen in ihm rumort. Und er wiederholt, jetzt auf Englisch: »Hitler was a messenger of god to revenge our sins.« Und er zählt sie auf, die Sünden, die seine Glaubensbrüder im Laufe Hunderter von Jahren vor Auschwitz begangen haben: erstens ihr Versuch, sich zu assimilieren, sprich ihren Glauben zu verwässern. Zweitens ihre Laxheit in Sachen Gebote und Vorschriften der Thora. Drittens ihre Bereitschaft, Gojim (Nicht-Juden) zu heiraten. Viertens die häufige Ablehnung der Beschneidung. Fünftens das Ignorieren des Sabbats, sprich die Nachlässigkeit beim buchstabengetreuen Befolgen aller Maßregeln.

Ich bin ganz Profi, habe kommentarlos mitgeschrieben und lese ihm nochmals seine Anklagepunkte vor. Und frage ihn anschließend gefasst, ob das die Gründe von Jehova waren, die Juden in die Gasöfen zu schicken. Ehud nickt gelassen. Ich starre ihn an und er nickt wieder. Und fügt hinzu: »Hätten wir in diesen Punkten nicht gefehlt, die Juden hätten das schönste Leben haben können.«

Ich bleibe diszipliniert, will nicht widersprechen, will ihn in einen Zustand versetzen, in dem er sich haltlos aussprechen kann. Und Ehud produziert weiterhin die unsagbarsten Gedanken, mitten in einer Synagoge. Er, wortwörtlich:

Einen Gott, den ich verstehe, würde ich nicht anbeten.
Nun hat Gott Zahltag, nun schenkt er uns Groß-Israel, als Wiedergutmachung für die sechs Millionen.

Die Thora ist Gottes Wort, wer versteht, sie zu lesen, hätte alles voraussehen können. Auch den Holocaust.

Gott ist nicht logisch, Gott ist jenseits von aller Logik. Gott kann man nicht verstehen, denn die Menschen sind seiner nicht würdig.

Ich frage ihn noch, wie er sich erklären könne, dass manche Juden den Völkermord überlebt haben. Wenn doch alle bestraft, alle vergast werden sollten. Und Ehud zögert wieder keine Sekunde: »Das waren die Reinen, die reinen Juden.« Jene, so erklärt er, die den Geboten der Thora gefolgt waren. Ich formuliere meine Frage noch schärfer, um jedes Missverstehen auszuschließen: »So kamen die Reinen, die wenigen, davon, und die Unreinen, die vielen, kamen für ihre Sünden ins Krematorium, ja?« – »Ja.«

Ich kenne eine Reihe von (deutschen) Nazis, die mir einst nonchalant erklärten, warum Hitler Deutschland »entjuden« musste. Sie dachten gar nicht daran, die Existenz von Zyklon B zu leugnen. Die Juden mussten weg, basta, das deutsche Volk war in Gefahr. Jetzt erklärt mir ein (israelischer) Jude, dass Herr Hitler recht getan hatte.

Was tun mit einem wie Ehud? Ihn in Eiswasser tauchen, bis er diesem höllischen Irrsinn abschwört? Ihn auf eine Insel verbannen, bis er sich in den Sand wirft und die Millionen um Verzeihung anfleht für die erbarmungslose Scheiße, mit der er sie ein weiteres Mal hinrichtet? Auf die Wunder der Gentechnik warten, um ihm das Hirn rundzuerneuern, es auszutauschen gegen Gedanken, die ihn wieder daran erinnern, dass die Achtung vor dem menschlichen Leben unendlich erhabener ist als jede Art Götzendienst?

Ich werde nie die Komplexität und Widersprüchlichkeit der Menschen verstehen. Keine Bestien sprechen sich hier aus. Auch die jungen Männer hier denken ähnlich, ich habe sie gefragt. Ganz normale Zeitgenossen, gewiss zu Akten der Freundlichkeit und Wärme fähig. Nein, keine Feuerzungen lodern aus ihrem Mund, nein, gemessen erzählen sie, dass

Herr Jehova seinen begabtesten Massenmörder schickte, seinen Mann aus Braunau, um sein geliebtes, auserkorenes Volk zu züchtigen. Mit der Todesstrafe, per Megamassenmord. Damit es endlich wieder zur Räson komme. Züchtigen via Gasschwaden, Genickschuss, Erschöpfung, Verhungern, Erfrieren, Vergiften, Totschinden, Totschlagen mit dem nächstbesten Spaten. Gottes Symbole uferloser Liebe. Unübersehbar.

Abschied von Ehud. Hinaus in die Sonne. Sie soll mich wärmen gegen so viel Schwärze, so viel Kälte. Obwohl ich ganz unbewusst den Schritt beschleunige, holt mich ein Satz von Georg Büchner ein: »Wahrhaftig, gäbe es einen Gott, man müsste ihn an seinem Schlafrock auf das Schafott zerren für seine endlose Grausamkeit.« Und noch ein Wort fällt mir ein, und ich kann nicht mehr sagen, wo ich es gefunden habe. Es geht so: Ein SS-Mann sagt zu einem KZ-Inhaftierten: »Schau, Jude, ihr haltet euch für das auserwählte Volk, aber wir kommandieren euch, schinden euch, töten euch, sind eure Herren, also, bitte, wo bleibt das Auserwählte?« Und der Mann antwortet: »Ganz einfach, indem wir andere nicht schinden und töten.«

105

Durch die Checkpoints zurück nach »H1«, jenem Teil von Hebron, der seit 1997 von der *Palestinian Authority* kontrolliert wird. Die Marktschreier, die Obstverkäufer, lachende Frauengesichter, das Hupen der Autos, das pulsierende Treiben einer regen Stadt. Ich bin gerade einverstanden mit der Illusion, dass jeder das Leben hat, das er sich wünscht. Jemand empfiehlt mir das *Qaser Al-Arageel Café*, hoch oben im sechsten Stock. Und einen besseren Platz auf Erden wüsste ich im Augenblick nicht: Durch die hohen Fenster, vorbei an den leicht vom Wind gebauschten Vorhängen, dringen die Strahlen der frühen Abendsonne. Ein Licht wie in einem Film von Vittorio de Sica, dekadent, einladend, versöhnlich. Männer sitzen an Tischen vor ihren Wasserpfeifen, ihre Schatten an den Wänden. Sie haben ein beneidenswertes Talent: zu vergessen. Ich rauche, ich bin nicht bedrückt. Im Gegenteil. Ich spüre das Glück eines Mannes, der noch immer von Dingen erfährt, die ihn maßlos erstaunen.

An solchen Orten kann man wunderbar nachdenken, wie jetzt: Überraschend doch, warum Palästinenser und Israelis sich feindlich gesinnt sind. Dabei kamen doch beide Völker unter die Räder. Die Verachtung und Ausbeutung der Araber zieht sich entlang vieler Jahrhunderte. Ihre Kolonisierung durch die Europäer schreibt sich auf blutrotem Papier. Keine Erniedrigung, keine Folter, kein Raub wurde ihnen erspart. Vom Leid der Juden muss nichts mehr erzählt werden. Und statt sich zu verbrüdern, um gegen den gemeinsamen Feind anzutreten, überziehen sie sich gegenseitig mit Kriegen. Noch unbegreiflicher, denn sie sind ja »ethnisch« verwandt, eben Semiten. (Zumindest nach biblischen Kategorien.) Sogar sprachlich gibt es Verbindungen. Ist das nicht absurd? Nicht unerhört? Nein, ist es nicht. Denn selbst unter uns, mitten in der »weißen«, hochzivilisierten Welt, kann man die Rätselhaftigkeit beobachten: den Riss, der durch Familien geht. Den Riss, der irgendwann Eltern von Kindern trennt. Den Riss, der Geschwister Feinde werden lässt, obwohl sie vom selben Vater misshandelt wurden.

Was lernen wir daraus? Nichts, fast nichts. Das Wenige eben, dass Hass vor niemandem Halt macht, auch nicht vor jenen, mit denen man blutsverwandt ist. Gut, dass wir etwas haben, das wir Liebe nennen. Sie macht es genau umgekehrt. Ihr ist das Blut egal, auch jede Verwandtschaft. Sie setzt sich über alles hinweg, sie ist radikal desinteressiert an dem, was vorher war. Sie will lieben, jetzt und blind und unbelehrbar von jeder Vergangenheit.

Auf dem Weg zurück ins Hotel fällt mir auf, dass beide Wörter, »Jude« und »Araber«, in der deutschen Sprache aggressiv klingen. Harsch, gänzlich unpoetisch. Keine Rede von warm und geschwungen. Woran liegt das? Ein phonetischer Unfall? Oder daran, dass wir die zwei Worte nie gütig und schwungvoll aussprechen?

Wie lustig: Beim Verlassen des Cafés hat mich ein Mann angesprochen. Er hatte mich »Le Monde« lesen sehen, eine Ausgabe, die ich aus Ramallah mitgebracht hatte. Sobald er wusste, dass ich in Paris lebe, intonierte er, die Augen dramatisch zur Decke verdreht: »Ah, ah, les femmes françaises!« Sehnsüchtiger kann ein Ausrufesatz nicht klingen. So begeistert und voller Bewunderung sprach er ihn aus. Obwohl er noch nie diese Französinnen gesehen hat, geschweige denn ihnen vertraut nah war, nur immer von ihnen phantasiert hat. Es gibt wohl kein Land, dessen Duft so verführerisch in die Welt weht wie Frankreich. Und genau das meine ich mit »Jude« und »Araber«: Habe ich je einen gehört, der diese zwei Wörter hochgestimmt und enthusiastisch anderen mitteilte? Wenn sie ihm nicht verächtlich über die Lippen kamen, dann bestenfalls seriös, voller schwerwiegender Nebengedanken. Doch nie federleicht, nie überschwänglich, nie so leichtsinnig und enthusiastisch wie Herrn Sabris Lobgesänge auf die Schönheit ferner Frauen in einem fernen Land.

In meinem Zimmer fällt die Klimaanlage aus. Ich sitze auf dem Bett und weiß wieder, dass der Mensch zu über siebzig Prozent aus Wasser besteht. Sogleich fliehe ich, im Kopf, an den immer gleichen Ort in einer solchen Situation: Ich lungere in der Lounge eines Luxushotels und der Ober bringt den Kaffee, mit einem kleinen Brief von der Rezeption: diskrete Erinnerung an eine Zweistunden-Massage, um 16 Uhr. Nach etwa zehn Minuten Träumen wache ich wieder auf und dampfe noch immer. Und weiß, dass sie in Hebron keinen Luxus haben. Mein 2½-Sterne-Bett ist das beste weit und breit. Und Masseurinnen mit begnadeten Händen gibt es hier wohl auch nicht. Ich stelle mich unter die Dusche und das lauwarme Wasser löscht meinen Körper. Beruf: Reporter. Ich wüsste keinen verlockenderen.

106

Den nächsten Vormittag verbringe ich in »H2«, dem Stadtteil, der von Israel kontrolliert wird. Hier leben die 700 Unbelehrbaren. Mitten in Palästina. Nach der Goldstein-Attacke wurde ihr Bereich hermetisch abgeschottet. Als mutmaßlicher Christ darf ich, nach Passieren eines der über hundert (100!) Checkpoints, hinein. Hinein in das Viertel hinter dem Stacheldraht, hinter den Steinblöcken und Wachtürmen. Eine Art Geisterstadt, da Tausende der ehemaligen Bewohner vertrieben wurden. Ganze Straßenzüge mit links und rechts vernagelten Geschäften und Wohnungen. Mehr als 1800 stehen leer, teilweise schon verwittert, seit Jahren verlassen. Die Wände und Eisentüren voller Schmierereien, wenig freundliche Kommentare zur arabischen »Rasse«. Und wie mit ihr zu verfahren sei. Dazwischen ein paar Schilder, die – ohne vulgären Ton – den »Beweis« führen, warum hier alles dem israelischen Volk gehört. Mit der Bibel als Kronzeugin. Hinweise auch auf das Massaker von 1929, in dem 67 Juden von einem rasenden Mob Araber in Hebron getötet wurden, nein, geschlachtet. Das waren jene Jahre, in denen die Mordtaten der einen durch die Mordtaten der anderen geahndet wurden. Noch zu Zeiten des britischen Mandats, als – nach langen Perioden (relativ) friedlichen Zusammenlebens – die Araber zu paniken begannen. Ausgelöst durch die immer massivere Einwanderung jüdischer Immigranten. Aus Europa, aus Afrika, aus Russland. Das rechtfertigt nie ein Blutbad. Es zeigt nur Zusammenhänge.

Ich gehe die Hauptstraße entlang, die früher Al Shuhada (Märtyrer) und jetzt »King David Street« heißt. Hunde streunen. Ich steige einen unbemannten Wachturm hinauf, am Ende der Eisenleiter verschließt man mit einer dicken Platte den Zugang. So kann keiner von unten nach oben durchschießen. Heute ist Sabbat, deshalb sind nicht alle Posten besetzt. Niemand zu sehen. Hinter den ehemaligen Häusern – nun flächendenkend verschweißt, sogar die Balkone sind vergittert – stehen die neuen Gebäude der Siedler. Von fern Kinderstimmen. Selbst die Wassertanks wurden mit den weißblauen Farben der israelischen Flagge gestrichen. »Free Israel« steht irgendwo geschrieben, als Graffito. Wie soll das gehen, wenn man das Land einmauert? Und doch, die Atmosphäre entbehrt nicht einer gewissen Poesie. Die Stille, die Hitze, das Geräusch einer vom Wind über den Asphalt getriebenen Blechdose, das Zuschlagen einer losen Tür.

Am nächsten Kontrollpunkt sitzt ein Soldat, ein Afrikaner aus Äthiopien. Einer von etwa 120 000 »Falaschen«, die 1984 und '91 in groß angelegten Aktionen nach Israel ausgeflogen wurden. Er ist ansprechbar und freundlich. Die Straße nennen sie inoffiziell »Chicago Street«, sagt er, weil hier früher die Kugeln flogen. Von der politischen Situation hat er keine Ahnung, auch nicht davon, warum die Stadt in »H1« und »H2« aufgeteilt wurde, von den Oslo-Verträgen hat er nie gehört. Er ist der beste Soldat, den sich ein Staat wünschen kann, er weiß immerhin: »Man muss kämpfen, wenn man etwas haben will.«

Ich rede mit anderen Militärs, denn sonstige Gesprächspartner stehen nicht zur Verfügung. Seltsamerweise zeigen sich einige nicht feindlich, wenden sich nicht rüde und wortlos ab. Ich habe das Gefühl, als buhlten sie um Verständnis, als begriffen sie, wie isoliert Israel in der Welt dasteht. Manche gehen so weit und sprechen leise von ihrer Abneigung den Siedlern gegenüber, deren Fanatismus sie zwingt, hier etwas zu verteidigen, mit dem sie nicht einverstanden sind. Andere wiederum kommen selbst aus Siedler-Familien. Mit ihnen kann man nicht reden, kann nur zuhören. Und nicht widersprechen. Denn längst haben sie sich für die Unbelehrbarkeit entschieden.

Etwas abseits liegen die Gräber von Isai und Ruth, Vater und Großmutter von »König« David, der hier in Hebron »gekrönt« wurde. Laut Geschichtenerfinder. Laut Geschichtsforschung jedoch hat David kein »Reich« verwaltet, sondern einen kleinen, wilden Stamm. Krönung und hier begraben?

Keine einzige vorzeigbare Spur beweist etwas. Das Grab liegt im Freien, von Mauern und Stacheldraht umzäunt und von einem Mann mit Maschinenpistole bewacht. Das hat auch seine komischen Seiten. Ich muss an einen Guru denken, den ich in Indien getroffen habe. Er verbreitete den hochintelligenten Gedanken, dass der Mensch sich bemühen sollte, sein Leben zu »erleichtern«, es leicht zu organisieren, sich nichts Überflüssiges aufzuhalsen. Auch nicht im Kopf. Denn die (schweren) Probleme kämen von selbst und in deren Lösung sollten Kraft und Nachdruck investiert werden.

Nicht hier, in diesen Breitengraden. Hier haben sie das unverwüstliche Talent, aus jedem Stein einen Stein des Anstoßes zu inszenieren, jeden Felshügel zu einer Frage auf Leben und Tod zu erklären, um jeden Quadratmeter Land eine Schlacht anzuzetteln. Und so muss auch dieses heruntergekommene Mausoleum eingemauert und observiert werden. Obwohl keiner drunterliegt, der oben als Name draufsteht.

Und jetzt kommt die noch komischere Seite: Plötzlich verzieht der Grabwächter das Gesicht. Denn abrupt schallt es vom palästinensischen Teil der Stadt herüber, von einem halben Dutzend Minaretts: »Allah Akbar«, Aufruf für die anderen Götzendiener, per Kniebeugen vor ihrem Gott – tödlich verfeindet mit Jehova – zu kuschen.

Dazu eine kleine Anekdote, sie passt wie bestellt. Vor Tagen las ich in *Haaretz* einen Bericht über *French Hills*, einem feinen Viertel in Jerusalem. Dort beschwerten sich die Einwohner über das nahe Muezzin-Gebrüll um vier Uhr morgens. Wie menschlich, wie berechtigt die Klage. Die zuständigen Moslems lehnten jedoch eine Minderung der Lautstärke mit dem Hinweis ab, dass der Aufruf um diese Uhrzeit eben Tradition sei. Nun, da Bitten und Gespräche nicht fruchteten, montierten die jüdischen Bewohner ihrerseits Lautsprecher und ließen ab drei Uhr früh einen berühmten Popsänger losbellen. Religion als Kriegsstifter.

Aus sicherer Entfernung, so dass er mich nicht mehr sehen kann, beobachte ich den Bewacher. Bin ich froh, dass ich nie Soldat war, denn ein solches Leben muss grausam anstrengend sein: entweder andere totschießen oder sich zu Tode langweilen. Er langweilt sich gerade. Sitzt und starrt. Auf das Grab.

Als ich am anderen Ende, wieder durch einen Checkpoint, das hermetische Gebiet verlasse, nimmt ein Soldat meinen Pass zur Hand und liest laut und deutlich alle Angaben. Mit leicht schwäbischer (!) Färbung. Ein Deutscher, kein Zweifel, auch dem Aussehen nach Mitteleuopäer. Das beidseitige Erstaunen ist groß. Er lächelt warm. Und sogleich will ich ihn aushorchen. Woher? Warum? Ich spüre, dass er gerne in seiner Muttersprache reden würde. Aber es geht nicht, denn ein Kollege, sein Vorgesetzter (?), kommt aus der Baracke und stellt sich neben uns auf. Wenig einladend, der Subtext der Geste ist klar: »Don't talk, move on.«

Welch Überraschung, ein Schwabe in der israelischen Armee. Möglicherweise ist er ein »Machalnik«, ein nicht-israelischer Jude, der über das »Machal«-Programm den Streitkräften beigetreten ist. Machal ist die hebräische Abkürzung für »Freiwillige von außerhalb des Landes«. Jeder Jude, von woher auch immer, hat die Möglichkeit, sich zu bewerben. Ich kann nur raten. Und betrübt sein über die entgangene Nähe.

107

Ich gehe zurück in die Altstadt, in der keine Siedler leben, aber die teilweise noch zu »H2« gehört, also unter der Kontrolle der Machthaber steht. Ich schlendere durch das verwinkelte Geviert und stehe plötzlich vor einem Pulk schwer, nein, schwerst bewaffneter Soldaten. Hinter ihnen sieht man – unverkennbar an ihrer Tracht, der Kippa, den Schläfenlocken – etwa zwanzig Kolonisten. Einer redet, die anderen hören zu. Oben auf den Dächern, die M16 im Anschlag, stehen ebenfalls Soldaten. An der Spitze der Siedler, als Vorhut, sieht man noch ein weiteres Dutzend Krieger. Von einem Dänen – Mitglied von TIPH, einer nach dem Goldstein-Desaster eingesetzten internationalen Beobachtertruppe – erfahre ich, dass die Siedler jeden Samstag die Altstadt besuchen. Als reine Provokation, am Sabbat, dem Tag der Ruhe. Um Unruhe zu säen. Da sie den Ausflug ohne Leibwächter nicht überleben würden, steht Tsahal zur Verfügung. Um die Palästinenser in Schach zu halten. Sobald sich die Gruppe weiterbewegt, bewegt sich die Kohorte Bewaffneter. Ein gewaltiges Bild an Machtdemonstration. Die Botschaft an alle, die das Spektakel sehen, ist unzweideutig: Israel tut, was es zu tun beliebt.

Wir, ein paar Fremde und eine Handvoll Kinder, bewegen uns mit. Die Leute von TIPH filmen, die UNO-Resolution 904 berechtigt sie dazu. Ihre Anwesenheit soll die schlimmsten Übergriffe verhindern. Kommen wir den Soldaten zu nahe, drängen sie uns zurück, das Sturmgewehr quer vor der Brust. Nicht sanft, sondern mit Schwung. Man sieht die Anspannung in ihren Gesichtern. Links und rechts der nur drei Meter breiten Gasse liegen die Wohnungen der Feinde, drei, vier Stockwerke hoch. Eine diskret geworfene Handgranate genügt und wir haben ein kleines Massaker. Jeder bewaffnete Palästinenser – so die »shoot to kill«-Order – kann ohne Warnruf liquidiert werden.

Wahrhaft kafkaesk: Die ebenfalls bewaffneten Siedler, die eine Stadttour fingieren, eingekesselt von einer halben Hundertschaft Hochgerüsteter, die Schreie der Kinder, die immer zahlreicher und zorniger bellenden Hunde, die Väter der Kinder, die auf die Soldaten losschreien, weil sie sich deren Schreie ihren Kindern gegenüber verbitten, das abrupte Lospreschen von zwei, drei Soldaten, um alles, was palästinensisch ist – Tiere, Väter, Mütter, Kinder – zurück in ihre Häuser zu jagen, die hinterherjagenden »Observer« mit ihren Kameras, die auf allen Dächern entlang des Wegs auftauchenden Soldaten, die Wut auf uns Fremde, deren Zeugenschaft wenig zu ihrer Laune beiträgt, der Angstschweiß auf der Stirn der Besatzer, die im Schweiße ihres Angesichts Angst und Schrecken verbreiten.

Eine gute Stunde später ist der Spuk vorbei. Direkt am Ende des Souks liegt das hohe Eisentor, das zum jüdischen Viertel führt. Alle verschwinden dahinter, auch die Soldaten. Etwas Bizarres passiert: Durch die Stäbe hindurch sehe ich die Juden sich zurückziehen. Hinter dem riesigen Sicherheitsschloss, hinter den Panzersperren-Brocken, hinter dem Stacheldraht, hinter dem Wachturm. Und mir ist, als ob ich die maßlose Einsamkeit dieses Volkes spüre. Und sie mit ihm fühle. Wie immer, wenn ich die Verlassenheit eines anderen wahrnehme. Scheint sie mir doch der furchterregendste Zustand in einem Menschenleben. Schon unbegreiflich, mit welcher Vehemenz sich diese Frauen und Männer von allen anderen lossagen. Wie renitent sie sich weigern zu begreifen, dass wir im 21. Jahrhundert nicht überleben, wenn wir nicht kommunizieren, nicht Freundschaften suchen, nicht nach Kompromissen Ausschau halten. Dieses eitle, bornierte Bestehen auf Apartheid, auf Getrenntsein vom Rest der Welt, das ist sicher eine der Wurzeln für diese Einsamkeit. »Das Schicksal des Menschen ist der Mensch«, hellsichtiger als Brecht kann man es nicht sagen.

Es gibt ein Lied von Francis Cabrel, dem französischem Star, in dem er davon singt, dass wir alle auf dieser Erde leben, leben müssen, und dass die Unterschiede zwischen uns allen so enorm nicht sind. Ja, dass viel mehr uns verbindet, als trennt. »Les hommes pareils«, frei übersetzt: Wir Menschen, die wir einander so ähnlich sind. Hier ein paar Zeilen aus dem Chanson:

Et nous sommes des hommes pareils / Plus ou moins loin du soleil
Wir sind uns so ähnlich / Mehr oder weniger nah der Sonne

Mêmes cœurs entre les mêmes épaules / Tous tendus vers
    l'espoir de vivre
Dasselbe Herz zwischen den Schultern / Alle voller
    Hoffnung zu leben

Blancs, noirs, rouges, jaunes, créoles / Semblables
    jusqu'au moindre atome
Weiß, schwarz, rot, gelb, Kreol / Ähnlich bis in das
    kleinste Atom

J'aime mieux ce monde polychrome /
Où vous, vous êtes et nous, nous sommes des hommes
    pareils
Ich mag viel lieber diese bunte Welt /
Wo ihr und wir Menschen sind, die sich so ähneln

Ich eile wieder in mein Café. Will die Taten und Gedanken
aufschreiben. Vielleicht klingt das obszön, aber ich bin nicht
deprimiert, auch heute nicht, nicht niedergeschlagen von
dem, was ich gesehen habe. Warum nicht? Zuerst, ganz einfach: Jede Betroffenheitsgrimasse ist mir zuwider. Schaut nur,
wie mitgenommen ich wieder einmal vom Unheil in der
Welt bin! Nicht auszuhalten. Aber der entscheidende Grund
liegt tiefer: Ich mag Zumutungen, ich mag Erfahrungen, die
mich bewegen, auch jene, die Panik auslösen, auch jene, die
verstören. Weil sie die Garantie dafür sind, dass ich etwas
begreife, und, am entscheidendsten: dass ich existiere. Als
23-Jähriger habe ich ein Gedicht von Walter Bauer entdeckt, einem der großen, heute vergessenen, Schriftsteller der Nachkriegszeit. Es heißt: »Eines Tages werden wir
aufwachen und wissen« und es geht um nichts anderes als
um uns. Um jeden Einzelnen. Und dass viele diese Einmaligkeit nicht wahrnehmen, sondern sie »in kleiner, abgegriffener Münze vergeuden«. Und dass am Ende nichts bleiben
wird, »nur Asche«. Wie ein Peitschenhieb fuhren die Zeilen
in mein Herz. Wurde mir doch klar, dass ich nie den Gedan-

ken aushalten wollte, ein braves, fügsames Leben hinter mich zu bringen. Mit kalter Asche auf meinen Händen. Deshalb müssen die Zumutungen sein. Deshalb gehe ich ihnen nicht aus dem Weg, ja, suche sie. Um mich zu vergewissern, dass ich lebe:

… Pfade, für uns allein gemacht.
Nur dass da etwas war, dem wir nicht folgten.
Und hinzufügen, dass wir keine Zeit hatten, leider.
Weil wir die Zeit vergeudeten in kleiner, abgegriffener Münze.
Und von dem Aufblitzen des Lichts und dem Windhauch blieb nichts. Nur Asche.

108

Ich wandere nach Kiryat Arba, der größten Siedlung außerhalb der Stadt. Wieder Militärjeeps, Checkpoints, wieder Soldaten in Gefechtsstellung auf den Dächern der Zufahrtsstraße. Ich weiß nicht, ob ich je an einem einzigen Tag an so vielen Flinten vorbeigekommen bin. »Have a good time«, eine Zigarettenwerbung hängt über einem Laden. Ich werde mehrmals angehalten und nach meinen Papieren gefragt. Seltsamerweise fragen sie stets, ob ich allein unterwegs sei. Sie fragen so, als ob Alleinsein verdächtiger sei, als in einer Gruppe zu reisen. Nach ein paar Kilometern bin ich da.

Im Kontrollhäuschen sitzt ein Mann, vielleicht fünfzig. Links liegt seine Pistole, rechts die Uzi. Er checkt durch das Panzerglas, wer reinfährt. Ich komme als Fußgänger, was ihn zu erheitern (!) scheint. Er grinst, ganz warm, schiebt sogar ein Fenster auf, um mit mir zu reden. Und wir plaudern. Sergej, der Russe und Jude, mag den fremden Deutschen, dessen Vorfahren über sein Land und sein Volk namenloses Leid gebracht haben. Unergründliches Menschenherz. Auf dem Regal hat er einige Bücher stehen, er interessiere sich für Geschichte, sagt er, und zieht einen dicken Band von Georgi Konstantinowitsch Schukow heraus, einem der Helden des »Großen Vaterländischen Kriegs«.

Das wird eine Begegnung der dritten Art. Denn seelenruhig schlägt Sergej eine bestimmte Seite auf und deutet mit dem Finger auf ein Foto. Sein Großvater sei dort umgekommen, fügt er noch hinzu. Es ist wohl das grausigste Foto, das ich von der Schlacht um Stalingrad gesehen habe: Es zeigt mehrere Leichenberge gefrorener Soldaten, russischer. Aber Sergejs Stimme behält die Leichtigkeit, er streckt mir das Bild nicht mit der Moralkeule unter die Nase. Er scheint es nur herzuzeigen, so bilde ich mir ein, um einen Gesprächsstoff zu liefern. Und so schwatze ich – das Elend solcher Zeiten nicht einmal ahnend – über den Weltkrieg. Immerhin hatte ich einen Vater, der als SS-Mann daran teilnahm. Diese Information mute ich Sergej zu und er zuckt mit keiner Wimper. Beim Abschied lächelt er schon wieder, meint lässig: »Have fun.«

Ob nun der Besuch von Kiryat Arba Spaß auslöst? Ich zweifle. Über 7000 leben in der 1970 gegründeten Siedlung. Auch der berüchtigte Rabbi Levinger, der öffentlich aussagte, dass er endlich treffen wolle, wenn er auf einen Araber ziele. Alles blitzblank, furchtbar ordentlich und sauber, Siedler-Frauen, keusch eingepackt, schieben ihre Kinderwagen. Niemand schreit, niemand lacht. Eine Kleinstadt, (fast) wie überall auf der Welt. Man atmet die Leblosigkeit. An jeder zweiten Palme hängen drei Israel-Flaggen. Ich finde keinen einzigen lateinischen Buchstaben, jedes Wort steht auf Hebräisch da, die Buszeiten, die Preislisten, die Eisdielen-Überschrift, der Hinweis auf einen Supermarkt. Nein, irgendwann doch, denn ich entdecke ein winziges Schild an einem Strommast, lese: »Danger of death«, freundlicherweise auch auf Arabisch. Die Ironie ist unbezahlbar.

Ein kleines Mädchen zeigt mir den Weg zum Meir Kahane Park, jenem Mann gewidmet, der – ich habe ihn schon erwähnt – als berühmter Hasser von vielen hoch verehrt wird. Nicht genug damit: In dem Park liegt das Grab von Baruch

Goldstein, der ebenfalls in Kiryat Arba gelebt hat. Sein Hass war noch unheilbarer, er schritt ja zur mörderischen Tat. Mitten auf einer Lichtung, umgeben von Bäumen, befindet sich die Grabplatte, die einzige hier. Darauf steht: »Er hat sein Leben gegeben für sein Volk Israel, die Thora und sein Land. Er starb als Märtyrer.« Steine liegen auf der Marmorplatte, jeder von ihnen bedeutet ein Ja zu seiner Tat. So der Brauch. Schön ist es hier, Vögel zwitschern, eine Katze schleicht vorbei, eine leichte Brise kühlt die Hitze. Die so geduldige Natur, selbst für einen Mörder hat sie Platz. Ich schiebe diskret die Steine herunter. Für Stunden soll kein Zeichen der Bewunderung zu sehen sein.

109

Am nächsten Tag treffe ich Issa Amro, einen jungen Palästinenser, der »Youth Against Settlements« gründete. Der 30-Jährige wohnt in »H2«, sein Haus steht an einem Hügel, zwanzig Meter hinter ihm liegen die Häuser der Siedler, im Schutze eines Wachpostens. Knapp hundert Meter weiter unten befindet sich Al Shuhada alias »King David Street«. Es gibt harmlosere Adressen.

Issa ist kräftig, redegewandt, herzlich. Er zeigt mir die letzten Taten seiner friedlosen Nachbarn, führt mich durch das Erdgeschoss und den ersten Stock: Vor drei Nächten kamen ein paar Siedler und haben das im Freien stehende Sofa angezündet, die Wasserpumpe demoliert, die israelische Flagge gehisst, Pflanzen aus den Töpfen gerissen und, als Abschiedgruß, »Mavet La Araveem«, Tod den Arabern, an die Tür geschmiert.

Warum hat der Soldat in der winzigen Baracke nicht eingegriffen?, frage ich. Darauf hat Issa drei Antworten: Entweder hat er geschlafen oder hat Angst vor den Randalierern oder sympathisiert mit ihnen. Dann tut er so, als würde er schlafen.

Vor ein paar Wochen versuchten die Eifernden, einen

»Outpost« zu errichten, nur ein paar Schritte von Issas Veranda entfernt. Ein Outpost ist ein viel geprobtes und oft bewährtes Mittel der Extremisten, um vollendete Tatsachen zu schaffen: Sie kommen mit einem Campingwagen oder schlagen ein Zelt auf und requirieren den Flecken ab sofort als »jüdischen Grund und Boden«. Hunderte solcher Außenposten gibt es bereits. Auch wenn die israelische Regierung den (inoffiziellen) Landraub missbilligt, schreitet sie selten ein. Es kommt noch törichter: Die Siedler stürmten vor Kurzem eine Wasserquelle und erklärten sie zu »Abraham's well«. Das ist durchaus erheiternd und lehrreich, denn es zeigt, dass es in modernen Zeiten so zugeht wie vor Tausenden von Jahren: Jemand will etwas, das ihm nicht gehört, also erfindet er eine Geschichte, die sein Tun rechtfertigt. Siehe die Bibel, in der alle einschlägigen Räubereien als »Wort Gottes« durchgehen.

Issa hat einiges hinter sich. Er war tage- und wochenweise im Gefängnis, die verbeulte Nase stammt von einer Siedlerfaust, er hat Tränengas und Stinkwasser geschluckt, immer wieder Prügel bezogen. Aber er lässt sich zu keiner heimtückischen Reaktion verführen. Seine NGO ist radikal gewaltlos. Denn das habe er, sagt er, aus den beiden Intifadas gelernt: dass man mit Gewalt, sprich Gegengewalt, nicht weiterkommt.

Mit Issa treffe ich den ersten Palästinenser, der optimistisch ist. Obwohl er gegen zwei Feinde antreten muss, gegen Israel und gegen die Welt. Die in jedem Araber nur den potenziellen Bombenwerfer sieht. So hat er mit seiner Organisation auch die »Human Rights' Press« gegründet. Sie wollen aufklären, zuallererst darüber: dass sie kein Interesse daran haben, Israel zu vernichten, und dass sie selbst nicht vernichtet werden wollen. Niemand sponsert sie, sie gehören keiner Partei an, sie beten keine Ideologie an, sie haben nur die eine Sehnsucht im Kopf: ihr Land zurückzubekommen.

Das ist das schöne Aufregende in Palästina: Nach der Theorie kommt stets die Praxis. Wir haben keine zwanzig Minuten geredet und die konkrete Wirklichkeit meldet sich zurück: Issas Mobiltelefon läutet, Yehuda Shaul ruft an. Er ist der Gründer der vielleicht bekanntesten israelischen Bürgerrechtsbewegung, »Shovrim Shtika«, international unter dem Namen *Breaking the silence* berühmt geworden: Ehemalige Soldaten des Tsahal brechen das Schweigen und informieren die Öffentlichkeit – die heimische, die palästinensische, die der Staatengemeinschaft – über die Freveltaten der Armee und der Siedler. Yehuda bittet Issa, den Hügel herunterzukommen, er hätte die gewünschte Lieferung. Und wir steigen hinunter und da steht der Israeli, ein Lächeln im dicken Vollbart, und überreicht dem Palästinenser einen schweren Plastiksack voller Kameras und elektronischem Material. Die Videokameras sollen auf dem Dach von Issas Haus montiert werden. Wieder montiert, denn die bisherigen Geräte waren vor Wochen heruntergerissen worden. Sie sollen aufzeichnen, was passiert. Als Beweise für die Weltöffentlichkeit.

Noch absurder scheint der jetzt in Echtzeit allwaltende Aberwitz: Als wir die Last nach oben tragen, kommt uns ein Siedler mit der geschulterten M16 entgegen. Und fotografiert uns. Die Geste hat nur einen Grund, eben einzuschüchtern, Subtext: Wir wissen, wer du bist, und wir wissen, wo wir dich finden können! Da Issa die Rituale des hiesigen Schwachsinns beherrscht, zieht er seine eigene kleine Handkamera aus der Hosentasche und fotografiert den Fotografen. Aber da Irrsinn und Gewalt hier so nahe nebeneinanderliegen und jedes noch so harmlose Tun in einen tödlichen Fehler münden kann – schon öfters wurden Araber »aus Versehen« erschossen –, eilt ein Soldat herbei. Um schwerbewaffnet dem Schwerbewaffneten gegen Issa, dem Mann in T-Shirt und Sandalen, beizustehen. Issa grinst, wir ziehen weiter. Eine Hanswurstiade von Jehovas Gnaden.

Aber der Unfrieden macht keine Pause. Kaum erreichen wir unser Ziel, hat sich dahinter, vielleicht noch zehn Meter entfernt, eine Gruppe von Siedlern zusammengerottet. Mit genügend Munition, um halb Hebron umzulegen. Soldaten sind auch zu sehen, alle blicken Richtung Issa und einer schreit: »Haut ab, verschwindet, ihr habt hier nichts verloren!« Er spielt auf die etwa dreißig Leute an, die während unserer Abwesenheit auf der Veranda Platz genommen haben. Und wieder bleibt Issa, der Unerschütterliche, cool, sagt nur, dass er sich vollkommen unbewaffnet in seinem Haus befände und dass seine Freunde ihn besuchten.

Die Taktik der Kolonisten ist einfach: Issas Besitz steht auf ihrer Liste und sie wollen ihm so lange drohen, bis er einknickt und davonzieht. Was nicht geschehen wird, denn Issa sieht aus wie ein Kämpfer. Nur als Leiche würde er seine Heimat verraten. Sagt er, eher vergnügt.

Und nun passiert das Wunderschöne. Murrend ziehen die »Auserwählten« wieder ab, wohl auch von den Soldaten in Schach gehalten. Und Issa und die Jungen – Frauen und Männer – reden. Einige sind (europäische) Ausländer, die meisten aber Israelis, vorwiegend Schüler und Studenten. Auch eine Gruppe von *Breaking the silence* ist anwesend, auch Refuseniks, Wehrdienstverweigerer, die sich weigern, das Land ihrer Nachbarn zu besetzen. Und Issa erklärt ihnen, was sein Verein unternimmt, erklärt die geistigen Wurzeln, die Absichten, die Wünsche, die Taten: unter anderem der Welt zu erzählen, dass hier keine dolchschwingenden Kamelhirten leben, sondern Bürger, die ein einigermaßen würdiges Leben führen wollen.

Das ist ein magischer Moment. Mitten in diesem Hassloch Hebron treffen sich die »Gegner«. Und sitzen zusammen, reden, kichern, melden sich zu Wort, sind neugierig aufeinander. Junge Juden – noch nicht verdunkelt von den Hetzreden der Kolonisten und den Terror-Angst-Szenarien der Regierung, noch nicht fett geworden in den uralten Feindbildern, den uralt-gelogenen Wahrheiten – wollen wissen, was ihre Nachbarn denken und fühlen. Und jeden Tag kommen andere und jeden Tag sind wir mehr. Sagt Issa, der Antreiber.

110

Ich treffe Sundus, sie gehört zu Issas Gruppe. Eine Palästinenserin, attraktiv und eloquent. Sie weiß, was sie denkt, und kann es elegant ausdrücken. Da auch sie nicht weit von der »King David Street« lebt, hat sie eine Sondergenehmigung, um die Checkpoints passieren zu können. Sie kommt mit Kopftuch zur Verabredung und sagt gleich, dass sie das Teil nicht mag. Aber hier, uff, gelten die Traditionen.

Sundus erzählt anstrengende Sachen, aber sie wird nie giftig. Sie hat Charme. Auch sie hat sich geschworen, nicht gewalttätig zu werden. Das ist eine Meisterleistung angesichts der Geschichten, die sie hinter sich hat. Um ihre Lebensfreude nicht zu verlieren, spricht sie mit ihren Freundinnen bewusst über leichte Dinge. Wie ein Krebskranker, sagt sie, nicht immer von seinen Schmerzen reden will, so reden sie über »girls' stuff« – fern von den Schatten, die Palästina bedrohen.

Jeden Tag muss sie mehrmals durch die Kontrollpunkte: raus, um in »H1« die Universität besuchen zu können, rein, um zu ihrer Familie zurückzukehren. Dabei hat sie zu unterscheiden gelernt. Manche der Soldaten seien »warme« Menschen, freundlich, respektvoll, mit einigen könne man sogar scheu flirten. Und andere führten sich auf, als wären sie ohne Umwege der Hölle entstiegen. Einer von diesen Höllenmenschen zwang ihren Vater vor knapp zwanzig Jahren, eine verwehte palästinensische Flagge von einer Hochspannungsleitung zu holen. Seitdem ist seine rechte Hand zuschanden. Israelische NGOs haben bisher für fünfzehn Operationen gezahlt. Aber die Hand bleibt verkrüppelt.

Sundus führt mich zu ihrem Haus, beschützt von riesigen Baumkronen. Auf dem Dach (!) des Gebäudes nebenan, wo ein Onkel wohnt, befindet sich ein Wachturm. Das Mädchen hat Sinn für Humor, zitiert die offizielle Begründung für die Absurdität: um die Siedler vor Übergriffen zu schützen! Die fünfzehn Meter weiter wohnen. Vor zwei Jahren hat eine der Nachbarinnen Sundus' kleinem Bruder einen eiergroßen Stein in den Mund gewürgt. Die Schneidezähne brachen. Die Familie ging vor Gericht. Ein Soldat, der die Szene beobachtet hatte, sagte gegen (!) die Täterin aus. Das böse Weib musste wegziehen. Zu mehr Strafe konnte sich das israelische Gericht nicht durchringen. Auch zu keinem Schmerzensgeld, keinem Ersatz der Zahnarztkosten.

Wüste Nachbarschaft. Die Kindsmisshandlerin ist weg, aber im gleichen Haus wohnt noch immer Baruch »Meir« (noch ein »Erleuchteter«) Marzel. Mit seinen, bisher, neun Kindern. Seine Aufrufe zum Mord an diversen Palästinensern stellt er ins Netz. Der ehemalige Kach-Partei-Generalsekretär sammelt zudem Geld, um künftige Auftragskiller zu bezahlen. Den »Heiligen Krieg« hat er ebenfalls schon verkündet. Sein Lebenswerk ist der Hass. Er ist so unstillbar, dass die Vernichtung des palästinensischen Volks nicht ausreichen würde, um ihn zu dämpfen. Marzel, 1960 geboren, hasst – unter vielen anderen – auch Homosexuelle, die jüdischen am innigsten. Denn sie »entwürdigen« das Judentum. Sogar in die People-Schlagzeilen hat er es geschafft. Das war 2010, als er dem Supermodel Bar Refaeli einen offenen Brief schrieb und sie davor »warnte«, den Goi Leonardo DiCaprio zu heiraten. Denn die Rasse müsse reinrassig bleiben, Assimilation sei Todsünde.

Wie doch die Narren dieser Welt, ob nun judenvergasende Nazis oder palästinenserjagende Gotteskrieger, sich irgendwann auf demselben Sprachniveau treffen: ganz unten, da, wo ein paar wenige lebenswert sind und die anderen ausgelöscht werden müssen.

Sundus kommt wieder aus ihrem Elternhaus und meint, dass sie mich leider nicht hereinbitten könne, denn von ihrer Familie sei niemand anwesend. Ich verstehe den Wink und so trinken wir die Limonade im Schatten der gnädigen Bäume. Als die 19-Jährige erwähnt, dass ihr die Siedler zuweilen »Arabian whore« nachrufen, frage ich sie, was das Wort *Würde* für sie bedeutet. So vieles, sagt sie:

Dass man dem anderen zulächelt.
Dass man sich nicht erniedrigen lässt.
Dass man mitfühlen kann.
Dass man Freude verbreitet.
Dass man die schlechten Zeiten mit Stolz erträgt.
Dass man für seine Freiheit kämpft.
Dass kein Hass einen überwältigt.

Ich habe natürlich keine Ahnung, ob Sundus tief drinnen empfindet, was sie erzählt, aber es fällt auf, dass sie nie »jews« sagt, sondern immer »Israelis«, sie eben nicht die Rassenkarte ausspielt, nie Wörter rassistisch einfärbt. Sie macht noch eine weitere Konzession, meint, dass die Siedler in einem palästinensischen Staat bleiben dürften. Aber selbstverständlich ohne ihre Betonpalisaden und ohne ihre Hassgebärden, einfach als Bürger, die andere Bürger, das wären die Araber, respektierten.

Wie haltlos jung sie ist, wie sie noch endlos träumen kann. Auch den Traum, dass jene vom Gotteswahn unrettbar Verseuchten zurück zur Vernunft fänden. Jene Vollblutrassisten, die sie jeden Tag sieht, nur ein paar Schritte von ihrer Haustür entfernt, jene vollbärtigen Racheengel, denen wohl immer nur zwei Reflexe durch den Kopf zucken, wenn sie der schönen Araberin auf der Straße begegnen: dass sie sie vögeln wollen und dass sie das Objekt ihrer Geilheit verachten.

Ich halte lieber den Mund, will ihre himmelblauen Höhenflüge nicht zügeln. Beim Abschied frage ich sie, was sie studiert und was sie werden will. Und sie lernt genau das, was zu ihr passt, zu ihrem Talent, Sprache zu formulieren: Englisch und Französisch. Um Dolmetscherin zu werden. Denn sie will reisen und zuhören und reden und die weite Welt kennenlernen. Und die »totale Freiheit«, die will sie auch. Sundus verkörpert das Beste, was die Jugend der Zukunft schenken kann: Weltoffenheit, Weltwachheit, Weltliebe. Und diese ungestüme Neugier auf die Weltbewohner.

Zurück durch die Checkpoints, vorbei an den dicken Quadern, auf denen »Fight ghosttown« steht, zurück nach »H1«. Dort atmen, da keine Soldaten mehr in Sicht, keine Zivilisten mit stechenden Augen und dem Finger am Abzug. Dafür wieder das Geschrei der Obsthändler, die kickenden Kinder, Mahmud, der Ladenbesitzer, der herübergrinst, weil er mich jeden Tag hier vorbeigehen sieht.

In meinem Café mache ich es wie Sundus: Ich träume. Ohne Rücksicht auf die Wirklichkeit. Wieder phantasiere ich von einer App. Wie bizarr und verstiegen, denn ich besitze ja kein Handy. Aber Apps faszinieren mich. Nicht die eine, mit der man in 120 Ländern nach Gebrauchtwagen suchen kann, sondern die da: Eine Art *firewall* für das Hirn, soll sagen, die App entdeckt jeden Virus, der uns mit einer Dosis Verblödung nahe kommt. Und so würde sie funktionieren: Jemand – ein Politiker, ein Würdenträger oder irgendein anderer Bauernfänger – redet auf mich ein und sogleich schalte ich unbemerkt die App ein. Und die App, sprich das Telefon, fängt umgehend zu vibrieren an, wenn sie Schwachsinn entdeckt. Ganz unabhängig von meinen eigenen kognitiven Fähigkeiten, die vielleicht in diesem Augenblick schwächeln. Das Vibrieren soll mich, den Benutzer, alarmieren, ja, mich sofort veranlassen, die Alarmglocken des Verstands einzuschalten: Achtung, hier sülzt einer! Achtung, hier kommt Gottes Wort! Achtung, hier will mich einer mit dem Inhalt seines Kleinhirns vernebeln. Die App würde überall funktionieren: auch beim Lesen eines Zeitungsartikels, ja, vor jedem Radio, vor jedem Fernseher. Wie ein Radargerät, wie ein Minensuchgerät würde sie alle Signale der Gehirnwäsche entdecken. Ein sagenhafter Traum.

111

Beim Frühstück im Hotel sitzen fünf Erwachsene und zwanzig Kinder an einem langen Tisch. Alle »handicapped«, wie ich von den Betreuern erfahre. Und wie man sehen kann.

Ich werde sogleich eingeladen, bei den »Special Olympics Palestine« teilzunehmen. Als Zuschauer. Aber ja, mit Dankbarkeit sage ich zu. Und nach einer halben Stunde ziehen wir gemeinsam ins nahe, schmucke Stadion von Hebron. Tadelloser Rasen, bunte Tribünen. Andere Kids sind bereits eingetroffen. Fast zweihundert. Alles wunderbar unkompliziert. Drei Kinder küssen mich auf beide Wangen, zwei versuchen, an mir hochzuklettern, eines spielt mit meinen Ohren. Jeder kennt dieses Phänomen bei »geistig Behinderten« (lassen wir es für heute bei diesem Ausdruck): diese radikale Sucht nach Intimität, nach Vertrautheit. Nicht dass ich sein will wie sie, aber ein bisschen Angstlosigkeit – Stichwort fraglose Nähe – könnte nicht schaden. Sportlehrer Fausi dirigiert hier das Chaos. Das Verhalten der Kinder hat wohl auf ihn abgefärbt. Er nimmt meine rechte Hand und führt sie an sein Herz. An die Narbe. Dahinter steckt noch immer ein Projektil, Erinnerung an seine Zeit als Aufständischer während der *Ersten Intifada*. Am Feldrand stehen zwei Sanitäter, die Ambulanz wartet vor dem großen Tor. Für alles ist gesorgt.

Auf zum »Butschi«, so verstehe ich das Wort nach mehrmaligem Nachfragen. Ach ja, Boccia: Knapp zwanzig Kinder sind angetreten. Jeder Spieler erhält vier Kugeln, eine nach der anderen. Es dauert eine Weile, bis sie begreifen, dass sie die vier großen so nah wie möglich an die kleine Kugel, fünf Meter weiter vorne, werfen sollen. Schafft das einer, messen die Kampfrichter die Entfernung. Bis alle durch sind. Und der mit dem geringsten Abstand kommt auf das Podest und wird »Butschi-Olympiasieger«. Von Palästina. Das ist so anrührend, dass ich froh bin, meine Sonnenbrille zu tragen.

Dann Kugelstoßen. Eine Spur archaisch, denn die Sorge geht um, dass die Teilnehmer in die falsche Richtung schleudern. Ist das Problem gelöst, wird eine Stunde später ein Kugelstoß-Goldmedaillengewinner gekürt.

Immer darf gelacht werden, weil die Kinder ja selbst damit nicht aufhören. Ich habe keine Ahnung, was für sie wichtiger ist: das Siegen oder einfach das Vergnügen, hier zu sein und spielen zu dürfen. Viele kommen aus verstaubten Nestern, für sie sind diese Stunden eine unglaubliche Ausnahme.

Der 100-Meter-Lauf gilt als Königsdisziplin, wie bei allen Olympiaden. Und geht hier so lustig vonstatten, dass mancher Läufer vor Lachen mittendrin abbricht und sich ins Gras legt: wie sie schon an den Start wackeln. Denn bei einigen ist das motorische System so durcheinander, dass eine Engelsgeduld investiert werden muss, um sie am zugewiesenen Startplatz zu halten. Aber irgendwann rennen sie los. Die einen gelenkig, die anderen ganz dick, die Jungs in Turnhosen und die Mädchen im dunklen Trainingsanzug mit Kopftuch, die einen elegant, die anderen wie verschreckte Pinguine mit den Armen wedelnd, die einen winken ihren Freunden zu, ein paar starren verzückt in den Himmel und einer – er ist der Publikumsliebling – reißt schon auf halber Strecke die Hände in Siegerpose nach oben. Und wird von allen überholt. Wie umwerfend erleichternd, dass sie hier keine Betroffenheitsspiele aufführen, sondern auf Biegen und Brechen darauf bestehen, sich einen schönen langen Tag zu amüsieren.

Was gerade geschieht, hat nichts spezifisch mit Palästina zu tun. Aber hier berührt es inniger, weil neben der menschlichen Wärme die politische Dimension sichtbar wird. Eben der drängende Wunsch eines Volks, zur Welt zu gehören. Als Nation. Indem es sich öffentlich mit der Idee von Olympia einverstanden erklärt, mit der so modernen Idee, friedlich und spielerisch gegeneinander anzutreten. Und noch etwas: Auch Palästinenser haben ganz normale Herausforderungen. Ähnlich unseren. Herausforderungen wie behinderte Kinder. Und sie haben Frauen und Männer, wie wir, die sich um sie kümmern. Palästinenser sind ganz normale Menschen.

Abschied von den Kindern, wieder umarmen und drücken und klettern. Und jedes Kind will ein »High five«, das

Abklatschen der gespreizten fünf Finger. Ja, das haben sie von Michael Jordan abgeschaut. Sagt Jemina, die Krankenschwester. Die von Paris träumt (und ich von Jemina in Paris). Ich winke und sie winkt zurück: Ein Augenzwinkern zwischen einer Frau und einem Mann, ist das nicht eine sweet eiserne Ration für all die Tage, an denen kein Zwinkern auftaucht?

112

Packen und auf nach Bethlehem. Im Sammeltaxi komme ich mit Marfak ins Gespräch, der eine lustige Geschichte weiß. Von einem Palästinenser, der eines Tages mit einer genialen Idee aufwachte: Er ließ den hellen, hellgelben Stein, aus dem das ganze Land zu bestehen scheint, in Schuhschachtelgröße zuschneiden und fing an, ihn an Touristen als »Jesus' Stone« zu verkaufen. Aus dem Gebiet, so der Werbespruch, »in dem der Gottessohn wandelte«. Inzwischen wurde der Geniale zum Millionär, bis nach Übersee verschickt er das »holy gift«. Ich gönne ihm jeden Schekel, denn die Gerissenen haben mir schon immer imponiert.

Jetzt wird das Leben wieder höllisch kompliziert. Nach fünfundzwanzig Minuten in ein Taxi umsteigen und weiter zu den drei Checkpoints, die das (palästinensische) Bethlehem vom (konfiszierten) Palästina trennen. Lange Gänge, dann durch Löwengitter und Drehtüren. Überall Soldaten. Hier könnte man einen Zuchthausfilm drehen und nichts müsste zusätzlich montiert werden. Wer drüben ankommt, ist noch immer in Palästina. Laut Völkerrecht. Nein, er ist in Israel. Laut Besatzerunrecht. Der Blick schweift von einer Siedlung zur nächsten.

Hier, direkt hinter der Mauer, steht »Rahels Grab«. Früher weithin sichtbar, heute von vier Seiten eingebunkert. Rahel – laut Bibel die »Lieblingsfrau« Jakobs, dem Enkel Abrahams – wird von allen drei Monotheismen verehrt. Aber Moslems dürfen nicht rein, denn es soll allein dem Judentum gehören. Klar, die Sicherheit. Ich darf auch nicht rein, als Fußgänger. Also autostoppe ich einen Meter vor dem Rahels-Grab-Checkpoint und irgendwann nimmt mich jemand mit.

Auf dem folgenden knappen Kilometer könnte man einen russischen Gangsterfilm inszenieren. Links der acht Meter hohe Beton, rechts der acht Meter hohe Beton (oder eine Wand aus Wellblech) und dazwischen die Straße. Möglicherweise fährt man in Sibirien so auf das Haupttor eines Gulags zu, hier im heiligen Land geht es Richtung »drittheiligste Grabstätte«. Man versteht den Aufwand, denn die Toten sind die Lieblingsmenschen der Religiösen. Den Lebenden erklären sie den Krieg und die Leichen vergöttern sie.

Ankommen auf einem mehreckigen Platz, jetzt sind wir wieder im Zuchthauskino: Rundummauern, Scheinwerfer, Schießscharten, Tarnnetze, Wachtürme und viele Leute, die Gerätschaften mit sich herumtragen, die keinem anderen Zweck dienen, als Feinde das Fürchten zu lehren. Ich schaue nach oben und entdecke einen Drachen in den Hochspannungsleitungen, wohl irgendwann hierher verweht. Ich stelle mir ein Kind vor, das einst voller Enthusiasmus über die nahen Felder lief. Und plötzlich riss die Schnur. Und der Drachen landete hier. Als poetisches Zeichen von Leben über diesem sonnengrellen, schattenlosen und schauerlich finsteren Gefängnishof, in dem eine 4000 Jahre alte Tote liegt. So munkeln sie.

Mit Bussen treffen die Gläubigen ein. Und nach zwanzig Minuten kommt mein Bus. Wie auf der Website beschrieben: *bullet-proof and armored*, kugelsicher und gepanzert. Vor einer Woche hatte ich mich per Internet für eine »Hebron Tour« angemeldet. Veranstaltet von den Siedlern. Weil ich wissen will, was in ihren Köpfen vorgeht. Der offizielle Start ist in Jerusalem. Da ich das aber zeitlich – Checkpoints und wieder Checkpoints – nicht geschafft hätte, wurde vereinbart, mich hier einzusammeln. Rabbi Hochbaum steigt aus und begrüßt mich freudig, hinter ihm die anderen Teilnehmer, die nun in der Grabkammer verschwinden. Ich schaue auf die Visitenkarte des Rabbis, er wohnt in *Abravam Avinu*, einer der jüdischen Wohnsiedlungen mitten in Hebron. Neben »country« steht: Israel. Eine Amerikanerin, unverkennbar am Akzent, ruft schrill: »What is this?«, und deutet auf den zwei Meter entfernten Beton. »*The* wall«, *die* Mauer, antwortet ihr Begleiter, nicht ohne Ironie.

Im Allerheiligsten wird viel gewippt – stehend, den Oberkörper vor und zurück – und viel Inbrunst demonstriert. So der erste Eindruck. Da ich aber als Ex-Katholik ein waches Auge für die Gesten des überdrehten Taumels habe, stelle ich mich lautlos hinten hin und warte. Auf ein Zeichen. Und es kommt. Wieder in Form eines Handys, das energisch läutet. Und ein Mann – gerade noch in himmelsnaher Verzückung – unterbricht das Fieber, spricht rein und geht raus. Ich liebe solche Szenen, immer wieder, sie wirken wie ein Lügendetektor: Es gab keine Verzückung, es gab nur das Vorführen von Verzückung. Zwei Minuten später kommt der Mensch zurück, setzt sich erneut die Maske auf und spielt weiter Ergriffenheit. Wippend. Auch das scheint ein Phänomen moderner Zeiten: Klingelt es, so hat sogar der Herrgott Pause. Selbst er, der Allgewaltige, muss stillhalten. Bis er wieder drankommt.

Um 10.15 Uhr bittet Hochbaum in den Bus. Ich sitze neben Marc, einem amerikanischen Touristen. Er macht einen gut gelaunten Eindruck. Nach einer Viertelstunde werde ich wissen – schnell erkennbar an den Bravoschreien und lautstarken Bejahungen –, dass hier alle einer Meinung sind. Wie bei der *Machsom-Tour* mit den beiden Israelinnen Isa und Daniela steht nun der Rabbi vorne am Mikrofon. Seine Wahrheit allerdings klingt anders. Ganz anders. Sie ist göttlich und deshalb beginnt die Fahrt mit einem Gebet. Damit wir alle sicher davonkommen, sprich niemand mit einem Panzer auf den Bus feuert. Denn Panzerplatten sind gut, aber nicht gut genug gegen eine Breitseite aus zehn Meter Entfernung.

Ich bin voller Vorfreude, obwohl ich ahne, was mich erwartet. Aber jede Form von Wahn fasziniert mich. Und würde sich alles in mir sträuben, doch er, der Wahn, erzählt mir etwas von der Welt und den unfassbar bizarren Blicken, die man auf sie werfen kann. Bisweilen deprimiert mich der Zustand der Fassungslosigkeit, bisweilen erheitert er mich. Weil so taub und blind sein auch seinen Unterhaltungswert hat. Man steht wie vor einem, der mit unzähligen Tellern jongliert und nie strauchelt. So kann einer rastlos tausendundeine Lüge erzählen und noch immer glauben, dass er nichts als Tatsachen verbreitet.

Hochbaums Website wirbt für den Ausflug mit dem Hinweis auf »the ultimate family experience«, eine Superspritztour für die ganze Familie, sozusagen. Vorab will ich auf etwas Prinzipielles in den Predigten des Rabbis verweisen, damit der Grundton hörbar wird: In den nächsten fünf Stunden wird er grundsätzlich »Arabs« statt »Palestineans« sagen, »neighborhoods« statt »settlements«, »Judea and Samaria« statt »Palestine«. Er wird zwanghaft die »Massaker der Araber« erwähnen, ausführlich gegen die »leftists« herziehen (= die selbsthassenden Juden) und uns an die beiden Lieblingsideen der Unbekehrbaren erinnern: dass das Land leer war und Jehova alias Weltenherrscher es den Juden geschenkt hat. Was jedoch nie vorkommt: der Araber als Mensch, die Massaker der Juden, ein einziges Wort der Versöhnung.

Unser Tourguide zeigt hinaus durch die Fenster, nicht weit entfernt liegt *Har Homa*, berühmte und noch berüchtigtere Siedlung vor den Toren Jerusalems, in Palästina. 134 Staaten stimmten 1997 in einer UN-Generalversammlung für den sofortigen Stopp der Bauarbeiten, nur die USA, Israel und Mikronesien (!) votierten dagegen. Da kein anderes Land mehr UN-Resolutionen missachtet als Israel, hörte es auch hier nicht hin. Mit Gusto erwähnt Hochbaum, dass die Weltpresse damals geschäumt hat, und fügt mit unverhohlener Freude hinzu: »But now it's done!«, in die Realität übersetzt: Hier steht es und hier wird es stehen bleiben. Er sagt genau das, was die Regierung nicht sagt, aber tut: *Faits accomplis* schaffen, knallharte Fakten. Bücher, Kochgeschirr, Autos – all das kann man wegwerfen, entmüllen. Aber Städte nicht, auch *Har Homa* nicht, das sich ringförmig über einen Hügel ausbreitet, Modell Bollwerk: absperrbar, verteidigbar, schier unangreifbar. Zudem haben die Bewohner damit die Möglichkeit (und die Aufgabe), dem Staatssicherheitsdienst zuzuarbeiten, sprich das palästinensische Umland, das grundsätzlich verdächtige, zu beobachten. Dass es vor dem Bau zu massenhaften Zwangsenteignungen von Grund und Boden kam, sei der Form halber noch erwähnt.

Wir kommen gut voran, denn die Siedler verfügen oft über eigene Straßen, die ja für andere gesperrt sind. Hochbaum lebt auf, immer wieder zeigt er auf die »Nachbarschaften«, die bereits bestehen oder gerade hochgezogen werden. Er sagt den unbezahlbaren Satz: »All dieses Land wird uns eines Tages gehören, denn als Gott die Welt erschuf, schlug er in Israel sein Hauptquartier auf.« Damit auch weiterhin alles in Gottes (und israelischer) Hand bleibt, verweist der Umtriebige mehrmals, nein, oftmals, auf *The Hebron Fund*, das Bankkonto, auf das jeder gern einzahlen darf. Soll. Beträge, please, jenseits der Tourgebühr. Ein Wink an die »rich Americans«, die mit astronomischen Summen die Siedlungspolitik mitfinanzieren. Hochbaum ist gewieft, er weiß, welche Knöpfe er drücken muss. Er spricht den so schwerwiegenden Gedanken sinnigerweise erst dann aus, als wir an einem Konvoi israelischer Militärfahrzeuge vorbeikommen: dass die jüdische Gemeinschaft früher keine Armee hatte und sie deshalb wie hilflose Lämmer auf die Rampe von Auschwitz geführt wurde. »Aber jetzt haben wir eine und jetzt werden wir uns wehren.«

Ja, Mister Hochbaum erinnert an furchtbarste Vergehen, aber er instrumentalisiert sie für einen furchtbar falschen Zusammenhang. Denn der von ihm und seinesgleichen begangene Landraub steht in keinem Zusammenhang mit den

Freveltaten der Nazis und ihrer Helfershelfer. Das palästinensische Volk will das jüdische Volk nicht vergasen. Auch nicht einzeln totschlagen, totschinden und zum Tode verurteilen. Dass es eine Minderheit gibt, die das will, nun, das hat sie mit einer Minderheit in der israelischen Bevölkerung gemeinsam. Beide Seiten zerbrechen sich unermüdlich den Kopf darüber, wie sie den anderen, den »Bösen«, am effizientesten vernichten könnten: vielleicht in die verfügbaren Meere treiben oder in die Luft sprengen oder per Atombombe – auch das kann man auf ihren Homepages nachlesen – für die nächsten 50 000 Jahre aus dem Weg schaffen.

Doch es wird wieder heiter. Marc, mein Sitznachbar, sorgt dafür. Er stellt sich als erfolgreichen Businessman aus New York City vor. Und hält mich wohl für einen Juden, denn ganz ungeniert lässt er seinen Geistesblitzen freien Lauf: Wir fahren durch ein Dorf und sehen einen Wagen der Müllabfuhr, ganz neu. Und Marc zischt in mein linkes Ohr: »Da, schau dir die Araber an, all das Geld bekommen sie von der Europäischen Union.« Wir kommen durch ein nächstes Dorf, fünf Kinder stehen auf dem Trottoir, und wieder Marc: »Schau dir das an, wie die Karnickel verbreiten sie sich. Und wir dürfen nirgends bauen.« Und Rabbi Hochbaum sagt, wie üblich, etwas Abfälliges über die Araber und Marc hat es erkannt: »Gott ist unser persönlicher Reiseleiter.« Als wir an einem Café vorbeikommen, in dem ein paar Alte in der Sonne sitzen und Shisha rauchen, dechiffriert Marc sofort die Heimtücke der Situation: »Je mehr sie uns attackieren, desto härter schlagen wir zurück.« Als der Rabbi nochmals an den *Hebron Fund* erinnert, brilliert Marc als Aphoristiker: »Gott ist wie eine Kreditkarte, aber ohne Ablaufdatum.« Zuletzt, als Resümee seiner jahrelangen Überlegungen, fordert er: »Israel sollte die Westbanks annektieren.« Damit ich alles richtig verstehe, frage ich nach und Marc bestätigt: Ja, dem eigenen Staatsgebiet einverleiben und *de jure* und *de facto* ein Groß-Israel schaffen.

Wir erreichen Hebron, der Bus hält vor dem *Gutnick Res-*

taurant, direkt neben der Synagoge. Überall Militär. Wir gehen die zweihundert Meter zur »King David Street«, der Hauptstraße der Geisterstadt. Tausend Juden (Hochbaum erhöht bewusst die Zahl) leben jetzt hier, sagt er, neunzig Familien mit je plus/minus zehn Kindern. Über die mehr als zehntausend Palästinenser, die von hier vertrieben wurden, fällt kein Wort. Dafür umso öfter über das 1929-Massaker. Völliges Stillschweigen zu Baruch Goldstein und seinem Blutrausch 1994. (Als ich den Rabbi später dazu befrage, meint er, dass Goldsteins Tat durchaus verständlich sei, denn er habe damit ein arabisches Komplott verhindert. Keine Silbe Mitgefühl für die Opfer, nicht einmal der scheinheilige Anflug davon kommt ihm über die Lippen, klar: die Bestie Araber muss vernichtet werden.) Jugendliche kommen uns entgegen, die das »Haareschneiden der Dreijährigen« feiern. Denn in der Thora steht, so höre ich, dass ein Kind erst mit drei Jahren zum Friseur darf. Hier wimmelt es von ewigen Wahrheiten.

Hochbaum bittet uns in seine Wohnung. Die Häuser sind in sich verschachtelt, so dass man sie nicht direkt von außen betreten kann. Erst über Stiegen und Treppen kommt man hinein. Gewiss, die Zugbrücken fehlen noch. Das Wohnzimmer ist gutbürgerlich eingerichtet, wir verteilen uns auf die Sitzgelegenheiten und den Boden. Der Rabbi hat auch Charme, kann sogar lächeln. Aber nur in jenen Augenblicken, so scheint es, in denen er *nicht* »Geschichte schreibt«. So größenwahnsinnig haben er und andere es auf ihrer Siedler-Website notiert. Okay, hier schreiben sie Geschichte. Zum Gotteswahn kommt der Größenwahn, das Phänomen ist nicht neu.

Wir erfahren, dass die Familien unter sich bleiben. Deshalb praktizieren sie auch striktes »neighborhood marrying«: Man heiratet nur untereinander, jung, so jung wie möglich. Damit gleich zielstrebig fortgepflanzt werden kann. Inzucht zur Erhaltung der unbefleckten Rasse. Zudem binde die Heirat blutjunge Soldaten, »trotz Hormongewitter«, an Frau und Kind. Sie wüssten dann auch unter starkem Stress, so der Rabbi, wo ihr Zuhause ist.

Dann wird es wieder lustig, eine Realsatire holt aus, so zufällig und absurd wie vor Tagen an der Grabstätte von Isai und Ruth: Hochbaum schreitet zum großen Fenster, öffnet es, breitet dramatisch die Arme aus und sagt: »Jeden Morgen stehe ich hier und sehe die Schatten von Abraham und Jakob vorbeiziehen. Und sie sprechen zu mir: ›Dieses Land gehört dem jüdischen Volk‹.« Und wie von den Marx Brothers choreografiert, schallt es jetzt ins jüdische Wohnzimmer, feuerwehrlaut und gnadenlos penetrant: »Allah Akbar!« Ob der Rabbi in solchen Momenten nicht doch an der Übermacht Jehovas zweifelt? Wenn er dessen Gegner, dem Herrn Allah, einen solch triumphalen Auftritt im genau falschen Augenblick gestattet?

Der Besuch ist zu Ende, wir gehen zurück auf die Straße. Hochbaum führt uns ins *Hebrew Heritage Museum*, in einer anderen Häuserburg. Dunkel wird es, man muss gewappnet sein. Überall die Bilder von Toten, »von den Arabern ermordet«. Der Rabbi hat ein Talent für die Schrecken, die über das jüdische Volk kamen. Und überhaupt kein Talent, sich eine Zukunft ohne Schrecken vorzustellen. Deshalb seine kriegerischen Reden. Die Atmosphäre ist entsetzlich bedrückend. Zur Anteilnahme für die Opfer kommt das Wissen, dass sie hier zum Kompromiss nicht fähig sind. Der Araber ist der notorische Mörder und mit Mördern ist eine Koexistenz nicht denkbar. Das einzige Kommunikationsmittel scheint der Hass, genährt von unauslotbarer Angst.

Mittagessen im *Gutnick Restaurant*. Dann die hundertfünfzig Meter hinauf zur Synagoge. Der Rabbi verweist auf die Moschee, die überflüssigerweise danebensteht. Dass ein Teil der Moschee zwangsrequiriert wurde, um die Synagoge zu installieren, sagt er nicht. Aber über *Machpela*, das Grab der Patriarchen, spricht er und erwähnt den Namen eines jüdischen Mädchens, Michal Arbel, das im November 1968 der vorläufig letzte Mensch war, so heißt es, der die Höhle betreten hat.* Um hinterher »den Verstand zu verlieren«. Klar, so mitreißend war die Erfahrung. Die Urgewalt göttlichen Lichts, das hat noch jeder Religion gefallen. Als Gottesbeweis. Hochbaum versäumt die letzte Gelegenheit, Baruch Goldstein zu erwähnen, der drei Meter entfernt, hinter der dicken Mauer, kein göttliches Licht in die Welt brachte, sondern den Tod.

Während alle beten, entdecke ich Ehud. Den Mann, der Adolf Hitler für einen Gesandten Jehovas hält, hienieden beauftragt, das jüdische Volk millionenfach zu züchtigen. Ich gehe auf ihn zu und etwas Eigenartiges passiert: Ich nehme mir vor, ihn mit aller mir verfügbaren Herzlichkeit zu begrüßen. Ihn, der einer anderen Generation angehört, einem anderem Land, einer anderen Sprache, einer anderen Kultur, einer anderen »Rasse«, aber immer doch ein Mensch ist, nur ein Mensch, nein, nicht nur, sondern vor allem ein Mensch. Wie ich, der will, was alle wollen: lieben und geliebt werden. Und wenn es zur Liebe nicht reicht, dann eben achten und geachtet werden. Und ich begrüße ihn innig und er freut sich, erkennt mich wieder und fragt, wie es mir die Tage ergangen sei.

Nach dem Besuch in der Synagoge ist die Tour zu Ende. Die einen fahren zurück nach Jerusalem, ich will nach Ramallah. Auf dem Weg zum großen Parkplatz komme ich an einer Hauswand vorbei, der rot geschmierte Satz über der Fassade leuchtet wie ein Abschiedsgruß: »All you need is hate.« Hebron sucks. Den Körper gewiss, doch die Seele abgründig. Die Stadt ist wie ein Giftpfeil, der sich mitten hinein bohrt. Man muss ihn herausreißen. Um sein Herz zu retten.

---

* Die irdische Wahrheit klingt anders: Richtig, Michal Arbel war als 13-Jährige in der Höhle, kam völlig heil wieder heraus, studierte später, lehrte lange Zeit hebräische Literatur in Tel Aviv und arbeitet heute als Publizistin. Sie hat nicht den Verstand verloren, denn sie ist eine scharfe Gegnerin der Siedlungspolitik.

113

Im Sammeltaxi sitze ich neben Amir. Er ist 32, hat einen Abschluss in *electronic engineering* und nie einen entsprechenden Arbeitsplatz gefunden. Hat gejobbt und endlich in Dubai einen Vertrag unterschrieben. Fünf Jahre hielt er die Einsamkeit aus, dann trieb ihn das Heimweh zurück nach Palästina. Jetzt ist er auf dem Weg zu einem Vorstellungsgespräch. Als Handelsvertreter. Er nimmt, sagt er, was er bekommt. Er zieht sein Handy heraus und zeigt mir seine Tochter, 17 Tage alt. Ich frage ihn, lauernd, ob er »mit ihr zufrieden« sei. Und Amir sagt spontan Ja, aber ein Sohn müsse auch noch kommen. Doch er argumentiert anders als Ruhi, der Mann in Jericho, den religiöse Überlieferungen schinden. Er argumentiert wirtschaftlich: Die Tochter wird eines Tages das Haus verlassen, mit ihrem Mann. Der Sohn jedoch bleibt beim Vater, selbst wenn er heiratet. Und wird sich um ihn kümmern, wenn er alt ist.

In Ramallah heile ich. Jeder, der mich sieht und erkennt, grinst, winkt mich herüber, will ein »welcome« loswerden. Ich bekomme meine Zeitungen, meine Falafel, meinen Kaffee. Und ein Taxi bringt mich zu der Anhöhe, zu dem winzigen Hügel neben meinem Hotel. Da, wo ich schon öfter saß und leicht irrewurde. Vor Hochstimmung, vor Freude. Weil, wie jetzt, zwei Spatzen vorbeihüpfen. Weil die Sonne nicht mehr brennt, nur noch sanft leuchtet. Weil ich eine halbe Stunde lang dem Irrglauben erliegen darf, dass alles gut wird.

Und es wird alles gut. Diesen Abend lang, immerhin. An der Rezeption steht wieder Zafer, der treu mein Lieblingszimmer reserviert hat. Und mir die schriftliche Nachricht eines Mittelmannes überreicht, den ich in Bil'in kennengelernt habe. Ich lese den Namen und die Telefonnummer eines Palästinensers, der mir zeigen wird, wie ich heimlich über die grüne Grenze nach Israel gelangen kann. Viele tun das hier. Um Arbeit zu finden in Jaffa, in Haifa, in Tel Aviv. Ich will wissen, wie sie das anstellen.

Und dann kommt der Kniefall vor der Badewanne. Wenn

ihr Erfinder schon nicht posthum den Friedensnobelpreis erhält, so will ich ihm (ihr?) Dank sagen, solange ich die Kraft habe hineinzusteigen. Das Wasser strömt und ich richte mir das Paradies ein: mit einem Stuhl daneben, auf dem die Bücher und Zeitungen liegen, die Zigarillos, ein paar Früchte, zwei Kerzen. Und einem Hocker für den Mac. Dann die Augen schließen und das Glück der Unbeweglichkeit genießen.

Irgendwann lese ich ein Interview mit dem kanadischen Regisseur Arthur Hiller, er spricht von seinen Filmen, auch von »Man of la Mancha«. Ich liebe diesen Film, es ist die (sehr freie) Musical-Version von Cervantes' *Don Quijote*. Jenem spinnösen Helden, der in die Welt aufbrach, um sie gut und schön und wahrhaftig einzurichten. Er ist der berühmteste Narr der Literaturgeschichte, ein Phantast, ein warmherziger Anarchist, der Mann, der aussichtslos und beherzt in den Kampf gegen die Windmühlen zog.

Ich suche auf Youtube »The impossible dream«, mein Lieblingslied aus dem Musical. Und ich sehe wieder Peter O'Toole als den wundersam Verrückten, wie er grandios ungelenk vor Sophia Loren steht, seiner Dulcinea, und ihr seinen Traum vom unbestechlichen Leben und der unbestechlichen Liebe eines Ritters vorsingt. Und jede Zeile ist unerfüllbar und jedes Wort klingt wie ein Märchen. Aber jetzt will ich den Schmus hören, jetzt soll mich die Kunst trösten über das, was die Wirklichkeit nicht hergibt.

Dann wieder lesen. Ich finde einen Bericht über eine Freundesgruppe, die hier in einem Club *Speed dating* einführen will. Was natürlich zu gehörigem Widerstand führt. Die zuständigen Moralapostel fürchten den Untergang aller Sittlichkeit. Was mich auf eine brauchbare Idee bringt: Wir verzichten ab sofort auf alles Buckeln und Wimmern und Greinen und Niederwerfen und Wippen und Hintern-in-die-Luft-strecken und organisieren – vom Staat subventioniert – jede Woche einmal »Speed dating with humanism«. Und so liefe es ab: Kinder, Jugendliche, Frauen und Männer, die nach spiritueller Nahrung suchen, treffen – so soll es beginnen – drei Minuten lang jemanden, der ihnen von den Wundersamkeiten eines humanistischen Weltbilds erzählt. Sogleich erführen sie das erste Gebot: »Vergiss den himmlischen Kokolores und verliebe dich in die Welt.« Dann weiterrücken, dann den Hinweis hören, dass Humanisten noch nie in einen Krieg hetzten, auch in keinen heiligen, auch nie Waffen segneten, auch nie von »Ungläubigen« redeten, auch nie Frauen und Töchter für weniger wertvoll hielten, auch nie Sklavenhandel trieben, auch nie eine Hölle und andere höllische Angstwörter erfanden, auch nie – et cetera, et cetera. Ja, ein Crashkurs in Diesseitigkeit würde stattfinden. Denn ich wüsste noch immer nichts »Geistigeres«, nichts Menschlicheres als die Ehrfurcht vor dem eigenen Leben. Und dem Leben aller anderen. Und die Liebe, die immer gefährdete, zu unserem Planeten.

Aber dann sind die drei schönen Stunden vorbei und es kracht. Ich eile zum Fenster und sehe, vier Stock tiefer, eine Menschenmenge. Direkt dem Hotel gegenüber. Gebrüll, Drohgebärden, die Blaulichter der Polizei. Ich springe in Hemd und Hose und eile hinunter. Aus Sicherheitsgründen hat man die Eingangstür verriegelt. Dann eben durch den Hinterausgang. Etwa zwanzig Leute sind am Gemenge beteiligt, der Rest schaut zu. Die Prügelei findet auf den Stufen statt, die zum Restaurant »Eiffel« führen, über dem der berühmte Turm als Leuchtreklame strahlt. Bemerkenswerte Schlägerei: Sobald sich die Männer ineinander verkeilt haben, bewegen sie sich – wie zwei gegnerische Rugbymannschaften, wie ineinander verhakte Krebse – treppaufwärts Richtung Eingang. Der breit genug ist für alle. Und drinnen entwirren sie sich und hauen wieder aufeinander ein. Bis sie erneut zum Knäuel werden und jetzt, treppabwärts, wogen. Wo Polizisten und Freunde (beider Seiten) versuchen, die Raufbolde auseinanderzuzerren. Mit Muskelkraft und Geschrei. Aber ohne Waffeneinsatz. Und stets ohne Erfolg. Bis die Flut zurück ins Restaurant schwappt, wo einer die ge-

niale Idee hat, so scheint es zuerst, die Rollläden zu schließen. Aber das beruhigt keinen, denn plötzlich biegen sich
die Rollos, klares Zeichen, dass es in der Arena zu eng wird
und sie wieder ins Freie wollen. Also gehen die Gitter hoch
und die Woge kommt zurück. Noch mehr Schreie, noch
mehr Hiebe, noch mehr Spaghetti-Western. Jetzt fliegen sogar Stühle, Tische und zwei Marmorplatten auf die Stufen
und das Trottoir. Verstärkung rauscht an, für die Catcher
und für die Polizei. Unheimliche Kräfte walten und unheimlich viele, auch Polizisten in Zivil, sind nun mit Schießge-
wehren und schwerer Munition unterwegs. Aber niemand
fuchtelt damit, kein einziger Schuss fällt. Ein Rettungs-
wagen parkt in der Nähe. Inzwischen ist die Straße blockiert,
voller Bewunderung schauen die Autofahrer auf das Spektakel. Unbestritten, der Kampf hat etwas Ästhetisches. Das
Hinundherfluten wild entschlossener Männerkörper, das
sieht wie inszeniert aus, wie ein Ballett aus rauen Zeiten.

Nach einer langen halben Stunde lässt die Erregung nach,
die Streithähne werden endlich getrennt und ein paar Rä-
delsführer abgeführt. Angestellte holen die Möbel zurück
ins »Eiffel«. Auch die Marmorscherben.

Das war die Story. Um jedoch die *story behind the story* zu
erfahren, den Grund der Keilerei, brauche ich nochmals
eine Stunde. Denn im Orient können sie wunderbar fabulie-
ren, wunderbar etwas behaupten, was sie (angeblich) gehört
und (angeblich) gesehen haben. Überall können sie das,
aber hier sind sie die Meister. Doch der elfte Befragte spricht
das beste Englisch und bestätigt, was mir schon ein Polizist
angedeutet hatte: Fünf Brüder kamen in das Restaurant, um
einen Mann zu traktieren, der hier mit ihrer Schwester zu
Abend aß. Da seien Allah und der Prophet vor. Und die fünf
Wichtigtuer. Undenkbar, dass eine Frau selbst darüber entscheidet, mit wem sie ausgehen will, ja, grotesker noch, ob
sie überhaupt ausgehen darf. Denn sie muss »beschützt«
werden. Erstaunlich, wie viele Formen von Wahn durch die
Welt geistern.

114

Am nächsten Morgen fahre ich nach Qalandia, einer Vorstadt von Ramallah, Flüchtlingslager und verrufenster Checkpoint aller Checkpoints. Er trennt Palästina vom palästinensischen Ostjerusalem, das von Israel 1980 annektiert wurde und jetzt Israel »gehört«. Wie üblich ein völkerrechtswidriger Akt, den die UNO nicht anerkennt. Bevor ich mir die Mühsal antue, gehe ich entlang der Mauer, die sich kilometerweit links und rechts hinzieht, voller Graffiti und Malereien. Das prominenteste Bild: das Gesicht von Marwan Barghouti, Anführer beider Intifadas. Ein Held für die Palästinenser, ein Terrorist für Israel, das ihn zu fünfmal lebenslänglich verurteilt hat. Nicht weit davon entfernt hat jemand Munchs *Der Schrei* kopiert und irgendwo steht man vor Banksys berühmtem Mädchen mit den Zöpfen, leicht abhebend und in der Linken sieben Ballons: um über die Mauer zu schweben. Und dazwischen stehen Schlachtrufe und Poesie, Hassschreie und Friedensangebote:

Death to Israel
One wall, one jail
Nazi Zion
Hope builds bridges / Fear builds walls
What would Anne Frank do?
Good bye, Palestine, I will miss you
Palestine cries while the world blocks its ears
Tutto il mondo deve sapere (Die ganze Welt muss es
    wissen)
Dame lo bueno (Gib mir das Gute)
Hope is just a gimmick that is designed to sell fear
Stop killing my sons, brothers, husbands and fathers
The love we give away is the only love we keep

Zurück zum Checkpoint. Hätte Stalin ihn entworfen, es würde nicht überraschen. Eine graue, dicke, riesige Warze, schon der Anblick verbittert. »Take off your coat«, steht auf einem Schild, und: »Danger«, und: »Don't stop!« und – unüberbietbar zynisch: »May you go in peace and return in peace.« Ich gehe los und nach den ersten Schritten fällt mir plötzlich Grace Jones' Lied *Bulletproof Heart* ein. Das braucht einer jetzt, denn so sieht der Frieden aus, den die Besatzer den Besetzten wünschen: Man trottet durch einen fünfzehn Meter langen Käfig, männerschulterbreit, rundum abgeschlossen. Hat man diesen von Wartenden schon übervollen Durchgang hinter sich, steht man vor fünf »Schleusen«. Vor der einzigen, die gerade von Soldaten besetzt ist, ballt sich die Menschentraube. Jetzt wieder warten, jetzt wieder warten, jetzt wieder warten. Bis sich, im Rhythmus von etwa zehn Minuten, die Zacken der stählernen Drehtür bewegen, durch die dann vier, fünf Leute gelassen werden. Und manchmal die Zacken abrupt einrasten und die zwei letzten Personen in der »Tür« festgezwängt bleiben. Bis zum nächsten Durchlass. Dazwischen bellt jemand über Lautsprecher Ansagen im Kasernenhofton, so geplärrt und übersteuert, dass man nicht unterscheiden kann, ob sie in Hebräisch oder Arabisch verlautbart werden. Hitze glüht unter dem Wellblechdach, es gibt keine Sitzgelegenheiten, alle stehen: Väter mit Kindern auf den Armen, Frauen, alte Frauen, ein Mann mit Krücken, nichts bewegt sich, irgendwann fängt jemand zu streiten an, er fühlt sich überrumpelt, beschuldigt zwei andere, sich vorzudrängeln. (Das muss den Israelis gefallen: wenn der Feind sich gegenseitig bekämpft.) Umstehende versuchen zu beruhigen, manche sind beneidenswert stoisch, ein Alter singt Suren aus dem Koran, ein kleiner Junge sinkt zu Boden, jemand reicht eine Wasserflasche, die Mutter reibt das Gesicht ihres Sohnes ein, im Minutentakt vergrößern sich die Schweißflecken auf meinem Hemd. Durch die Gitter sieht man bisweilen Soldaten, die grundsätzlich nicht auf Rufe reagieren. Zum Beispiel auf die Frage, was zum Teufel so lange dauert, um die Handtasche einer Person zu kontrollieren. Darauf gibt es keine vernünftige Antwort, denn Metalldetektoren und Röntgengeräte erledi gen die Arbeit. Die einzige Antwort ist unvernünftig und unmenschlich: »Schikane!«, soll sagen: »Hey, ihr Araber, haut ab, ihr seid unerwünscht!« Soll sagen: »Wir werden euch so lange kujonieren, bis ihr verschwindet!« Deshalb öffnen die Besatzer nur einen Posten, deshalb schinden sie Zeit, deshalb bellen sie, deshalb genießen sie das Leid der anderen. Nach einer Stunde und 58 Minuten habe ich die hundert Meter hinter mir und bin auf der anderen Seite der Mauer.

Ich lasse die knapp zwei Stunden Erniedrigung auf mich wirken: ungut, aber keine Katastrophe. Und dann schlüpfe ich in das Herz eines Palästinensers, der – wenn er in Israel arbeitet oder, umgekehrt, in Ostjerusalem lebt und in Ramallah einen Job hat – diese Tortur zweimal pro Tag verabreicht bekommt, seit Jahrzehnten, fünf oder sechs Mal die Woche. Was passiert da mit einem Menschen? Noch dazu, wenn dieser Mensch weiß, dass sich jene, die ihn gerade demütigen, jede Stunde mehr Quadratmeter seines Landes unter den Nagel reißen? Wie hält jemand das aus? Wie versöhnt er sich mit seinen Träumen? Wann kommt der Moment, in dem ein namenloser Hass wie böses Gift das Herz überschwemmt?

115

Im Arabischen gibt es den Ausdruck »Baraka« – Schwein haben, Glück. Ich habe Glück, denn ich besitze einen Pass und bin auf einem Erdteil geboren, wo niemand mich aufhält, wenn ich davonwill, und niemand, wenn ich wiederkomme. Sich frei bewegen dürfen, von einem Ort in der Welt zum nächsten: wenn das kein Glück ist.

Ich fahre weiter mit einem Bus nach Jerusalem, in den Osten der Stadt. Will in mein Lieblingscafé, das den einzigen Namen trägt, der zu ihm passt: »Djenna«, Paradies. Dort darf man rauchen und still sein und schreiben. Auf dem Weg dorthin komme ich an Naim vorbei, dem blinden Händler, der auf dem Bürgersteig sitzt und Krimskrams verkauft, Zahnstocher, Zündhölzer, Batterien, Papiertaschentücher. Und immer frage ich ihn dasselbe: »Are you a happy man?«, und sobald er Ja sagt, frage ich ihn, warum. Und stets gibt er dieselbe Antwort: »Ich weiß es nicht.« Das muss das ergreifendste Glück sein: das grundlose, das Einfach-am-Leben-Sein-Glück.

Vor ein paar Tagen las ich ein Interview mit dem Schriftsteller George Saunders. Der Amerikaner erklärte in dem Gespräch, was er tut, um als »writer« seine Sinne wach zu halten: »I stay open all the time to beauty, cruelty, stupid human fallibility and unexpected grace.« Wenn ich jetzt darüber nachdenke, dann finde ich, dass Naim über *grace* verfügt. Das Wort lässt sich schwer übersetzen, da es so viele verschiedene Bedeutungen hat. Vielleicht passt Anmut, vielleicht Gnade. Irgendetwas beschützt ihn, damit er sein dunkles, armes Leben als glücklich begreift.

Als ich das Café wieder verlasse, stellt sich mir ein Mann in den Weg, lächelnd. Ich habe wohl bemerkt, dass er ein paar Mal zu meinem Tisch herübergeblickt hat. Auf meiner Tasche muss er den Sticker »tête en feu« gelesen haben, denn er spricht mich auf Französisch an: »Ah, vous êtes une tête en feu?«, Sie sind wohl ein Hitzkopf? Ich grinse und frage ihn, wie er sich selbst bezeichnen würde. Und der feine Herr, vielleicht siebzig, antwortet souverän: »Moi? Je suis un promeneur«, ich?, ich bin einer, der flaniert.

Und ich bin wie Naim: Die einfachsten Dinge beschwingen mich. Wie diese fünf kleinen Wörter.

116

Ich fahre zurück nach Ramallah, ein Monsterstau vor Qalandia. Zwei Stunden später sitze ich mit Aline, einer französischen Fotografin, in der *Alliance française*. Wir hatten uns vor Wochen kurz kennengelernt und vereinbart, dass sie mir von ihren Erfahrungen erzählt. Seit 2010 arbeitet sie hier als *freelancer* für internationale Magazine. Bis vor Kurzem lebte sie in einer Beziehung mit einem Palästinenser, der vier Jahre in einem israelischen Gefängnis verbracht hatte. Als Aufständischer während der *Zweiten Intifada*. Die beiden unterhielten eine komplizierte Affäre, die vor der Öffentlichkeit geheimgehalten werden musste. Sie, die 30-Jährige, war die erste erotische Begegnung für Melih (so soll er heißen). Ihre Nähe zu diesem Mann beziehungsweise seine Unfähigkeit, Nähe zuzulassen, habe ihr erstaunlich viel – so resümiert sie – über das Land beigebracht.

Der Mechaniker schien nicht fähig, Wärme herzustellen. Nicht körperlich, nicht seelisch. Der reine physische Akt fand statt, aber ohne Spiel und ohne Hingabe. Aline sagt, dass Melih ein Symbol für seine Generation sei: absolut verhärtet, absolut misstrauisch, absolut desillusioniert. Die Besatzung, die Demütigung, der Kampf, die Strafe: Er, Melih, trage alle Wunden und Narben seines Volks mit sich herum. Wie so viele andere. Die Okkupation wirke an beiden Fronten, an der äußeren, wo ein Land systematisch dekonstruiert wird, und an der inneren, der psychologischen: die Zerrüttung zwischenmenschlicher Beziehungen. Täglich habe ihr Melih eingeschärft, niemandem zu trauen, es gebe zu viele Verräter, die für den *Shin Beth* spitzelten, ja, in seiner eigenen Familie habe sich das Gift des permanenten Argwohns eingenistet. Ja, obwohl sich nie ein konkreter Verdacht bestätigte.

Aline ist eine attraktive Frau, doch man sieht die Anspannung in ihrem Gesicht. Sie erzählt, dass ihre lange schwelende Magersucht wieder ausgebrochen ist. Sie muss sich zwingen zu essen. Noch ist sie schlank, nicht skelettdünn. Aber schon treten an ihren Armen die Venen hervor. Auch das Ende ihrer Geschichte mit Melih zehrt an ihr. Und sie hasst Israel für all das, was sie gesehen und fotografiert hat. Und dafür, dass die Liebe zu diesem Mann nicht durchgehalten hat. Auch daran habe Israel Schuld, Mitschuld. Und manchmal hasst sie diesen Palästinenser, der sie nicht lieben konnte. Und manchmal hasst sie Palästina, das sie noch immer liebt: Ja, es sei sehr seltsam mit diesem Land. Es ist arm und heiß, oft karstig und unnahbar, oft dreckig und laut, oft unzuverlässig und ohne Zukunft. Und geschlagen mit einer Religion, die so vieles verhindert. Aber, Aline spricht jetzt wie zu sich selbst: Da ist etwas, was den Fremden nicht loslässt. Wie eine Droge, wie eine unwiderstehliche Sehnsucht erfüllt sie jeden, der einmal hier war. Nein, sie will nicht weg, ja, sie will bleiben.

Aline erwähnt auch Israelis, die den Palästinensern helfen. Mit manchen ist sie befreundet. Einer dieser Bekannten hat ihr ein überraschendes Motiv zum Mauerbau geliefert: Sie diene als Sichtblende. Die Israelis sollen nicht sehen, was geschieht. Sie ahnen, dass es dahinter nicht koscher zugeht, aber so nachdrücklich wollen sie es nicht wissen. Um ihr gutes Gewissen nicht über die Maßen zu strapazieren.

Die so originelle Beobachtung trifft es genau: Für die meisten – die schweigende Mehrheit minus Siedler – ist Palästina kein Thema, sie reden nicht darüber, sie haben es nie besucht. Auf leichtfertige Art sind sie grausam geworden. Aus Unkenntnis, aus instinktiver Abwehr, aus dem offiziell und rastlos propagierten Gefühl heraus, im Recht zu sein.

Eine Stunde später treffe ich Sabreen (Name geändert) in einem Café. Ich habe einen Artikel der Journalistin in einer Zeitschrift gelesen und sie kontaktiert. Ihr Bericht klang bestimmt und resolut. Und sie gehört zu jener Generation, die mit den Augen rollt, wenn es um die »traditionellen Aufgaben« der Palästinenserin geht. Sabreen ist 32 und lebt noch bei ihren Eltern. Weil sie nicht heiraten will und weil eine Unverheiratete nicht allein lebt. Aber auch, weil sie nicht genug verdient. Dieser Kompromiss scheint ihr weniger lausig als die (typische) Ehe: mit noch weniger Freiheit.

Jeden Tag muss sie kämpfen. Erster Kampfschauplatz: der eiserne Wunsch ihrer Umgebung, ihr, Sabreen, ein Kopftuch zu verpassen. Was sie ablehnt. Schwierig, denn immer und überall reden die »uncles and brothers« mit. Ohne familiäre Begleitung unterwegs sein, uff, wieder eine Schlacht.

Die heutige Begegnung mit mir, dem Fremden, war nur möglich, weil die Verabredung öffentlich stattfindet und der Treffpunkt eine stadtbekannte Adresse ist. Ihr Vater zeigt Ansätze von Toleranz, aber die beiden Schwestern und ihre Mutter scheinen schwer betäubt von unaufhörlichen Gewissheiten, die seit 1400 Jahren wie alter Sperrmüll ihre Hirne lahmlegen. Ich spiele wieder einmal *Advocatus Diaboli* und frage nach, wie sie es mit der Religion hält, sie als Frau, sie als erstes Opfer. Sabreen windet sich, redet von Bedenken, die ihr durch den Kopf gehen. Doch den Satz »Fuck it« schafft sie nicht. Noch nicht.

Wie ich solche Frauen bewundere. Die in einer Welt Widerstand leisten, die ihr Leben täglich mit Vorschriften verbarrikadiert. Die für jeden Schritt in die Freiheit in den Krieg ziehen müssen. Die für jeden Gedanken, der nicht vom Weissager aus dem 6. Jahrhundert (und den Exegeten des Weissagers) freigegeben wurde, begeifert werden. Am liebsten würde ich Sabreen beim Abschied umarmen, aus schierer Freude über ihre Courage, ihren *esprit de résistance*. Aber das darf nicht sein. Das hieße ja Sünde, Leben, Leichtigkeit. Lauter Zustände, nach denen sich die Verweigerer – tief drin, tief verleugnet – sehnen.

117

Auf nach Bethlehem. Die Welt als sagenhaftes Gelände. Mit dem Sammeltaxi in einen riesigen Krater fahren und den Blick auf die schwarze Schlange richten, die Straße, die mitten hineinführt und irgendwann wieder nach oben zieht. Eben schwarz, da links und rechts alles hell flimmert, Felsen und Hitze, nur unterbrochen von den verrußten Wellblechhütten der Beduinen. Jedes Mal, wenn ich an einem dieser Kraals vorbeikomme, bin ich für Minuten Wellblechhüttenbewohner und frage mich, wie schnell ich wahnsinnig, wie schnell ich verzweifeln würde, müsste ich leben wie sie.

Nachdem sich die Wunder der Landschaft etwas beruhigt haben, komme ich mit Jamil ins Gespräch. Und begreife endlich den Handywahn der Palästinenser. Denn bald holt mein Sitznachbar, wie so viele vor ihm, sein Smartphone hervor, zeigt mir ein Video mit seinen Kindern, Sohn *und* Tochter, und sagt auf Deutsch (er hat Jahre in Hamburg, wo sonst?, gearbeitet): »Sie sind mein ganzes Leben.« Als wir einen Checkpoint passieren, bemerkt er: »Die Israelis bereiten uns diese Schwierigkeiten, damit du dein Leben hasst.« So spornen die einen ihn an und so machen die anderen ihn kaputt. Verstohlen schaue ich hin, wie er seine Augen nicht vom Screen seines Telefons lassen kann. Wie er sich Lebensmut holt von seinen Winzlingen.

118

Ich will zum *Claire Anastas'*, die Pension ist ein absolutes Phänomen. Lag sie vor ein paar Jahren noch an der Hauptstraße, die von Jerusalem nach Bethlehem führte, liegt sie jetzt in einem toten Winkel: eingesargt an drei Seiten von Mauern, 9,20 Meter hoch, getoppt von einem elektrisch geladenen Zaun mit Kameras. Auch diese Stadt wurde von der israelischen Armee mit Millionen Zentnern Beton beschenkt. Und von den israelischen Siedlern mit einem Ring schmucker Kolonien. Als ich aus dem Taxi steige, lese ich als ersten Graffito: »We lost below zero.«

Claire, die Chefin, ist eine patente Frau, katholisch, sichtlich dankbar, dass wieder jemand hier übernachten will. Da alle Zimmer frei sind, bekomme ich das größte. Mit der Aussicht auf unendlich viel graue Welt. Wir reden, Claire hat Zeit. Denn ihre beiden Souvenirshops im Erdgeschoss besucht auch kein Kunde mehr. Hatte sie früher eine erste Adresse, so verkommt ihr Haus heute im dunklen Eck.

Ihr Sohn Andrea (sic) steht neben ihr, ein Teenie, verschmust hängt er an seiner Mutter. Er ist dicklich und geistig leicht gestört. Claire erzählt, dass israelische Soldaten während der *Zweiten Intifada* mehrere Räume des Hotels besetzten, um zielgenauer auf »Terroristen« schießen zu können. (»Terroristen« sind stets jene Palästinenser, die für ihr Palästina kämpfen. Jene, die es ihnen stehlen, sind die moralisch Höherstehenden, sprich die Guten, eben keine Terroristen.) Der jahrelange Showdown, die vielen Kugeln, die rein- und rausflogen, haben das Kind im Kopf verwirrt.

Wir sitzen in einem ihrer Läden und ein Verwandter kommt, der Friseur. Das hilft beiden. Ein Salonbesuch wäre zu teuer und Latif hat kein Geld, um sich selbstständig zu machen. Claire holt einen Klappstuhl und der ambulante Figaro schneidet mit eleganten Bewegungen die Mähne dieser aparten Frau. Was für eine schwungvolle Tätigkeit, wie menschlich, wie warm: Ein paar Schritte neben einer Mauer, die vehement das vollkommene Desinteresse am anderen symbolisiert, onduliert und föhnt ein Mann eine Frau. Sie will schön sein und er will das auch. Das ist gewiss ein Zeichen von Widerstand: sich nicht gehen lassen, sich trotzig und schick der Welt zeigen.

Claire hat Zeit zum Erzählen, denn Latif scheint sich jede Haarspitze einzeln vorzunehmen. Und wie so viele im »heiligen« Land redet sie *holy shit*, wenn sie sich über das Überirdische auslässt. Wie eine Inquisitorin kämpft sie für ihren Herrgott, weiß gleich ein paar Geschichten, in denen Patronen und Granaten haarscharf an Christenmenschen vorbeizogen. Ohne einzuschlagen, denn »Jesus was in charge«. Nur »gläubig« müsse der Mensch sein. Als ich – ich Tropf – einwende, dass viele, viele Christen fleißig gebetet und fleißig an den Gottessohn geglaubt haben, aber trotzdem in einen Kugelhagel gerieten und anschließend tot umfielen, da ist Claire so frei, darauf zu verweisen, dass diese Leute nicht genug gebetet und/oder eben gesündigt, sprich »einen Schlitz weit ihr Herz dem Teufel geöffnet hatten«. Und der ließ die Kugeln auf sie prasseln. Ja, Claires Exegese der »Heiligen Schrift« wird noch phantastischer: Es könne durchaus sein, dass beim Kugelhageltod nicht Luzifer seine Finger im

Spiel hatte, sondern Herr Jesus plötzlich seine Meinung geändert hatte und den Gläubigen lieber per Kopfschuss zu sich ins Paradies holte. Wo er besser aufgehoben sei.

Dürfte ich, wie ich wollte, ich würde schreien, schreien, schreien. »Dummheit«, heißt es so trefflich, »ist die einzige Krankheit, unter der nicht der Kranke leidet, sondern die anderen.«

Absurdes Leben. Ich höre das Rauschen des Föhns, das Klingeln von Latifs Telefon, das Klingeln von Claires Telefon, sehe das Kind, das in die Luft starrt, höre die Märchen vom allzeit gerüsteten Jesus, der rastlos die Christenheit (und nur sie) rettet, stehe im *Holy Star Gift Shop*, dem Laden voll tausend Ladenhüter, darunter die »Krippe mit dem Loch« – in die Rückwand gestanzt –, »damit Jesus jederzeit kommen kann«, und lasse den Blick hinaus auf die Mauer gleiten, auf der zu lesen ist, wovon sie träumen:

> *Menu of freedom*
> Starter: *Hope*
> Main dish: *Joy*
> Dessert: *Love*

Das einstige »Zonenrandgebiet« in Deutschland fällt mir ein (als noch die DDR existierte). Dorthin wollte auch niemand shoppen gehen und seine Nächte verbringen. Aber immerhin gab es eine Regierung, die Geld in das Brachland pumpte. Hier haben sie keine Regierung, die Subventionen verteilt, pumpen geht ebenfalls nicht. Von wem auch? Claires Familie kann ihren Besitz nicht einmal verkaufen, denn die Einheimischen wollen ihn nicht. Und die Israelis wollen ihn, aber sie kommen als (geächtete) Käufer nicht infrage.

Bevor ich aufbreche, warnt mich Claire noch: auf dass ich mich nicht auf das Flachdach verirre. Des Panoramablicks, der funkelnden Sterne wegen. Denn dafür brauche man ein »permit« von den Besatzern. Wer ohne sie hinauf will, wird einen roten Laserstrahl auf seiner Stirn fühlen, sobald er

oben ist. Dann weiß er, dass er im Fadenkreuz eines Solda-
ten steht. Letzter Aufruf, wieder zu verschwinden. Wer
nicht verschwindet, wird verdächtigt, auf den Innenhof von
Rachels Grab schießen zu wollen. Das genau hinter der
Mauer liegt. Um das zu verhindern, wird der potenzielle
Grabschänder zuerst erschossen.

Ich mache mich auf den Weg in die Stadt, Claire ruft mir
nach, so, als wollte sie mich trösten: »The messiah is coming
soon!« – »When is soon?« – »Sooner than we can hope!«
Die Hoffnung, heißt es, stirbt zuletzt. Ein schauerlicher
Satz. Wie bei einem Esel, dem man die Karotte vor die Nase
bindet, damit er ihr bis zum finalen Schnaufer hinterher-
rennt: So hängt die Karotte »Herrgott« vor den Nasen der
Hoffnungsvollen. Ein Eselsrennen.

119

Ich gehe den weiten Weg in die Stadt. Auf den letzten zweihundert Metern der *Manger Street* beginnt der Touristen-
strich. Der durchaus Heiterkeit verschafft. Ein Nepper stellt
sich mir in den Weg und ein kurzes, auf das Wesentliche
beschränkte, Gespräch findet statt, er:

What you want?
I want girls, sex, glory and a penthouse.
Please, come.

Wahrscheinlich hat der Mensch kein Wort verstanden, auf
jeden Fall wird es nichts mit meiner Wunschliste. Ich werde
dennoch beschenkt, denn ich gehe in eine Falafel-Bude. Der
Chef bedient mich und setzt sich dazu. Er scheint gelangweilt, will reden. Ich frage ihn, ob er glücklich sei und er
antwortet: »No, the missing link is not available: our freedom.« Wie poetisch er es formuliert: Das Entscheidende im
Menschenleben fehlt ihm, die Freiheit. Nael will mir eine
Cola spendieren und ich sage eiskalt Ja: unter der Bedin-

gung, dass er mir zudem eine Geschichte schenkt. Wie man gewissen Zeitgenossen sofort ihre Verschlafenheit ansieht, so erkennt man bei anderen sogleich ihre Intelligenz und schaut in Augen, hinter denen man ein Leben vermutet. Nael hat solche Augen, er berichtet.

Mit sechzehn bricht er nach Kuwait auf, geht zur Schule, zur Universität, macht seinen Bachelor in *Business Administration*. Und fühlt wie jeder arme Palästinenser die Verachtung der reichen Kuwaiter. Aber er ist belastbar und gewieft, seine Zeit als »office boy« dauert nur kurz, bald ist er *Managing Director* einer Computerfirma. Jetzt fehlt nur noch die Frau. Er sucht und findet – und heiratet sie in Palästina. Und kehrt nach der Hochzeit (allein) zurück an seinen Direktorenschreibtisch. Während der sieben Jahre, in denen die Ehefrau auf die Papiere für den Umzug nach Kuwait wartet, sieht er Samira genau vier Wochen pro zwölf Monate. In Bethlehem. Feurig und ausgehungert sei er immer gewesen, sagt er: »Like a lion that breaks the gate.«

Die schwierigen Zeiten ändern sich. Sie werden noch schwieriger. Kaum hat die – nun fünfköpfige – Familienzusammenführung stattgefunden, beginnt 1990 der *Zweite Golfkrieg*. Die fünf müssen sofort die Flucht antreten, denn Palästinenserchef Arafat – schwer unerleuchtet – hatte die Kuwait-Invasion von Saddam Hussein, dem Schlachtmeister aus Bagdad, gutgeheißen.

Aberwitzige Wüstenfahrt im Auto, immer Tag und Nacht, immer zu siebt, immer auch verantwortlich für die zwei Kinder von Bekannten. Jetzt jedoch ist Arafats Fehlentscheidung von Nutzen, denn irakische Soldaten zeigen die Route und die Schleichwege, helfen mit Benzin und Trinkwasser.

Einschlafen verboten. Seine Frau hält Nael wach, legt ihm dreihundert Mal frische Umschläge auf den Kopf. Er hat alles zurückgelassen, die Möbel, den Job, die Sicherheit, das Ansehen, die Wohnung, die Freunde. An der Grenze zu Jordanien findet er die Pässe nicht mehr, doch in der Hektik des Kriegs kommen sie davon. Am nächsten Tag bricht die

Wasserpumpe, er besitzt keinen Sou mehr für die Reparatur. So verkauft er den Wagen und per Bus erreichen alle heil Palästina.

Das war vor über zwanzig Jahren. Und an der Unversöhnlichkeit der Kuwaiter hat sich nichts geändert. Kein Palästinenser darf zurück. Naels Leben indes ist anders, ganz anders, geworden. Der ehemalige Geschäftsführer und Akademiker steht seitdem in der Kebab-Kaschemme seines Bruders, kauft ein, passt auf, kocht, hat Diabetes und acht Kinder, das neunte verschwand als Fehlgeburt während der *Zweiten Intifada*. Wie bescheiden der 53-Jährige geworden ist. Fast alles fehlt ihm, aber er vermisst nur die Freiheit: frei in seinem eigenen Land leben zu dürfen.

Noch ein Nachschlag, eher heiter und grotesk. Hartnäckiger als im Orient werden nie Gerüchte in die Welt gesetzt. Einmal betreffen sie die Himmelsbewohner, einmal die ganz Irdischen. Nael fragt mich beim Abschied, ob ich eigentlich wisse (wir hatten uns auch über die Nahost-Politik der USA unterhalten), wer und was hinter der Clinton-Lewinsky-Affäre stecke? Ob ich vom tatsächlichen Grund, dem ganz wahren, gehört hätte? Nael weiß ihn: Der Mossad hatte die Jüdin L. auf den amerikanischen Präsidenten angesetzt, um dessen Karriere zu ruinieren. Denn Clinton hatte sich zu oft und zu wohlwollend für die Sache der Palästinenser eingesetzt. Sein Sperma als Druckmittel, um ihn zum Schweigen zu bringen. Das ist das Unheimliche an den Märchen und Gräuelmärchen: Einer kann sie erfinden und keiner kann sie widerlegen.

120

Oben auf dem *Manger Square* steht die weltberühmte »Geburtskirche«, deshalb die vielen Touristen (die es sonst in Palästina kaum gibt). Wer hineinwill, muss die christliche Lieblingsstellung einnehmen: sich buckeln. Denn der Zugang ist nicht höher als 120 cm. Jesus hat gesagt (sagt man):

»Ich bin die Tür, wenn jemand durch mich hineingeht, wird er selig werden.« Ein seliges Grinsen entsteht auf jeden Fall, wenn man schwerst Gläubigen, bis zu drei Zentner schwer, zuschauen darf, wie sie sich durch das Steinloch zwängen. Denn hier, so das Urmärchen, wurde ER geboren. Vom heiligen Geist wunderlich gezeugt und von einer Jungfrau glorreich ausgetragen. Und so wandern alle hinunter in die »Geburtsgrotte« und werfen sich nieder und küssen den Boden und murmeln Gebete und jeder fotografiert jeden, wie er sich niederwirft und den Boden küsst und Gebete murmelt. (Dass die beiden Phantasten Lukas und Matthäus vollkommen verschiedene Evangelien-Märchen – Ort und Umstände der göttlichen Niederkunft betreffend – erzählen, soll nicht stören.)

Hübsche Basilika, im fünften Jahrhundert erbaut. Es gibt keine Bänke, sie ist leer, noch ein Pluspunkt. Als ich mich auf einen der wenigen Stühle setze, kommt ein Schwarzrock auf mich zu und raunzt: »Put down!«. Sagen will er, denn seine Handbewegungen sind eindeutig: Beine dürfen nicht übereinandergeschlagen werden! Ganz offensichtlich duldet der Himmelsherrscher keine entspannten Besucher. Da ich grundsätzlich nicht auf törichte Anordnungen reagiere, verfinstert sich die Miene des Hausmeisters, Zornesfurchen schwellen auf der christlichen Stirn. Der Augenblick ist lehrreich, denn er erinnert daran, dass mit den Großgrundbesitzern der Wahrheit nicht zu spaßen ist. Jahrhundertelang haben sie sich in dieser Kirche die Köpfe eingeschlagen, die römisch-katholischen, die armenisch-apostolischen, die griechisch-orthodoxen: Sie konnten sich nicht darüber einigen, welcher Teil in dem Gebäude wem gehören sollte. So dass 1757 die »Hohe Pforte« in Istanbul – Bethlehem gehörte damals zum Osmanischen Reich – der Hanswurstiade ein Ende setzen und die Machtbereiche exakt festlegen musste. So sind bis auf den heutigen Tag Altäre und Seitenaltäre, Grotten und »Geburtsstern« genau zugeteilt.

Nun könnte man denken, dass im 21. Jahrhundert der Grad der Finsternis ein wenig nachgelassen hat. Mitnichten: Die vorletzte Schlägerei (!) zwischen armenischen und griechischen Gottesmännern fand 2007 und die letzte 2011 statt. Beim traditionellen Kirchenputz für das orthodoxe Weihnachtsfest, das »Fest der Liebe«. Die Raufbolde ließen nicht eher voneinander, bis die Polizei einschritt. Ich genieße solche Geschichten, denn sie legen die Wirklichkeit hinter den Weihrauchschwaden bloß.

Die Katholiken haben nicht mitgeprügelt, da ihr Besitzanteil in der »Geburtskirche« eher gering ist. Die »Hohe Pforte« hatte ihnen damals erlaubt, direkt daneben eine eigene Kirche zu bauen. So entstand die »Katharinenkirche«, der heiligen Katharina gewidmet. Den »Heiligen«-Titel hat sich die Standhafte redlich verdient, da sie sich lieber den Kopf abschlagen ließ, als ihrem Gottvater abzuschwören. Folgerichtig steht über dem Eingang der Kirche: »Sanctae Catharinae Virgini et Martiri Dicatum« / Gelobt sei Katharina, die heilige Jungfrau und Märtyrerin! Das klingt aufschlussreich. Während ich lieber von lebenserfahrenen und lebensverliebten Frauen träume, feiert der Katholizismus seine »Jungfrauen und Märtyrerinnen«. Die sich – einer gnadenlosen Schimäre verfallen – lieber köpfen und vierteilen lassen. Die Parallele zum radikalen Islam ist verblüffend: diese schamlose Vergötterung des Todes, dieses radikale Einfordern von »Jungfrauen«, die »rein« bleiben müssen. Damit der (katholische) Herrgott und der (islamistische) Ehegatte sie gnädigerweise akzeptieren.

Die Katharinenkirche ist übrigens der Ort, wo die Christmette zelebriert wird. Weltweit übertragen. Gefeiert vom »Patriarchen von Jerusalem«. Er darf dann nur kurz hinüber zur »Geburtsgrotte« gehen. Und nur einmal im Jahr. Von wegen Machtverhältnisse. Narren unter sich.

121

Ich gehe zurück zum *Manger Square*, will wieder Tatsachen sehen und mich erholen von der infantilen Utopie. Ich brauche wieder Leben und Männer und Frauen und nichts als Realität. Der Himmel ist mir unnahbar fern und die Welt so nah. Und sie schenkt mir sogleich eine Szene, die allen Zynismus vertreibt: Auf dem Platz steht ein Bus. Er scheint abfahrbereit, Leute sitzen drin. Ein Behinderter nähert sich im Rollstuhl, der Beifahrer steigt aus und schiebt ihn vor die Eingangstür, greift unter die Achseln des Gelähmten, hievt ihn hoch, befördert ihn mit einer blitzschnellen Bewegung auf seine rechte Schulter und trägt ihn in den Bus. Dann kommt er zurück und wiederholt die Hilfestellung. Denn sechs weitere Behinderte wollen mit. Ganz cool macht der Mann das, ohne Gehabe, ohne Ergriffenheit. Die Szene hat Wucht. Ein Mensch ist einem anderen vollkommen ausgeliefert, aber der Bärenstarke lässt das den Schwachen nicht spüren. Er benutzt seine Muskeln, um ihm zu helfen. Das sieht gut aus. Ich kann mich nicht sattsehen und warte, bis alle verfrachtet sind. Wie ich höre, leiden die meisten der (palästinensischen) Passagiere an einer Querschnittslähmung. Für ein paar Tage besuchen sie ihr Land.

122

Um 16 Uhr treffe ich Nizar (Name geändert), er ist mein Mittelsmann, er wird mich zur grünen Grenze bringen, über die ich schwarz nach Israel komme. Wir haben uns für heute verabredet, um die Details zu besprechen. Nizar ist Englischlehrer. Aber das verdiente Geld reicht nicht für die Familie. Also schmuggelt er sich jeden zweiten Monat nach Israel, um in Jaffa zu arbeiten. Der heimliche Übergang erfordert wohlüberlegte Logistik: Am vereinbarten Samstag (Sabbat, da kontrollieren weniger Soldaten) fährt er nach H., ein Dorf, das direkt neben Israel liegt. Und schaut auf die Uhr. Bis er zu einem bestimmten Zeitpunkt, ziemlich präzise, einen Anruf erhält. Von »seinem« Fahrer auf der anderen Seite. Das Klingeln (und die Nummer auf dem Display) bedeuten nur eins: Die Luft ist rein und das Transportmittel steht bereit, sprich: Renn los, ich bin da! Und Nizar keucht dann an den Bäumen vorbei und – kein Zaun, keine Mauer stehen im Weg – springt in das Taxi, das am Ende des Waldes, jetzt schon in Israel, auf ihn wartet. Mit laufendem Motor. Ein Sammeltaxi, in dem schon sechs andere Eingesammelte sitzen. Kurze Begrüßung, dann weiter. Denn alle wollen in dieselbe Stadt.

In Jaffa arbeitet Nizar in der Werkstatt eines palästinensischen Israelis. Als Autowäscher. Als Akkordarbeiter, je mehr Wagen, desto höher der Verdienst, zwischen 100 und 200 Schekel (20 / 40 Euro) pro Tag. Davon bezahlt er alles: die Fahrt, die Mahlzeiten, das Bett in einem Zimmer mit fünf anderen Arbeitern. Er lebt die dreißig Tage äußerst bescheiden, um ein Maximum für seine kleine Familie zu sparen. An seinem Arbeitsplatz gibt es auch einen »Späher«, der Ausschau hält nach der Polizei, die sporadisch die Papiere prüft. Die niemand besitzt. Seit der letzten Razzia hat der 32-Jährige ein Problem: Das Auftauchen der Kontrolleure war so plötzlich, dass er sich auf der Flucht, beim Sprung von einer Mauer, den linken Unterschenkel brach. Freunde brachten ihn heimlich nach Palästina zurück. Natürlich hat er keine Krankenversicherung, nicht in Israel, nicht in seiner Heimat.

Vor zwei Wochen passierte der Unfall und Nizar trägt noch immer einen Gips. Doch sein Versprechen will er halten, mir beim Gang über die Grenze zu helfen. Wir machen einen Termin aus, an dem wir die Heimlichkeit erledigen: Wir werden nach H. fahren und ein anderer Schwarzarbeiter wird sich finden, der mit mir durch den Wald rennt.

Wäre er nicht verheiratet, sagt Nizar, würde er versuchen, nach Europa zu entkommen, der bevorzugte Fluchtpunkt so vieler. Um ein Touristenvisum zu organisieren, müssten sie jedoch jemanden finden, der 25 000 Dollar auf ihr Bankkonto überweist. Immerhin für *einen* Tag. Den Kontoauszug plus sonstige Ausgaben schicken sie dann an das zuständige Konsulat in Jerusalem. (Das geliehene Geld wurde inzwischen zurücküberwiesen.) Kommt das Visum, fliegen sie nach Rom, denn der Flug dorthin ist am billigsten. Aber die italienische Hauptstadt ist kein guter Platz für Arbeit und Ausländer. So fahren sie mit dem Zug nach Norden, am liebsten nach Norwegen. Das war früher ein Traum, nun hat auch dort der Gegenwind zugenommen. Wer es trotzdem schafft, schuftet ein paar Jahre, spart, hungert, verzichtet und taucht irgendwann wieder zu Hause auf. Mit genug Reserven, um – Nizars Traum – einen (bescheidenen) Computerladen zu eröffnen. Doch der Träumer hat eine junge Frau und ein sehr junges Kind. Und niemanden, der ihm für einen Tag den Haufen Dollar leiht.

Der hübsche *Manger Square*, wir trinken Kaffee und Nizar raucht mit Gusto die französischen Zigarillos, die ich ihm anbiete. Diskret schaue ich ihm zu. Sein gut geschnittenes Gesicht mit den melancholischen Augen. Sie bestätigen wohl, was er zuvor leise und wie an sich selbst gerichtet murmelte: »Why do I live?« Ich begleite ihn zum Platz mit den Sammeltaxis.

123

Politische Fußnote: Israel rechtfertigt den monströsen Mauerbau immer mit dem Hinweis, dass damit den Selbstmordattentätern der Weg nach Tel Aviv oder wohin auch immer abgeschnitten wäre. Die Behauptung ist falsch, denn es gibt ja noch viele Möglichkeiten, unbemerkt das Land zu betreten. Die Selbstmordattentate haben aus anderen Gründen aufgehört: Weil sie als Mittel im Kampf gegen die Besatzer a) nicht zum gewünschten Erfolg führten, b) sich als kontraproduktiv erwiesen und weil sie c) die Palästinenser in der Weltöffentlichkeit (und in Israel) Stimmen kosteten. Der Vollständigkeit halber sei nochmals daran erinnert:

Während der britischen Mandatszeit inszenierten jüdische Geheimorganisationen wie *Irgoun* und *Haganah* jahrelang, jahrzehntelang, links und rechts Bombenattentate, die Unschuldige in den Tod rissen, auch Frauen und Kinder, arabische, britische, andere Nationalitäten. Immer gerechtfertigt mit dem Kampf um ihr »homeland«. (Allein der Anschlag auf das Hotel King David in Jerusalem 1946 kostete 91 Personen das Leben.) Der Hinweis ist wichtig, um inmitten der grassierenden Scheinheiligkeit – wir sind die Anständigen und da drüben lauern die Terroristen! – ein Stoppschild aufzustellen.

124

Als ich aus der »Milchgrotte« komme, der Stelle, »an der von Marias jungfräulichem Busen ein Tropfen Milch zu Boden fiel« (Hinweis am Eingang), fängt mich Mohammed ab. Sicher der 18. oder 19. Mohammed meiner Reise. Nach seiner Pensionierung wurde er Taxifahrer. Ob ich ihn nicht anheuern wolle? Bevor wir losfahren, plaudern wir im Wagen und der 68-Jährige erzählt mir die Geschichte seines Sohnes, der zu den 200 Palästinensern gehörte, die 2002 – *Intifada*-Zeit – in die Geburtskirche flüchteten. Vor der israelischen Armee. Die gern reingebombt hätte, wenn nicht die TV-Kameras der Welt dabeigestanden hätten. Ein paar Brandbomben flogen trotzdem. Die internationale Diplomatie kam zum Einsatz, um die Belagerung zu einem (relativ) unblutigen Ende zu führen. Viele der Kämpfer wurden nach Gaza deportiert. Wie Nabil, sein Sohn, der hier in Bethlehem geboren wurde. Deportation à l'israélienne heißt: lebenslängliches Exil, sprich lebenslänglich nicht mehr Gaza – soweit die Besatzer das kontrollieren können – verlassen dürfen.

So eine Nachricht liest sich schnell und hat doch unglaubliche Konsequenzen, Mohammed berichtet: Nach dem ersten Jahr Verbannung will der junge Mann heiraten, er informiert den Vater über eine Frau, in die er sich vor der Umzingelung verliebt hatte. Und sie in ihn. Doch Sahar lebt als palästinensischer Flüchtling in Amman, der jordanischen Hauptstadt. Selbstverständlich bekommt sie von den Israelis keine Einreisegenehmigung nach Gaza. Aus zwei Gründen: 1) Flüchtlinge dürfen grundsätzlich nicht zurück in ihre Heimat und 2) junge Bräute erst recht nicht, denn sie bedeuten langfristig viele Kinder, viele Araberkinder. Folglich inszenieren die beiden Familien einen teuren und risikoreichen Umweg: Eltern, Schwiegereltern und Sahar fliegen aus verschiedenen Richtungen nach Kairo, von dort geht es mit einem Kleinbus weiter nach Rafah, dem Grenzort. Inzwischen hat Nabil dafür gesorgt, dass die fünf Hochzeitsgäste bei der Ankunft von einem Vertrauensmann empfangen werden. Der sie durch einen der geheimen Tunnel, die nach Gaza führen, schleust.

Großvater Mohammed scheint so stolz auf seinen Coup: die ausgetricksten Besatzer, die tolle Feier, die gute Ehe, die gute Schwiegertochter, der gute Sohn. Er zückt sein Handy (ich wusste es) und scrollt entlang seinem Glück: den vier Enkelkindern. Und fängt zu heulen an. Und da Heulen ansteckend ist, heule ich ein bisschen mit. Dabei sind wir zwei, soweit ich das richtig einschätze, durchaus zufrieden und guter Dinge. Denn zur Freude des Großvaters kommt meine Freude über die Welt: Hinter der Windschutzscheibe liegt Bethlehem und über Bethlehem der wasserfarbenblaue Himmel mit den roten Flammen einer späten Nachmittagssonne.

Wir starten. Mohammed kennt die drei berühmten Banksy-Graffiti, die der englische Künstler hier in der Stadt hinterlassen hat. Auf zum ersten Ziel, einer Tankstelle. Dort leuchtet die Freiheitsstatue an einer Hauswand, vom Künstler verfremdet: Sie hat die Schultern hochgezogen und hält mit spitzen Fingern das herausgezogene Futter ihrer beiden Hosentaschen fest, Subtext: »Sorry, hier gibt es keine Freiheit.« Kunst ist ein fantastisches Mittel, um die harschen Umstände auszuhalten. Immerhin so lange, wie man das

Werk betrachtet. Die rasante Idee tröstet für Augenblicke über die Untröstlichkeit hinweg. An einer nahen 9,20-Meter-Mauer hat Banksy das Bild des weltberühmten (unbekannten) Palästinensers in der Pose des Aufständischen gesprayt. Aber der junge Kerl schleudert keinen Stein auf seine Gegner, sondern Blumen. Ach, Banksy, der Romantiker. Dabei sind Steine noch das Harmloseste, womit sie hier übereinander herfallen. Der dritte Graffito ist wieder ein tiefer Blick ins Herz der Wirklichkeit: Eine Taube transportiert im Schnabel den obligaten Olivenzweig, doch auf der kugelsicheren Weste, die sie trägt, prangt ein Fadenkreuz. Das ist atemberaubend sinnig und wahr. Ein gemalter Cartoon, der von einer Tragödie erzählt.

Mohammed bringt mich zum *Claire Anastas'*, herzlicher Abschied. Ich gehe nochmals die Mauer entlang, die zum Hotel führt, und entdecke eine – auf Beton geschriebene – Geschichte. Eine witzige Geschichte voller Gerissenheit: Ein Mann wird auf der Straße von israelischen Soldaten verhaftet und abgeführt. Eine Frau mit einem Baby in den Armen stürzt herbei, drängt ihm den Säugling auf und schreit: »Mit dir hat man nur Scherereien, warum musst du dauernd protestieren!« Und rennt davon, ohne das Baby. Die Soldaten lassen den Mann laufen. Was sollen sie mit dem Vater und dem brüllenden Kind. Als die Armee verschwunden ist, kommt die Frau zurück und der Wildfremde händigt ihr das Baby aus. Die beiden hatten sich vorher nie gesehen, doch der Trick funktionierte sofort.

Abendessen auf der kleinen Terrasse des Hotels, es knallt von allen Seiten. Aber kein Krieg tobt gerade, nur die Freudenkracher einer Hochzeit ziehen durch das Viertel. Ich lese und rauche. Wundersame Tätigkeiten, um den Glücksquotienten zu heben.

Bis ich mich in mein Bett lege und augenblicklich wieder hochfahre. Auf Schulterhöhe ist es knallhart. Ich betaste das Leintuch und fühle mit der Hand ein zwanzig Zentimeter breites, in die Matratze (!) eingelassenes, Brett. Von ganz links

nach ganz rechts. Das kann sich nur eine gläubige Herbergs-
mutter ausdenken. Um noch im Liegen (katholisch) büßen zu
dürfen. Ich denke, ich bin schlau und lege mich verkehrt
herum hinein. Von wegen: Das zweite Holz wurde in Höhe
der Waden installiert. So also sieht ein Sünderbett aus. Ich
muss viel gesündigt haben, denn der Raum ist zudem stickig
und es gibt keinen Ventilator. Ich starre in die Dunkelheit
und fasse wieder einmal nicht, was sich Menschen einfallen
lassen, um der Freude und der Leichtigkeit auszuweichen.

125

Am nächsten Morgen werde ich für die nächtliche Drangsal
belohnt. Claire bringt ein Frühstück, das einem Dutzend
Hungerleidern zwei Wochen über die Runden helfen würde.
Eine leichte Brise weht über die Terrasse, die ersten Sonnenstrahlen lugen über die drei Mauern, die das Haus umzingeln, Raben krähen, Hibiskus wuchert, von irgendwoher
kommt der Weckruf eines Hahns. Noch herrscht Stille, noch
hat keiner beschlossen, den Tag zu ruinieren. Wer die Augen
schließt, könnte sich in einen Märchenwald träumen. Ich
bin nicht bedrückt, nur maßlos erstaunt über eine Wirklichkeit, die grotesker nicht sein könnte: ein Frühstück in
einem Betonkessel, den Kameras überwachen. Beton als Markenzeichen ewiger Angst. Als ich die Augen wieder öffne,
höre ich den Ruf eines ambulanten Straßenhändlers, der
Erdnüsse verkauft.

Nach dem Träumen gehe ich die paar hundert Meter zum
Checkpoint 300. Fast alle Geschäfte und Restaurants, die entlang der Straße liegen, sind verschlossen, zugenagelt. Auch
der Laden »Lucky Qualities« hatte kein Glück. Denn der Weg
führt nicht mehr nach Jerusalem, sondern auf eine Mauer zu.
Nur ein Kiosk, eine Bretterbude, hat offen. Für die Taxifahrer,
die Leute hierher oder von hier nach Bethlehem bringen. Wie
für Claire gibt es für alle anderen nichts mehr zu tun.

Unter (israelischem) Militärschutz werden seit heute Morgen Betonklötze vor dem Kontrollpunkt abgeladen. Als Markierung für die Muslime, die – Ramadan beginnt in ein paar Tagen – zum Freitagsgebet in die Al-Aqsa-Moschee wollen. Tausende werden wollen. Aber nur Männer über vierzig dürfen passieren. Sie gelten als alt (!), als zu müde für eine Revolution.

Mich treibt es zu Nael, ich will die Geschichte hören, die er mir gestern versprochen hat. Und auch er freut sich über das Wiedersehen. Ich bestelle einen Falafel mit Cola und er sprudelt los: 1982, während des ersten Golfkriegs, reist er mit einem Kollegen seiner Firma ins Nachbarland Irak, dessen Chef Saddam Hussein den Iran Ayatollah Khomeinis bekämpft. (1988 wird es keinen Sieger geben, dafür, mindestens, 600 000 Tote.) Die beiden, Nael und Latif, die sich kaum kennen, belegen im (irakischen) Basra, der Grenzstadt, ein Doppelzimmer im Sheraton. Sie sind aus beruflichen Gründen hier. Es ist früher Abend, das Telefon läutet und eine weibliche Stimme fragt, ob ein »special (= erotic) service« gewünscht wird. Nael, der damals, so sagt er, »hübsch und muskulös war und keine Brille trug«, hätte mit Freuden Ja gerufen. Aber da er den Kollegen nicht kannte, zudem dieser Mensch dem gemeinsamen Chef näher stand, antwortete er nur trocken: »Falsch verbunden.«

Die beiden gehen hinunter in den Speisesaal und sitzen mitten in einem »special dinner«, mit ganz und gar erfreulichen Striptease-Damen aus England. Sie flüchten. Natürlich nicht getrieben von der Moral sittenstrenger Muslime, eher aus Furcht, einer könne den anderen zu Hause anschwärzen. Bigotterie verpflichtet.

Sie suchen ein Restaurant in der Stadt, sie haben noch immer Hunger. Entlang der Häuser stehen die »moving tents«, verschleierte Frauen, die diskret, aber bestimmt, ihre Körper feilbieten. Wieder müssen sie überall absagen, denn undenkbar, dass einer vor dem anderen zugäbe, er hätte Lust auf Eros und Hingabe.

Nael erzählt voller Melancholie. Zwei Männer, jung und

straff, voller Hormone und Sehnsucht, spielen sich ein Theater vor, um den Spielregeln maßloser Heuchelei zu genügen. Nael lacht am Ende der Story ein bisschen verzweifelt. Heute sitzt er, weit weg von dieser Zeit, in einem Kebabladen. Verbraucht, matt, zuckerkrank, ohne intellektuelle Herausforderung, ohne seine strahlenden Muskeln, ohne begehrenswerte Frau in seiner Nähe: Er scheint nur noch müde vorhanden in einer Gegenwart, deren Zukunft ihn nicht mehr interessiert.

Ich mag Leute, die Tiefe ausstrahlen. Die sich kein Leben vorlügen, die gefasst hinblicken und sehen, was ist. Was war.

Ich gehe in ein Café am Manger Square, will die Geschichte von Nael notieren. Damit ich sie besser verstehe. Seltsam, ich schreibe sie hin und plötzlich werden mir (innere) Zustände klar, die ich – nur hörend – nicht begriffen hatte. Vage begriffen, aber jetzt werden sie offensichtlich, erkenntlich. Ein geschriebenes Wort dringt weiter als ein nur gehörtes. Während des Schreibens werde ich klüger als der Mensch, der ich vorher war. Vor dem Schreiben.

Dann darf ich mich vergnügen: Zwei Kilo Zeitungen warten, auf dass ich sie auslese. Ich bin vergnügt, bis ich auf ein Interview mit Maureen Lipman stoße. Die britische (jüdische) Schauspielerin fiel mir zum ersten Mal in *The Pianist* von Roman Polanski auf: als wunderbare Künstlerin. Weniger wunderbar sind ihre politischen Auslassungen, die sie, so erfährt man hier – als Sprachrohr der israelischen Politik –, rastlos in die Welt posaunt. Eines ihrer Lieblingsargumente scheint zu sein (und viele plappern denselben Stuss), dass »wir« – das wären die notorischen Israel-Anschwärzer – Israel grundsätzlich in den Dreck ziehen, aber kein Wort über all die anderen Länder äußern, deren Chefs seit Langem als umtriebige Schinder der Menschenrechte aufgefallen sind. Sprich China, sprich Sudan, sprich Simbabwe etc., etc. Das ist fast lustig, so skurril klingt das Argument. »Wir«, die wir uns erlauben, die Weltöffentlichkeit darüber zu informieren, was sich Israel tagtäglich bei den Palästinensern erlaubt, verstummen plötzlich ehrfürchtig, wenn es gilt, andere Missetäter beim Namen zu nennen. Was für ein Blech. »Wir« alle wissen, dass China ein Polizeistaat ist, dessen Führungsclique – rauf und runter die letzten sechzig Jahre – mindestens hundert Mal lebenslänglich Arbeitslager verdiente. Dass an der Spitze Sudans ein Schwerverbrecher namens Umar al-Baschir steht, der vom Internationalen Strafgerichtshof in Den Haag wegen kleinerer Kavaliersdelikte wie Völkermord und Verbrechen gegen die Menschlichkeit gesucht wird. Dass Simbabwes Präsident Mugabe als ein von Verschwendungssucht, Verkalkung und Brutalität geschlagener Despot agiert. Und dass noch ein paar Dutzend anderer Halunken, weltweit, Schindluder mit ihren Völkern treiben: Auch das, ganz unvorstellbar, wissen wir, Missis Lipman. Aber heute reden wir von Israel. Wir reden ab dem Tag nicht mehr (schlecht) von diesem Land, an dem es aufhört, anderen ihr Hab und Gut zu stehlen. Aufhört, ein anderes Volk zu erniedrigen. Aufhört, diese jedes Völkerrecht missachtende Besatzung – via Schandmauer, via Besiedelung, via Hunderte Checkpoints und Tausende Soldaten – fortzusetzen. Dann freuen wir uns: über Israel, über Palästina, über zwei, die es geschafft haben, als zivilisierte Nachbarn nebeneinander zu existieren.

PS: Dass Lipmans Argumentation – ihr ganz unbewusst – Israels Verhalten auf dasselbe Niveau wie das der oben erwähnten Gangster stellt, ist durchaus bemerkenswert. Denn sie sagt ja in dem Interview nicht, dass Israels Verhalten richtig ist, nein, sie beschwert sich lediglich darüber, dass »wir« nur Israel als Schurkenstaat benennen, aber die anderen Schurken unerwähnt lassen.

126

Auf dem Weg zurück zu meiner Pension komme ich an einem (geschlossenen) Büro vorbei, an dessen Tür geschrieben steht: *Palestine Conflict Resolution Center*. Das ist eine gewagte Bezeichnung. Von der Lösung, der Resolution, hätte ich gern gehört. Ich gehe weiter und erspähe einen Friedhof, dessen eine Seite die Mauer abgrenzt, mit zwei Wachtürmen – sogar die Toten werden hier verdächtigt. Ich mag Friedhöfe, sie sind still und verlassen. Nicht immer. Als ich in ein offenes Mausoleum schaue, springt mir ein Tier entgegen. Ein Hund in Übergröße. Ich schnelle zurück und er sprintet davon. Keine Ahnung, wer von uns beiden gerade mehr Angst hatte. Ich setze mich auf einen Sockel, um keine Skorpione anzulocken. Die letzten Strahlen eines Sonnentags ziehen über die Gräber, über die Bäume, über mein Gesicht. Ich weiß nichts von der Natur, ich habe kein Werkzeug, nicht das Wissen, sie zu dechiffrieren. Aber ich weiß, dass sie in einen Zustand verträumter Benommenheit versetzen kann. Eine Zeit lang, immerhin. Dabei könnte nichts banaler sein: Ein Mann mit verstaubten Stiefeln und schweißverklebtem Hemd sitzt mitten in einem verwahrlosten Friedhof und hält den Mund. Und ein Glück kommt über ihn, (fast) so vollkommen wie das Umschlingen eines ersehnten Körpers.

127

Am Abend sinkt der Glücksstern. Ich sitze auf der Terrasse von Claires einsamem Hotel, vier Meter von den neun Meter hohen Mauern entfernt, und will meine Gedanken sortieren – angeregt durch einen Bericht auf BBC: Vor Kurzem hat das Landgericht Köln die Beschneidung aus religiösen Gründen als Körperverletzung verurteilt. Und stellt den Brauch ab sofort unter Strafe. Eine mutige, ja, bravouröse Entscheidung. Die sowohl in Deutschland als auch hier in Israel seit Wochen heftig debattiert wird. Der erste Skandal ist natürlich, dass über ein Brauchtum aus der Steinzeit noch diskutiert werden muss. Aber so sind die Zeiten: Erbarmen für uns alle, wenn die Religiösen aufmucken und nach uns, den Herrgottlosen, ausholen.

Ich will ein bisschen persönlich werden. Ich wurde – ohne dass je einer mich fragte – als Katholik getauft. (Wie Milliarden vor mir, auch ungefragt.) Dieser mutwillige Akt war »lebensrettend«: Denn ich hatte ja das Licht der Welt als Erbsünder erblickt und nur das »Sakrament der Taufe« konnte mich davor bewahren – im Falle meines Todes –, umweglos in der Hölle zu landen. Denn die erste Bosheit, die ich als Neuling zu verstehen hatte, lautete: Du, Andreas, bist als lasterhafter Mensch auf die Welt gekommen! Folglich schüttete der Pfaffe Wasser über meine Fontanellen. Um mich zu retten. Wer diesen höllischen Schwachsinn einmal durchschaut hat, wird ab diesem Zeitpunkt hellhörig, wenn er aus obskuren Ecken die Wahrsager und Gottesmänner ihre letzten Weisheiten wispern (oder brüllen) hört.

Und so erfährt nun die Weltöffentlichkeit, dass ein Rabbi das Gerichtsurteil als »den größten Angriff auf jüdisches Leben seit dem Holocaust« betrachtet. Ein anderer erinnert daran, dass »die Beschneidung das Band zu Abraham, ja, Gott« darstellt. Ein Dritter lässt uns wissen, dass das Abtrennen der Vorhaut »Symbol für die ewige Verpflichtung dem Allerhöchsten gegenüber« sei. Bisweilen wünschte ich mir, ich wäre ohne Hirn unterwegs. Dann hätte ich weniger Kopfschmerzen, dann müsste ich nie Hirnlosigkeiten zur Kenntnis nehmen.

Warum muss wahr sein, was vor Tausenden von Jahren (angeblich) wahr war? Warum sind wir, die Vorhautbesitzer, noch immer nicht – hundertmillionenweise – an all den Schrecken verstorben, die uns von jenen vorhergesagt wurden, die des Allwissenden letzte medizinische Ratschläge kennen?

Immer wieder führen die Vorhautweg-Begeisterten die Überlieferung als Argument an. Dieter Graumann, der Präsident des Zentralrats der Juden in Deutschland, mahnt gleich viertausend Jahre an, in denen munter und gottergeben am Babypenis herumlaboriert wurde. Denn was viertausend mal 365 Tage geschah, kann nicht falsch sein. Die Konvention als Gütesiegel der Wahrheit. Das klingt nach halsbrecherischer Beweisführung. So halsbrecherisch wie der gottesfürchtige Glaube unserer Vorfahren, dass die Erde eine Scheibe ist. Siehe »Altes Testament«. Und dass wir der Mittelpunkt des Universums sind (denn hierher kam der Messias!). Und dass ein Volk vom Herrgott, vom jüdischen, auserwählt wurde und dass ein anderer Herrgott, diesmal der katholische, die Menschheit mit dem »allein selig machenden Glauben« beglückt hat. Und dass die Frau dem Mann untertan ist. Und dass »Neger keine Seele« haben. Und dass Herr Mohammed über Nacht von Mekka nach Jerusalem geflogen ist (und anschließend senkrecht gen Himmel schoss). So um 621. Ad infinitum absurdum.

Schon erstaunlich: Es reicht nicht, dass einem Kind von der Stunde null an, noch bevor es sich eigenhändig den Hintern putzen kann, die Spielregeln des himmlischen Obskurantismus eingebimst werden, nein, man muss ihm auch noch physisch zusetzen und ihm ein Stück Körper abschneiden.

Religion war schon immer der Garant für eine glasklare Sicht auf die Wirklichkeit. Warum soll es jetzt beim Blick auf die Vorhaut anders sein? Der Hautfetzen eines Achttägigen – am achten Tag *muss* die Körperverletzung vollzogen werden – ist das unumstößliche Freundschaftspfand mit dem Weltenschöpfer. Ohne das will er kein Freund sein.

Federführend war wieder einmal der Unvermeidlichste tätig, Herr Abraham, der allen gemeinsame Urvater. Deshalb maulen auch die Muslime über das Gerichtsurteil. Laut muslimischer Wahrheit hat sich der Achtzigjährige – Friede sei mit ihm – selbst beschnitten. Mit der Axt. Denn gemäß dem biblischen Selfmademan gehörte das zur »göttlichen Menschwerdung«. Die Christen waren schlauer, vielleicht wehleidiger. Sie versprachen abtrünnigen »Irrgläubigen«, sprich Juden und »Mohammedanern«, die Befreiung von der Barbarei der Beschneidung. Falls sie überlaufen sollten. Neue Christenmenschen durften ab sofort vollständig vor den Allmächtigen treten.

Man könnte all das mit wieherndem Vergnügen zur Kenntnis nehmen. Wäre es nicht blutig ernst. Wie so oft, wenn Religion die Marschrichtung vorgibt. Vor ein paar Jahren war ich als Reporter Zeuge einer Beschneidung. In Kairo. Im feuchten Gruselkabinett von »Doktor« Abdul saß der fünfjährige Ehab auf einem Stuhl. Ein Muskelmann zog seine beiden Knie auseinander und ein zweiter packte die beiden Arme. Dann griff der joviale Quacksalber zur Schere – immerhin desinfizierte er vorher sein »Skalpell« und den anvisierten Körperteil – und schnitt ab. Der Knirps war jetzt ein »Mann« und ein »gottgefälliger Muslim«. Ehabs gellende Verzweiflung war Kronzeuge dieses, wörtlich, in den Himmel schreienden Irrsinns. Gut, in Deutschland wird anders operiert. Aber wer sich Youtube-Beiträge medizinisch moderner Eingriffe – je weniger Betäubung, desto gottergebener – an einem wehrlosen Wesen anzuschauen wagt, bekommt eine Ahnung von der grauenhaften Pein, die sich Äxte schwingende Propheten für ihre Nachkommen ausgedacht haben.[*]

Ich will noch persönlicher werden. Über achtzehn Jahre lang wurde ich von Erwachsenen an Leib und Seele misshandelt und gedemütigt. Von römisch-katholischen »Seelsorgern«, von anderen »Erziehungsberechtigten«, von meinem Vater. Bis ich davonlief. Mit all dem Dreck der Todsünde, des Körperhasses, des Selbsthasses im Kopf. Und davonlief mit dem Schwur im Herz, dass ich sofort zu den Waffen greife, wenn ich von Zeitgenossen höre, die glauben, dass Kinder auf die Welt gekommen sind, damit sie, die »Vormünder« – ob nun von kranker Lust oder spirituellen Halluzinationen getrieben –, ihre Machtphantasien an ihnen, den Bevormun-

---

[*] Man sollte in stabiler geistiger Verfassung sein, wenn man sich diese Szenen der Beschneidung auf Youtube ansieht.

deten, ausleben können. Stopp! Hände weg vom Kinderkörper! Außer jenen, die ein Kind lieben und behüten. Einen Zehnjährigen zu prügeln ist so abartig, wie einen Säugling an seinem Glied zu verstümmeln.

Damit wir uns millimetergenau verstehen: Ist das Kind volljährig, dann soll es entscheiden, wie immer ihm zumute ist. Es, genauer er, kann sich dann alles wegschneiden, *as he likes it*. Mit dem Cutter oder der Kettensäge oder mit Messer und Gabel. Er kann sich aber auch jeden Monat bei Vollmond das Haupthaar abbrennen. Oder einen lila gefärbten Stacheldraht durch beide Ohren ziehen. Irgendeinen Irren auf Erden wird der Erwachsene gewiss finden, der ihm von einem Himmelsfürsten deliriert, der derlei Taten mit Wohlgefallen zur Kenntnis nimmt. Aber bis es soweit ist, dem vollendeten 18. Lebensjahr, verschone man das Kind mit den Schrecken aus der Folterkammer religiöser Initiationsriten. Man predige ihm dafür, sieben Tage die Woche, die menschen(vor)hautschonenden Spielregeln des Humanismus.

Noch ein Nachwort: Der Brauch der Beschneidung ist heute in Israel ebenfalls schwer umstritten. Vor Tagen stand in der Presse ein mehrseitiger Artikel, in dem Israelis zu Wort kamen, die sich jeden Zugriff auf ihre *private parts* verbieten. Oder sich über die bereits vollbrachte Tat wütend beschweren. Das ist ein gutes Zeichen, es zeigt wieder einmal, dass Israel auch ein ganz »normales« Land ist: Mit Dunkelbirnen und den Hellen im Kopf, jenen eben, die versuchen, den Finsteren heimzuleuchten.

Das wird ein strapaziöser Abend. In der letzten Ausgabe von *Haaretz*, die ich aus Ramallah mitgebracht habe, stehen zwei ungemein lehrreiche Berichte. Auf derselben Seite. In der ersten Nachricht kommen deutsche Betroffenheits-Politiker zu Wort, die natürlich sofort einknicken und versprechen, das Kölner Gerichtsurteil mit einem neuen Gesetz außer Kraft zu setzen. Es lebe die Unabhängigkeit der Justiz! Das jedoch ist nicht das Abstruse, das ist nur das Gerede von

Leuten, die es noch nie ausgehalten haben, eine eigene Meinung zu vertreten.

Die tatsächliche Schmählichkeit steht etwa zwanzig Zentimeter davon entfernt: Nach jahrelangen Verhandlungen hat »Germany« zugesagt, an 800 000 Überlebende jüdischen Glaubens die Summe von etwas über 300 Millionen Euro zu zahlen. Für die Verbrechen der Wehrmacht, die beim Vormarsch nach Osten diese Menschen aus ihrer Heimat, der damaligen Sowjetunion, vertrieben hat. Das macht die erbärmliche *misère* einer einmaligen Zahlung von 2556 Euro. Plus eine »lebenslange« Rente von 300 Euro. Pro Greis, pro Greisin. Das entspricht in etwa den Kosten für zwölf, dreizehn Autobahnkilometer: als »Kompensation« fürs massenhafte Ruinieren von Menschenleben. Siebzig Jahre nach dem Frevel. Wenig überraschend, dass bei diesem Thema kein deutscher Politiker Einspruch erhob, vielleicht sogar tollkühn »Schande« gerufen hätte.

Ich bin eher zurückhaltend beim öffentlichen Schämen über die Taten unserer Väter. Ich finde Leute mit diesem geflissentlichen Gehabe inszenierter Betretenheit eher pathetisch, bisweilen lächerlich. Doch nun, mutterseelenallein auf der Terrasse am Rande von Bethlehem und sicher beobachtet von einer Kamera, jetzt bin ich kleinlaut. Deutschland, mein Land, das vor Geld und Alleshaben stinkt, verteilt Almosen an jene, die einst alles verloren haben. So wenig will es hergeben, so spät, so schäbig zögerlich.

128

Am nächsten Morgen zurück nach Ramallah. Kinder treiben Ziegen die Straße entlang. Ein Mann steht an einer Kreuzung, von seinem winzigen Tisch baumeln leere Coladosen, er verkauft Softdrinks. Vorbei an den Ritterburgen der Siedler, vorbei an den Kraals der Beduinen, plötzlich auf riesige Plakatwände zu, auf denen strahlende Bidets und Kloschüsseln angepriesen werden. Hundert Meter weiter fällt der

Blick auf blitzende Küchen. Nahe dem Grenzübergang Qalandia beginnt der Stau, aus drei Himmelsrichtungen hört man die Sirenen der Ambulanzen, die nicht vom Fleck kommen. Die Klimaanlage im Taxi funktioniert nicht, schon brennt die Sonne. Zum Trost, vermute ich, hat der Fahrer den Eunuchengesang aus Mekka eingeschaltet. »Gott ist groß«, erfahren wir hundert Mal. Und wir hier unten, auf Erden, sind klein, wir schwitzen, wir schauen auf die Uhr und ich schaue auf die schöne Palästinenserin, die vor mir sitzt. Und Träume überkommen mich, so weit weg von dieser Blechkiste, so nah und so verspielt und so fern diesem Augenblick, dass ich erst aufwache, als scharf gebremst wird und mein abwesender Schädel nach vorne schnellt.

129

Einchecken in meinem Hotel, wieder bekomme ich mein Lieblingszimmer. Ich rufe Habri Hasan an, den ich in Kapitel 73 bereits erwähnt habe. Damals wusste ich von ihm nur aus der Zeitung. Doch habe ich seitdem nach ihm recherchiert, fuhr mehrmals in sein Dorf, suchte sein Haus, sprach mit den Nachbarn. Aber alle hielten sich bedeckt: Weil der Mann nach über zwanzig Jahren (!) seinen Prozess vor dem Obersten Gerichtshof Israels gewonnen hatte. Mit dem Ergebnis, dass die Siedler, die – mit Hilfe gefälschter Dokumente – dort gebaut hatten, sein Grundstück jetzt räumen müssen. Gewonnen, weil er der rechtmäßige Besitzer ist. Und er jetzt Angst haben muss, dass sie sich an ihm rächen. Deshalb das Versteckspiel. Aber irgendwann wartete ich unbeweglich vor seiner Haustür. Bis er abends heimkam und mir seine Telefonnummer gab. Mit der Bitte, ihn die nächsten Tage zu kontaktieren. Denn im Augenblick habe er keine Minute. So rufe ich ihn heute an, will ein Gespräch vorschlagen.

Mister Hasan erinnert sich sogleich an sein Versprechen. Eine halbe Stunde später steht sein alter Mercedes vor dem

Hoteleingang. Der Mann ist über siebzig, hat in Kairo und den USA studiert, mit einem »Master in management and commerce« abgeschlossen und an verschiedenen Universitäten unterrichtet, auch in Puerto Rico. Er spricht Arabisch, Englisch und Spanisch. Anfang der 90er-Jahre kehrte er nach Palästina zurück, lehrte an der hiesigen *Birzeit University* und fing an, um das vom Vater geerbte Hab und Gut zu kämpfen. Heute ist er pensioniert, ein warmer, freundlicher Herr, *a distinguished gentleman*, ein, so scheint es, unbelehrbarer Optimist.

Wir fahren an *Beit El* vorbei, der israelischen Siedlung, vor deren Eingang ich damals mit einer M16 vertrieben wurde und wo sich das umstrittene Gelände befindet. Undenkbar, dass wir den Ort besuchen. Ein paar Rabbis haben zum blutigen Widerstand gegen die richterliche Entscheidung aufgerufen. Hasan erhielt Drohanrufe. Weltliche Beschlüsse haben für die Extremisten keine Bedeutung.

Hasan bringt mich zu einem anderen Stück Land, das seiner Familie gehört, ein kleines Terrain in einem Tal: sanft und schön gelegen, mit einem Bach mittendurch, mit Bäumen und − verwahrlosten Feldern. Keine Chance, so der Palästinenser, sie zu kultivieren. Obwohl kein Siedler sie zwangsrequiriert hat. Aber die Kolonisten wohnen direkt daneben, und sobald jemand kommt und Anstalten macht, die Fläche urbar zu machen, ziehen sie in den Krieg. Vor nicht allzu langer Zeit wurden zwei Arbeiter erschossen. Wenn die Rowdys nicht schießen, marschieren sie bewaffnet vom Berg herunter oder schicken ihre Wildschweine (!), Subtext: Wir sind da! Haut ab! Palästina gehört uns!

In den nächsten fünf Jahren wird er, so schätzt Hasan, nie einen Fuß auf seine etwa vierzig Hektar setzen. Wenn je. Denn ein rechtskräftiges Urteil ist die eine Sache. Es Wirklichkeit werden lassen eine ganz andere. Israelische Volksvertreter sind so korrupt wie andere Volksvertreter, sprich sie sind nur so lange für Recht und Ordnung, wie es den Wählern passt. Und hier passt vielen Wählern nicht, was beschlossen wurde. Also werden kleine Ewigkeiten vergehen, bis der wahre Besitzer sein Besitztum betreten kann. Ohne um seine Sicherheit fürchten zu müssen. Und da Ministerpräsident Netanjahu als erster Totengräber einer Zweistaatenlösung gilt, können sich die Gotteskrieger keinen eifrigeren Verbündeten wünschen als ihn.

Wir fahren zurück in die Stadt, in Hasans, in »sein« Café, ins *Café de la Paix*. Der Name passt zu dem Mann. Etwas geradezu Nobles geht von dem Ex-Professor aus, er hat *classe*. Er sei nicht bereit, Juden zu verabscheuen, antwortet er auf meine wiederholten Fragen. Im Gegenteil (!), er bewundere sie für ihre Leistungen. Sie sollen ihr Land haben, wie ihren Frieden, wie ihr Leben. Eben genau wie er: Auch er will sein Land, seinen Frieden, sein Leben. Wie alle vernunftbegabten Wesen steht er fassungslos vor der Tatsache, dass dieser Zustand so unerreichbar scheint. Sagt er. Und sagt dann: »Wir werden es schaffen.«

130

Der nächste Tag wird anstrengend und lehrreich. Also ein ganz normaler Tag in dieser Weltgegend. Ich stehe um 5.30 Uhr auf, um rechtzeitig um 8.30 Uhr in Jerusalem zu sein. Ein paar Stunden für ein paar Kilometer. Auf den letzten Metern zum *International Convention Center* spricht mich eine Frau an. Eine Amerikanerin, ihr Akzent ist eindeutig. Sie will mit mir reden, denn sie hält mich für einen Landsmann. Sie sei lange von Dämonen besessen gewesen, aber jetzt habe sie die Wahrheit gefunden. Ob ich sie hören wolle? Ich muss passen, da in Eile. Zudem habe ich die letzten Wochen schon zu viele Irre getroffen, auch von Dämonen besessen, die mir nichts weniger als *die* Wahrheit feilboten.

Ich bin hier, um an einer Tour von *Breaking the silence* teilzunehmen. Die vielleicht prominenteste israelische Initiative, die sich für ein friedliches Zusammenleben der beiden

Völker einsetzt. Sie wurde im März 2004 von Yehuda Shaul gegründet. (Siehe Kapitel 109.) Mit dem Ziel, dass ehemalige Soldaten des Tsahal über ihre Untaten in den besetzten Gebieten berichten. Auch als eine Art Wiedergutmachung für den Schaden, den sie in Palästina angerichtet haben. (Wie US-Marines, die reumütig in ein Land zurückkehrten, das sie einst in den Abgrund bombten: Vietnam.) Die Organisation ist ungemein couragiert, professionell und determiniert. Inzwischen wurde sie weltweit bekannt und »a real pain in the ass«, so Zafer, mein Rezeptionist in Ramallah. Eine Pein im Arsch der (israelischen) Regierung und eine Pein im Arsch der Siedler und eine Pein im Arsch der Armee, die hilflos zuschauen muss, wie ihre kriminellen Heimlichkeiten an die Öffentlichkeit geraten. Alle paar Wochen bieten die »Veteranen« eine Fahrt durch Palästina an, um anhand der Wirklichkeit die Tatsachen vor Augen zu führen. Jedem, den es interessiert.

Um 8.50 Uhr ist der Bus voll, mit über fünfzig Personen, viele jung, viele alt, manche kamen mit Krücken. Wie bewegend, dass es Frauen und Männer gibt, die jede Mühseligkeit auf sich nehmen, um zu lernen. Vorne am Mikrofon steht Avner: Israeli, Mitte zwanzig, er wird uns die nächsten Stunden aufklären. Er sagt gleich, dass er sein Land liebt, aber dass ihm die Liebe leichter fiele, wenn alle Israelis gemeinsam für ein Nebeneinander von Juden und Arabern kämpften. Das ist klug formuliert und zeigt einmal mehr, dass in Israel ein Potenzial von Kräften steckt, das an die so coolen Werte des Judentums erinnert: Weltwachheit, Neugierde, Wahrheitsliebe. Dass die Mitglieder von *Breaking the silence* zur ungeheuren Minderheit gehören, auch klar. Die meisten Soldaten hier agieren wie die meisten Soldaten überall: Wenn sie den Befehl erhalten abzudrücken, drücken sie ab. Und wenn sie keinen Befehl erhalten, drücken sie nicht ab, sprich: Selbstverantwortliches Denken (und Fühlen) gelten grundsätzlich als unerwünscht, ja verdächtig. Die Standardantwort der vielen Gehorsamen, so Avner: »I have nothing to say.« Wie einleuchtend, denn wer nicht denkt, hat nichts zu sagen. Das verschafft den Vorteil, dass man hinterher alle Schuld von sich weisen kann. Der »Befehlsnotstand« als Persilschein für jeden Frevel. Die gesamte Menschheitsgeschichte entlang kann man es nachlesen. Es sind immer die Wenigen, die den großen Haufen daran erinnern, dass etwas falsch läuft. Avner erzählt, dass er auch zu den Befehlsempfängern gehörte, fraglos. Bis er zu denken (und zu fühlen) begann. Und zu fragen. Und sich bewusst wurde, dass er so nicht handeln will. Nicht mehr. Und dass das Handeln der anderen – der Tumben, der Fraglosen – aufhören muss.

Ich will nur die wichtigsten Punkte der kleinen Reise erwähnen. Vieles, was der ehemalige Fallschirmjäger anreißt, habe ich bereits erwähnt. So den Mauerbau, der weit in palästinensisches Gebiet hineinreicht, die Nutzlosigkeit des Baus, die Zonen A, B und C, die aus Palästina einen »Schweizer Käse« machen: die Löcher für die Besitzer des Landes und den fetten Käse – etwa 70 Prozent der Landfläche – für die Besatzer. Habe schon Armee und Siedler erwähnt, die um die Wette stehlen: die einen für ihre Kasernen und die dazugehörigen Schießplätze, die infamen »live-fire exercise zones«, und die anderen für ihre Burgen und exklusiven Zufahrtsstraßen. Die allwaltende Politik der Diebe: Wer im Weg steht, wird vertrieben. Wenn er Glück hat. Hat er wenig Glück, wird er verhaftet. (Auch Kinder, mehr als 8000 von ihnen, ab sechs Jahren aufwärts, landeten seit 2000 in israelischen Gefängnissen, die meisten wegen »stone throwing«.) Hat er noch weniger Glück, wird er »behandelt«, mit schwerer Körperverletzung. Und die Glücklosesten verschwinden. Als Tote. Alles Unrecht, alles illegal, nach internationalem, aber teilweise auch nach israelischem Recht. Doch, so unser Guide, zwischen den skrupellosen Akteuren gibt es ein »tacit agreement« des gegenseitigen Wegschauens. Und der gegenseitigen – jetzt passt das Wort – Schützenhilfe.

Aller schlechten Dinge sind drei. Reserve-Unteroffizier Avner spricht das Wort vom »triangle of violence« aus, dem Dreieck der Gewalt. Denn das Heer und die Kolonisten haben noch einen Verbündeten, die *Civil Administration*. Das ist die »weltliche Macht«, die administrative Verwaltung der israelischen Regierung im besetzten Gebiet. Jeder Palästinenser, der in seinem eigenen Land – abgesehen von den paar Prozent unter Eigenverantwortung – bauen (ja, nur umbauen) will, und wäre es einen Kuhstall oder eine Latrine, muss bei dieser Behörde um ein *construction permit* nachsuchen. Die er in 94 von 100 Anträgen nicht bekommt. Also baut er heimlich. Und irgendwann wird das entdeckt und die *Civil Administration* kommt vorbei und klebt einen Zettel, die *demolition order*, an den Schwarzbau. Mit 94-prozentiger Sicherheit fährt dann eines Tages ein Bulldozer vor, in Begleitung von Polizei und Armee, und reißt den Stall oder die Garage oder das Wohnhaus nieder.

Avner berichtet von militärischen Operationen, die unter dem Codewort »straw widow« laufen: Soldaten brechen in ein Haus ein, oft nachts, im Sturmschritt, mit Sirenen, mit Hunden, schlagen die Tür ein (wenn nicht sofort geöffnet wird), stürmen in alle Zimmer, verhaften die Männer und pferchen Kinder und Frau in einen Raum. Die Frau ist jetzt »Strohwitwe«. Dann: »Terror machen«, Angst schüren, drohen, einschüchtern, die Ausgänge, die Fenster besetzen, Gegenstände demolieren, »Krieg spielen«, Hass trainieren.

Avner hat mehrere solcher »raids« mitgemacht. Beim vierten oder fünften Mal, sagt er, nahm er die Palästinenser nicht mehr als menschliche Wesen wahr, sondern als verachtenswerte Feinde. Der »Gag« dieser nächtlichen Besuche – von deren tatsächlichem Motiv die Mehrheit der Teilnehmer keine Ahnung hat – ist oft nur kaltes Kalkül. Denn gegen die Überfallenen liegt nichts vor, sie sind vollkommen unschuldig. Manchmal befindet sich das Haus an einer günstigen Stelle, um als *lookout* zu dienen. Aber normalerweise treibt ein ganz anderer Beweggrund zu dieser Tat: Die *Israel Defence Forces* müssen ihre Neulinge dressieren. Damit sie lernen, wie man ein passables Mitglied der »bestausgebildeten Armee« wird. Nach ein paar Stunden oder ein paar Tagen sind die (sadistischen) Exerzitien vorbei, die Bewohner dürfen wieder aufstehen und weiterleben.

Wir fahren in den Süden, zu den *South Hebron Hills*, dem »Wilden Westen« Palästinas. Mit vielen israelischen Siedlungen und »Outposts«, auf denen glaubensglühende Cowboys in ihren Caravans und Containern sitzen, die M16 im Anschlag: um ihr »gottgegebenes Land« mit der Flinte in der Hand gegen jeden zu verteidigen. Auch gegen die eigenen Landsleute. Hundertfünfzig Meter vor dem Außenposten Abigail hält unser Bus, näher rankommen wäre nicht klug. Obwohl die winzige Siedlung von der *Civil Administration* nicht autorisiert wurde, wird hier niemand vertrieben. Keine *demolition order*, keine Bulldozer, keine Hubschrauber, die von oben die Vertreibung überwachen.

Hauptziel an diesem Vormittag ist Susiya, im tiefsten Süden. Da hier vor über dreißig Jahren eine Synagoge ausgegraben wurde, hat man die Umgebung weiträumig als »archäologischen Park« deklariert. Noch eine Finte, um die alteingesessenen Einwohner zu verjagen. Seitdem wurden die Palästinenser mehrmals verscheucht, *manu militari*, auf Armeelaster verfrachtet und irgendwo in der Wüste (!) abgesetzt. Aber die Evakuierten kamen zurück, immer wieder. So wurden die nächsten Schikanen organisiert: ihre Brunnen versiegelt oder mit toten Hühnern und/oder rostigen Autoteilen vergiftet.

Als wir ankommen, steht auf Felsbrocken gesprayt: »Expulse the Arabs« oder, noch eindeutiger, »Death to the Arabs«. Ein Truck mit Weizen vom *World Food Program* wird gerade entladen und eine NGO verteilt Wasser in die bereitstehenden Kanister.

Bisweilen kommen vom *Susiya Settlement* – nur ein paar Hundert Meter entfernt – Gottes liebste Hooligans herüber und schlagen zu. Mit Ketten, mit Schlagstöcken, mit Baseballschlägern. Schlagen auf Frauen und Männer, auf Junge und Alte, zerstechen die Reifen der Trucks, verjagen die Ziegen. Eine andere NGO, die versucht hatte, die Hassparolen abzuwaschen, kam ebenfalls unter die Räder. Auf Youtube kann man die Heldentaten dieser in Rudelstärke auftretenden Rowdys begutachten.

Avner erzählt, dass er hier stationiert war, um die Siedlung zu bewachen. Die jüdische, nicht die palästinensische. Damit die kleinen Grausamkeiten der Einwohner ungestraft blieben. Es war für ihn ganz selbstverständlich, mit Verachtung auf die etwa fünfzig palästinensischen Familien zu blicken, die abseits der feinen Häuser mit den rotleuchtenden Dächern in windzerzausten Zelten und Bruchbuden lebten. »Denn ich hatte ja in der Schule gelernt, dass ganz Palästina den Juden gehört.«

Fairerweise sei darauf verwiesen – *Breaking the silence* hat die Zeugenaussagen festgehalten –, dass es auch Soldaten gab, die zumindest ein Minimum an *fair play* den Palästinensern gegenüber praktizierten. Aber nicht lange, denn die Bedrohung von Seiten der schwer bewaffneten Siedler war zu heftig, zu unberechenbar. Eine blindwütige Bedrohung, die auch vor der eigenen Armee nicht Halt macht.

Ein paar Solarpaneele sorgen für Strom, ein Generator rattert, noch halten die Familien aus. Sie alle haben eine *demolition order* erhalten, denn der Staat Israel ist so frei, auch ärmster Leute Behausungen – mit einem Reissack im Eck, einer muffligen Matratze und dem Spirituskocher in der Mitte – zu demolieren.

Avner bittet uns in den »Versammlungsraum«, das wären ein paar Balken, überzogen mit Zeltplanen. Teppiche liegen am Boden. Wir setzen uns und ein Lehrer hält eine kurze Rede. Er lebt hier. In solchen Situationen versuche ich immer, mich in die Rolle des anderen hineinzuversetzen. Wie jetzt: mich als der Mensch zu fühlen, der nur ein Leben kennt, in dem er gedemütigt wurde. Der eine ungemein anstrengende Vergangenheit hinter sich und eine Zukunft vor sich hat, die nicht viel weniger mühsam sein wird. Und meine Stimme würde sich vor Hass überschlagen. Weil mir – beim Erzählen der Zustände – wieder bewusst würde, dass ich mein hundsgemein erniedrigtes Dasein, eben mein Ein und mein Alles, der Gier und dem Wahn anderer »verdanke«.

Aber der Mann berichtet ruhig und konzentriert, kein Zorn schwelt in seinen Augen. Etwas Melancholisches geht von ihm aus. Wie von einem, der das Träumen schon vergessen hat.

Vor der Abreise weist Avner noch auf den »Embroidery shop« hin, den sie hier haben. Der Drei-Quadratmeter-Laden befindet sich in einer Höhle, kleine bestickte Taschen gibt es, Gürtel, Armbänder. Fast alle kommen und kaufen etwas. Eine scheue Geste, um unser Gewissen zu erleichtern.

Beim Abschied danke ich Avner von Herzen, denn ich bewundere jeden, der die Kraft hat, sein Bewusstsein zu ändern. Es zu öffnen, auch wenn dieser Prozess zuerst Angst macht. Weil man allein ist, mitten in der Masse der Unveränderbaren, der rechthaberischen Mehrheit.

131

Auf dem Rückweg steige ich auf offener Strecke an einer Bushaltestelle aus. Denn ich will nach Hebron. Die Haltestelle als Apartheid-Stopp, da hier nur Juden warten. Bemerkenswert: Früher hat das jüdische Volk an verschiedensten Orten der Welt zu spüren bekommen, dass ein Jude nicht dahin und nicht dorthin gehen, nicht da sein und nicht dort leben darf. Heute ahmen sie ihre einstigen Unterdrücker nach.

Ich mache eine seltsame Erfahrung: Der Bus kommt und keiner hindert mich einzusteigen. So sitze ich zwischen Frauen und Männern und Kindern, lauter erzkonservativen

Siedlern, zweifelsfrei an Tracht und Haartracht erkennbar. Ich stelle, obwohl ich mich auskenne, ein paar harmlose Fragen zur Orientierung in Hebron. Und aus ihren finsteren Mienen werden helle Gesichter, die hilfsbereit antworten. Auch Rassisten können lächeln und höflich sein: weil ich nicht ihrem Feindbild entspreche, weil sie erkennen, dass ich kein Palästinenser bin, weil die Hass-Synapsen nicht aufspringen, die sie verpflichten, sofort zu hassen. Nicht weil der andere verabscheuenswert wäre, sondern weil er – umgehend sichtbar – Araber ist.

Als sie wissen wollen, woher ich komme, sage ich: »From Chicago.« Das wirkt nochmals beruhigend. Amerikaner sind gut. Also muss ich gut sein. Weder den Araber noch den Amerikaner checken sie aus, sondern tappen sofort in die »Instinktfalle«, sagen instinktiv und sofort Nein oder Ja.

Der Bus fährt nur bis Kiryat Arba, alle wohnen hier. Ich versuche, per Autostopp in die Stadt zu kommen. Bis mir einfällt, dass hier niemand mit einem Rucksack mitgenommen wird. Also marschiere ich die paar Kilometer, zuverlässig beobachtet von Soldaten, die auf Dächern stehen und jetzt nur einen Mann sehen, dem der Schweiß über das Gesicht strömt.

Ich lande da, wo man immer landet, wenn man aus dieser Richtung nach Hebron kommt: in der »King David Street«, die einmal Al Shuhada hieß. Bevor die einen von den anderen vertrieben wurden. Sie ist, wieder einmal, verlassen, nur drei Schulkinder tippeln entlang. Aber plötzlich wird das Leben freundlicher, eine Frau, westlich gekleidet, tritt aus der Tür eines leerstehenden Wachturms. Sie winkt, sie grinst. Wie ertappt. Silvana, die Fotografin (drei Kameras hängen von ihren Schultern), will Feuer, will rauchen. Und sie fängt mit ihrem weichen italienischen Akzent zu reden an. Nachdem wir zurück in den Betonturm gegangen sind und uns auf den Boden gesetzt haben. Damit keiner stört, damit die Welt, die so strapaziöse, für kurze Zeit den leisen, verkicherten Flirt nicht unterbricht. Silvana sprudelt. Dieses Gefühl kenne ich: Wenn man zu lange Dinge gesehen hat, die Ratlosigkeit auslösen, zu lange den Druck nicht loswerden konnte, weil keiner zum Zuhören nah genug war. Jetzt ist einer da, auch gerade einsam, und jetzt fluten die Wörter. Als wollte man die Nähe nachholen, die gefehlt hat. Silvana weiß es so treffend: Immer nur Bilder machen und immer nur ins Tagebuch flüstern, das tröstet die Seele ein bisschen, aber nicht so innig wie ein Mensch, der daneben sitzt und genau versteht, was einem zusetzt.

Mag sein, dass die schnelle Vertrautheit zwischen uns beiden woanders nie stattgefunden hätte. Doch hier, genährt von wochenlangen, herzzerreißenden Erlebnissen, hier ist sie sofort vorhanden. Ohne Umwege, ohne Phrasen, keiner muss den anderen zu etwas überreden. Denn die Bereitschaft, jemandem nah zu kommen, war ja längst da. Ganz unbewusst, ohne konkrete Vorstellung. Und in dem Augenblick, in dem Silvana den Wachturm verließ, war dieser Moment gekommen. Zufall? Glück? Vollkommen egal, denn jetzt soll nur eines gelten: das Glück wahrnehmen, es gemeinsam und vehement ausbeuten.

132

Nach dem Reden, dem Kichern und der Wärme schleichen wir diskret wieder hinaus. Niemand ist zu sehen, keine Bewacher, keine Bewachten. Silvana braucht ein Taxi, sie will nach Tel Aviv, sie fliegt zurück nach Mailand. Drei Monate trieb sie sich in der Gegend herum, jetzt reicht es ihr: »Ich muss heim, um meine Wunden zu heilen.« Sie meint ihr geschürftes Herz.

Ich gehe die Hauptstraße entlang, hinter den Mauern der vergitterten Häuser haben sich die Einwohner verschanzt. Sie wollen alle in einem »rein« jüdischen Staat leben, so groß wie ganz Palästina. Die Idee, ein Land zu gründen, in dem nur das eigene Volk sein soll, hat etwas Groteskes, durchaus

Komisches. Als Kind hatte ich mir immer geschworen, in fernen Großstädten zu wohnen. Sobald ich genug Geld verdiene. Weil mich das Durcheinander, die Verschiedenheit, anzieht, die gelben, die weißen, die schwarzen Frauen und Männer, eben: das Fremde. Weil mir schon die Vorstellung, mich nur unter meinesgleichen zu bewegen, Schauder über den Rücken jagt. Sich so aufzuführen, wie sie es hier tun, verrät etwas radikal Spießiges: Sie wollen nichts wissen von der Komplexität der Welt, sie verkleinern sie lieber. Bis die Enge in ihrem Hirn Platz hat. »Es gibt kein richtiges Leben im falschen«, wie maßgeschneidert passt der Satz von Adorno.

Ich gehe wieder in mein Hebroner Lieblingscafé, ins *Qaser Al-Arageel*. Das Café mit den besten Wasserpfeifen, hoch oben im sechsten Stock. Ich will still sitzen und denken dürfen. Je unbeweglicher mein Kopf ist, desto besser kann er das: das Ordnen von Gedanken, das Sicheinlassen – mit zagem Mut – auf die Widersprüche und Undurchschaubarkeiten der Wirklichkeit.

133

Am nächsten Morgen zurück nach Ramallah. Ein Passagier verteilt Zigaretten. Jeder, bis auf einen, nimmt freudig das Geschenk entgegen. Ich hole meine Zigarillos heraus, spendiere ebenfalls und frage den Nichtraucher, ob wir ihn stören. »Not at all.« Die Fenster sind offen, der Himmel strahlt und kein Gesundheitsterrorist weit und breit, der uns schrill versichert, dass jeder Zug unsere Lebenszeit um zwanzig oder einundzwanzig Jahre verkürzt. So plappern wir miteinander, heiter, so gut gelaunt. Rauchen ist ein wunderbares Mittel, um das Kommunizieren unter Fremden zu erleichtern. Wäre ein Anti-Smoking-Ayatollah anwesend, er würde jetzt schwer verkrampfen. Und Fotos zerfressener Lungen und nikotinverwüsteter Mundhöhlen an die Fenster kleben. Und wir würden irgendwann verbittert aufhören und die kleine Lebenslust wäre verschwunden. Und wir müssten zwanzig oder einundzwanzig Jahre länger die Fitness-Giftzwerge aushalten.

Auch das liebe ich an der sogenannten Dritten Welt: Der Sicherheitswahn fehlt, hier haben sie einfach mehr Lebensmut. Noch gibt es Freiräume, die kein rasend gewordenes Beamtenwürstchen für unbetretbar erklärt hat. Heute früh las ich im Internet die Nachricht, dass Pariser Senatoren – wohlbezahlte Vorruhestandsposten-Inhaber im Oberhaus des Parlaments – einen Gesetzesentwurf einbringen wollen, um Solarien zu verbieten. Hinreißend: Das französische Volk finanziert 348 Grüß-Gott-Onkel, die Bräunungskabinen den Kampf ansagen. Der Verbotswahn als Beschäftigungstherapie! Ich strecke mein Gesicht der Sonne entgegen. Ich will sie bewundern, solange sie bereit ist, mich zu wärmen.

134

Ich werfe mein Gepäck im Hotel ab und fahre mit einem Sammeltaxi nach Nabi Saleh, zwanzig Kilometer nordwestlich von Ramallah. Den Tipp, in das Dorf mit den fünfhundert Einwohnern zu fahren, habe ich von Silvana. Dort protestieren sie, ähnlich wie in Bil'in, jeden Freitag. Seit Jahren. Das hat Gründe: Die nahe Siedlung Halamish konfiszierte das Land der Palästinenser, konfiszierte das Wasser. Inzwischen gab es einen Toten, viele Verletzte, viele Verhaftungen.

Kurz vor Ankunft versperrt ein fliegender Checkpoint die Straße, beide israelische Militärs prüfen meinen Pass. Und keiner ermahnt mich, *nicht* nach Nabi Saleh zu fahren. Umso erstaunlicher, wenn ich bedenke, was an Überraschungen noch kommen wird.

Ich bin zwei Stunden zu früh. Die Sonne züngelt auf die Erde und alle scheinen in ihren Häusern verkrochen. Unvorstellbar, dass hier in Kürze eine Armee anrücken wird und die hiesigen Frauen und Männer ihr als Aufständische entgegenziehen werden. Auf dem Hauptplatz schmort ein Denkmal zur Erinnerung an die *Erste Intifada*, am Rande steht ein Palaverbaum mit Sitzgelegenheiten. Eine Flagge hängt unbeweglich, auf der das »Recht auf Rückkehr« (der Vertriebenen) eingefordert wird. Ich gehe an der Schule vorbei, an der Moschee, an einem Pferd, das am Straßenrand kauert und an dürrem Gras knabbert. Und lande plötzlich auf einem Fußballfeld. Und stelle mich mitten hinein. Kein Ton ist wahrzunehmen. Als verjagte die Sonne jedes Geräusch. Unheimlich still, nur von fern, von den Olivenhainen, dringt das Zirpen der Grillen. Wieder so ein atemberaubender Moment, wunderlich melancholisch. Eine harte Piste mit zwei zusammengenagelten Toren, keiner spielt und keiner schaut zu und nichts, nichts, stört diese fantastische Einsamkeit. Sie kann einen steinigen und sie kann einem, wie jetzt, ein grandioses Hochgefühl verschaffen: ein Mensch, irgendwo auf der Erde, unberührbar, unerreichbar, für eine kurze Weile vollkommen geborgen.

Ich gehe zurück zum Dorfeingang und klopfe an das erste Haus auf der linken Seite. Lange und heftig muss ich klopfen. Bis eine sehr alte Frau öffnet – und lächelt. Nachdem sie erfahren hat, dass ich aus Europa komme. Frau Tamimi – alle 534 Einwohner sind miteinander verwandt und haben den gleichen Familiennamen – bittet mich ins große Wohnzimmer. Das Haus blitzt, hier wohnt der Mittelstand. Nur der Teppich hat Brandlöcher. Erinnerung an Tränengasgrananten, die durch die Fenster flogen.

Mineralwasser und Tee werden gebracht. Und die hübsche Sainap, eine Enkelin. Sie spricht Englisch. Und erklärt zuerst das Bild von Mustafa Tamimi, das an der Wand hängt. Er, der Steinewerfer, wurde vor ein paar Monaten von einem israelischen Soldaten erschossen. Mit einem »long range tear gas canister«, mitten ins Gesicht, aus einem gepanzerten Jeep, aus ein paar Meter Entfernung. Das Foto mit dem fliegenden Geschoss (im Internet zu sehen) zeigt, wie ein Machtloser von einem Übermächtigen abgeknallt wird.*

Sainap sagt, dass es hier in Nabi Saleh – immer freitags ab 13.30 Uhr – zugehe »like in Africa«. Gesetzlos, meint sie. Weil die Besatzer sich alles erlauben dürfen: Menschen jagen, die Häuser mit *skunk water* besprühen, Wohnungen durchsuchen. Sie verweist auf *B'Tselem*, eine andere, sehr hilfsbereite NGO aus Israel, die Filmmaterial mit schwer belastenden Szenen ins Netz stellt. Aber Sainap beschwert sich, wirft der Organisation vor, »too little« zu tun. Sie will, dass sie »big« helfen. So dass die Zustände sich tatsächlich ändern.

Ich frage sie, ob sie trotz der Umstände glücklich sei. Ja, sagt sie, denn sie bete jeden Abend zu Allah. Ich halte mich zurück, auch mit dem Kommentar, dass Herrn Allahs Hilfestellungen durchaus zu wünschen übrig lassen. Sainap käme wohl nie auf die Idee, die so lange so innig von oben erbetene Unterstützung einzufordern. Genervt einzufordern. Nachdem sie jahrelang auf IHN eingeflüstert hat. *Unanswered prayers*, auch im Nahen Osten.

Während wir reden, ziehen die Demonstranten am Haus vorbei, ich verabschiede mich mit Dank und renne hinterher. Etwa sechzig Leute nehmen teil, Einheimische, Ausländer, eine Handvoll Israelis. Palästinensische Flaggen werden geschwungen, manche singen. Um sich Mut zu machen, vermute ich. An der Tankstelle – sie liegt an der ersten Kurve vor dem Dorf – kommt der Zug zum Halten. Zweihundert Meter weiter, die Straße runter, stehen knapp dreißig Soldaten. In Kriegsmontur. Eine Lautsprecherstimme bellt mehrmals denselben Befehl: »You have ten minutes to leave the area, otherwise you will be arrested. It is forbidden to demonstrate.« Klar, die Besatzer verbieten den Besetzten, gegen die Besatzung ihres Landes zu demonstrieren. Niemand reagiert auf die Anordnung.

---

* Ein paar Monate nach diesem Freitag wird Rushi Tamimi, 28, erschossen, von hinten, in den Rücken; auch das ist im Internet auffindbar.

Ich spare mir eine detaillierte Beschreibung der Vorgänge, denn es wird ähnlich wie in Bil'in ablaufen. Allerdings ist hier die Konfrontation direkter, gefährlicher, denn keine neun Meter hohe Mauer trennt die feindlichen Lager. Als die Sechzig vorrücken, beginnen die Dreißig zu schießen: das Tränengas, die Gummigeschosse, die Höllenlärmbomben, das Stinkwasser. Unser Pulk stiebt auseinander, die meisten nach links, Richtung felsige Anhöhe. Und verteilen sich. Die jungen Männer holen ihre Steinschleudern heraus und legen an. Wie Flöhe, die es mit einem Adler aufnehmen. Aber es geht um ein Symbol: dass der Widerstand nicht aufhört, dass Stolz und Würde nicht verhandelbar sind.

Von Janne, einem Norweger, erfahre ich, dass seit gewisser Zeit verstärkt Ausländer, die an Demonstrationen teilnehmen, verhaftet werden. Um sie abzuschieben. Ausländer stören, denn sie bezeugen. Nach der dritten Runde – dazwischen immer wieder Rückzug zur Tankstelle, um die vergasten Augen zu behandeln – gehe ich die zweihundert Meter auf die zweieinhalb Dutzend Soldaten zu, die sechs Jeeps und den Stinkwasserwerfer. Rasin, blutjung, begleitet mich. Unaufgefordert. Und zielt mit Steinen auf seine Feinde. Wahnsinnig beruhigend ist das nicht. Doch wenn ich jetzt umkehre, verliere ich mein Gesicht. Keine Ahnung, was mich reitet, aber ich will wissen, was passiert.

Auf den letzten hundert Metern dreht Rasin um. Ginge er weiter, würde er tatsächlich sein Leben riskieren. Ich nicht, denn bei einem Nicht-Palästinenser sind sie zögerlicher mit dem Töten. Die mediale Aufmerksamkeit würde schaden. Um das Risiko zu mindern, bin ich diesmal ohne jedes Gepäck unterwegs. Ich habe nichts an mir, um fünf Kilo Dynamit verstecken zu können. Zudem trage ich ein eng anliegendes Hemd, damit keiner auf die Idee kommt, ein Sprengstoffgürtel klebe an meinem Bauch. Per Megafon werde ich aufgefordert, die Hände nach oben zu strecken. Drei Soldaten – ausreichend bewaffnet, um tausend Büffel in Schach zu halten – kommen näher, einer raunzt: »Your passport!« Da sich die Hände noch immer über meinem Kopf befinden, bedeutet er mir, dass ich sie wieder benutzen darf. Während ich ihm das Dokument reiche, fragt er: »Where you from?« Jetzt erschrecke ich leicht und antworte: »From Germany.« Und er wiederholt das Wort, auf Hebräisch, unüberhörbar süffisant: »Ah, germanja.« Dann der wunderlich komische Satz: »I arrest you.« Okay, jetzt bin ich dran, jetzt schleppen sie mich nach Tel Aviv und setzen mich in das nächste Flugzeug nach Europa.

Als wir die Wagenburg erreichen, werde ich an einen Polizisten, Modell Schwarzenegger jr., übergeben. Dicke Muskeln zucken entlang der nackten Oberarme. Bei solchen Einsätzen ist immer die Polizei dabei, denn nur sie darf offiziell Verhöre und Verhaftungen durchführen. Auch er fragt als erstes nach meiner Nationalität. Obwohl er sie bereits weiß. Sieben Soldaten bilden einen Kreis um uns. An ihren Blicken ist zu erkennen, dass sie nicht meine sieben besten Freunde sind. Ein Deutscher im Land der Feinde des israelischen Volkes, das klingt nicht gut. Der Muskelmann fragt barsch, warum ich mich hier aufhalte.

Ich bin hochkonzentriert, denn wie jeder Fremde habe ich die Bilder im Kopf, die vor ein paar Wochen um die Welt gingen: Oberstleutnant Shalom Eisner rammt den Gewehrkolben seiner M16 in das Gesicht von Andreas Las. Das Video ist eindeutig, nicht ein Hauch von Aggression von Seiten des zwanzigjährigen Dänen rechtfertigte diesen Akt exquisiter Gewalt. *Deputy Commander* Shalom (»Friede«) verlor, unübersehbar, die Nerven. Wie so viele, so oft. Nur war diesmal eine Kamera dabei und die Beweise duldeten keine Ausrede und keine Schuldzuweisung an andere. Mir ist auch bewusst, dass ich in diesen Momenten allein bin und keiner später mit Filmmaterial meine Harmlosigkeit belegen könnte. Zudem ähneln alle acht Anwesenden gerade dem uniformierten Hitzkopf S. E. Ich will nichts dramatisieren, aber ich will vorsichtig sein. So antworte ich besonnen auf die Frage nach dem Grund meiner Anwesenheit: dass ich gehört habe, dass hier und heute eine Demonstration stattfände und dass ich sie sehen wollte. Und der Barsche, noch barscher: »This is a military zone, it's forbidden to be here.« Um seinen Kasernenhofton zu entschärfen, berichte ich – wieder ohne die Stimme zu heben – von dem Checkpoint direkt vor Nabi Saleh, wo keiner der beiden Soldaten irgendein Verbot ausgesprochen hätte.

Rasend schnell schießen mir – während wir schweißgebadet diese Realgroteske aufführen und ich nun fotografiert werde – ein paar Gedanken durch das Hirn: Natürlich die Erinnerung an Mister Shaloms Gewehrkolben und die Nachricht, dass Friedensaktivist Las anschließend im Krankenhaus behandelt werden musste. Seltsamerweise taucht auch Silvana auf, die mir gestern von einem muslimischen Gelehrten aus dem 11. Jahrhundert erzählt hatte, von al-Ghazali, der von den »Fesseln des Taqlid« sprach, den (zufälligen) Fesseln der Sozialisation, damals gemeint: der religiösen Sozialisation. Al-Ghazali – unglaublich mutig für seine Zeit – ging davon aus, dass er mit dem genau gleichen Enthusiasmus, mit dem er Muslim geworden war, einem anderen Glauben hätte folgen können. Aber er wurde eben ein Verfechter des Islams, weil er in einer muslimischen Umgebung aufgewachsen war. Wäre er dreihundert Kilometer entfernt zur Welt gekommen, wäre er logischerweise Jude geworden. Oder Christ. Modern übersetzt: Glaube ist eine Frage der Geografie.

Und so sehe ich unverwandt in die Augen des Bodybuilders, der zufällig Jude wurde und deshalb für jüdische Wahrheiten hochrüstet. Um Krieg zu führen gegen die – jetzt so nahen – Steinewerfer, die einen Analphabeten namens Mohammed für den einzigen Wahrheitskünder halten. So bekriegen sich ewige Wahrheiten seit ewigen Zeiten. Gefesselt von *Taqlid*, vom fantastischen Hokuspokus, der ihnen vom dritten Atemzug an eingetrichtert wurde. Nicht anders als mir – dem Ex-Katho, noch zahnlos – das Gruselmärchen vom kreuzgeschlachteten Gottessohn eingeträufelt wurde. Der wegen mir, dem Sünder, geschlachtet wurde. Und ich später lernte, dass die Christenmenschen am erfolgreichsten – im Namen ihrer ewigen Wahrheit – die anderen Ewige-Wahrheiten-Besitzer dezimierten.

All das rast in Sekunden durch meinen Kopf, wobei ich nicht aufhöre, dem israelischen Verhörer ins Gesicht zu schauen und mich, unhörbar leise, frage, ob er begreift, wie monströs lächerlich die Situation ist. Acht Schwerbewaffnete mit mindestens einem Zentner Munition umzingeln mich, eine Kamera wird mehrmals in Stellung gebracht, schwerwiegende Fragen schwirren durch die Luft: ein martialischer Zirkus, als gelte es, einen Dschihadisten – noch blutüberströmt vom misslungenen Selbstmordversuch – zum Gestehen der Adressen seiner Komplizen zu treiben. Und was haben wir in der Wirklichkeit? Einen schmalen Herrn, nur bewaffnet mit einem Kugelschreiber, der unsichtbar unter dem Hemd baumelt, und einem winzigen Schreibblock, so handtellerklein, dass er unauffällig in der linken Hosentasche Platz hat. Da ich grundsätzlich diskret auftrete – ohne prunkvolle Vieltaschenweste, ohne grellgelben »PRESSE«-Leuchtstreifen auf dem Rücken –, kann ich jeder sein: der arglose Herumsteher, ein unbedarfter Zaungast, ein freundlicher Typ, der sich verlaufen hat. Lauter Tarnkappen, um verstohlen und unverdächtigt meine vier wichtigsten (Reporter-)Werkzeuge einzusetzen: meine Augen, meine Ohren, meine fiebrige Intuition und meinen welthungrigen Verstand.

Nun, auch der Bizepsbesitzer scheint irgendwann die Absurdität der Lage zu erahnen. Ihm dämmert wohl, dass ich als Verhafteter eine Vollniete wäre, die gewiss zu keiner Beförderung verhilft. Zudem brennt nicht ihm, sondern mir das Tränengas in den Augen. Ich tauge folglich als Täter nicht. So ringt sich der Bulle zu dem durchaus lustigen Satz durch: »The arrest is over, go!« Als ich fragen will, warum ich eigentlich verhaftet wurde, schnauzt er, noch bevor ich die ersten drei Wörter aussprechen kann: »You shut up, you go!« Ich gehe. Eine der kürzesten Verhaftungen in der Militärgeschichte ist vorüber, ich grinse und fasse es nicht: So viel Aufgeblasenheit muss man erleben. Um sie zu glauben.

Aber der Irrsinn vor Ort macht keine Pause. Die nächste Runde beginnt. Während ich mich vom Dorf entferne, rollt der Tankwagen mit dem Stinkwasser an, schnalzen schon wieder die Gasgranaten, ziehen schon wieder die Adler los, um das gestohlene Land zu verteidigen. Und ich höre einen wütenden Schrei. Fünfzig Meter weiter steht noch ein Checkpoint, ein Soldat hebt seine M16 und brüllt und gestikuliert wild in meine Richtung. Bis ich kapiere: In der rechten Hand trage ich meine (schwarze) Sonnenbrille, die er für eine Waffe hält. Ich setze sie auf und sein Brüllen stoppt. Diese Gegend ist ein Tollhaus, in dem jeden Tag mehr Leute den Verstand verlieren. Morgen werde ich in der Zeitung lesen, dass heute bei dieser Demonstration neun Personen verhaftet, davon drei aus Israel abgeschoben wurden. *I am the lucky guy.*

Doch auch jetzt will der Frieden noch nicht ausbrechen: Nach fünf Minuten komme ich an eine Kreuzung, an der sich nur Hinweisschilder mit den Namen verschiedener (jüdischer) Siedlungen befinden. Ohne Richtungsangabe für Ramallah, wohin ich zurücktrampen will. Ich habe keinen Schimmer, wo ich mich aufstellen soll. So nähere ich mich einem Zaun, da ich dahinter jemanden stehen sehe. Ich tue das, weil ich für Augenblicke nicht achtsam bin, nicht auf dem Quivive. Und frage auf Englisch, ganz einfach: »Which way to Ramallah, please?« Und der junge Kerl springt an die Umzäunung mit der Stacheldrahtrolle und keift wie ein Pitbull auf mich ein, keine drei Schritte entfernt. Er keift auf Hebräisch, aber ich kapiere trotzdem alles. Es klingt nach »Arschloch« oder »Fuck you« oder »Fuck yourself« oder »Blöder Hund« oder was auch immer ihm an Hasswörtern zufliegt. Ich kombiniere, endlich: Der Stacheldraht schottet Hamalish ab, jene Kolonie, die für die Wut der Einwohner von Nabi Saleh sorgt. Und der vielleicht Zwanzigjährige vermutet, dass ich an dem Protestmarsch teilgenommen habe und ein Araberfreund und Judenhasser bin. Käme Feuer aus seinem Mund, ich stünde jetzt in Flammen. Ich weiche zurück. Doch zugleich steigt die Lust zu provozieren wieder in mir hoch und ich spreche unbedarft und mehrmals »Ramallah« aus, mit einem Fragezeichen am Ende. Armer Junge, *er* lodert nun, heilig-rotes Zornbeben überzieht seinen Schädel. Hätte er eine Schusswaffe, ich hätte nichts zu lachen. So darf man behaupten: Die Kolonisten sind bedrohlicher als die Soldaten, denn ihr Arbeitgeber ist der Allmächtige. Und einen Rachsüchtigeren hat noch keiner erfunden.

Schließlich ziehe ich davon, gehe auf gut Glück los, schon gefasst auf zwanzig Kilometer Fußmarsch. Und strecke nebenbei den Daumen raus. Und irgendwann hält jemand, auch ein junger Kerl, auch – sogleich erkennbar an seiner Kippa – ein Israeli. Und er lächelt und sagt: »Come on in.«

Wir reden. Wie zwei Erwachsene, die neugierig aufeinander sind. Es wird noch verrückter: Jaron ist ebenfalls Siedler. Aber aus finanziellen Gründen: »Hier zu leben ist viel billiger als in Jerusalem«. Wo er studiert. Ich erzähle ihm von Nabi Saleh und er erklärt mir, dass er keine Schwierigkeiten mit einem palästinensischen Staat habe. Aber in seinem Volk, sagt er, stecke eben diese unheimliche Angst. Die über die Jahrhunderte chronisch wurde. Wer auf Erden könne das nicht verstehen? Ich nicke. Und wünschte, dass Jaron begreift, dass man die Angst nicht überwindet, indem man ihr stets nachgibt. Zudem sind die Palästinenser die Letzten, die für das jüdische Leid verantwortlich sind. Der 25-Jährige stimmt mir nicht zu, aber er sagt den simplen Satz: »Wenn es eine Lösung gibt, dann ziehe ich zurück nach Israel. Ohne Diskussion.«

Das ist ein moderner Gedanke auf diesem Erdteil. Viele Kolonisten haben ja mit bluttriefenden Widerstand gedroht, falls die Armee anrücken sollte und sie zwangsräumt. Wie wahr: Israel wird nicht durch äußere Feinde vernichtet werden, sondern von innen her implodieren. Keine Gesellschaft, erst recht nicht in einem so kleinen Staat, kann auf Dauer diese Risse aushalten, diese so offensichtlichen, so unheilbaren Widersprüche. Wenn jemand Israel das Grab schaufelt, dann der »Messianismus«, dieses obskure Gebilde hiesiger Religion. *What a pity.*

Vor einer Abbiegung lässt mich Jaron heraus. Wir lächeln, als wir uns verabschieden. Ich wandere zehn Minuten und ein Sammeltaxi hält. Im »heiligen« Land kann man etwas lernen, wie überall. Aber hier geht es schneller. Und reicht weiter. Weil die Umstände andere sind: extremer, heißer, existenzieller. So will ich mich über diesen Tag nicht beschweren. Heftig und lehrreich war er.

Als ich eine halbe Stunde später, dreckig und verschwitzt, in die Badewanne steige, bin ich ein glücklicher Mensch. Dabei passierte nichts Weltbewegendes. Ich bin nicht jünger und berühmter geworden, keine Kiste Schekel lag auf dem Weg. Nein, ich habe nur ein wenig gelernt. Auf ziemlich anstrengende, bisweilen leicht bedrohliche Weise. Aber jeder Augenblick hat dazu beigetragen, dass ich mich spürte, am Leben fühlte, ja, mit allen Sinnen mich und die Welt wahrnahm. Von einem viel innigeren Glück weiß ich nicht. Freitag, der 13., ja, ein Glückstag.

135

Mit dem Sammeltaxi nach Yatta, nicht weit von Hebron entfernt. Dann ein nächstes Taxi suchen, das nach Um al-Kher fährt, einem Beduinendorf, etwa zwanzig Kilometer weiter südlich. Die Fahrt erzählt etwas von den hiesigen Umständen: Da auf Nebenstraßen nicht kontrolliert wird, sitzen statt sieben jetzt fünfzehn Fahrgäste im Kombi. Bald stellt sich heraus, dass keiner den Flecken kennt, zu dem ich will. Zu abgelegen scheint die Adresse, die mir Philipp gab, mein Schweizer Held, der für die UNO arbeitet. Ich habe die Handynummer des Mannes dabei, den ich dort besuchen will. Und bitte, wer immer kann, ihn anzurufen. Damit er dem Fahrer den Weg erklärt. Aber überraschenderweise sagt jeder, er habe kein Telefon. Das klingt bizarr, da sie hier süchtig nach diesen Geräten sind. So denke ich, sie wollen nicht helfen. Was noch abwegiger scheint, denn alle Tage habe ich die Palästinenser als außergewöhnlich hilfsbereit erlebt. Bis mir aufgrund ihrer schüchternen Antworten das Motiv ihres mysteriösen Benehmens klar wird: Sie besitzen alle ein Mobiltelefon, sind jedoch alle pleite, sprich verfügen nicht über genug Schekel, um sich eine neue Karte zu besorgen. Folglich können sie nur Gespräche entgegennehmen, doch niemanden anwählen. Ihre Scham motiviert ihr Verhalten.

So schlage ich vor, eine *prepaid card* zu kaufen. Aber im hintersten Palästina gibt es keine Shops mit Hightech-Zubehör. Eine Lösung bahnt sich an, als uns eine andere Blechkiste entgegenkommt, ein Freund unseres Fahrers. Der hat ein voll einsatzbereites Handy, spricht mit Eid Suleiman, meinem Mann vor Ort, und erfährt, dass das Nest ganz woanders liegt. Also werde ich an einer Kreuzung abgeladen, wo ein paar Autos stehen und ein Mensch sich findet, der bereit ist, mich in das Dorf zu bringen.

Und wir kommen – nach sechs kleineren Umwegen – an. In Um al-Kher, der »Mutter des Guten«, einem Beduinenverhau mit flachen Buden aus Blech, aus Zeltplanen, aus unverputztem Beton. Etwa 150 Familien leben hier, leben keine zehn Meter neben dem Zaun, hinter dem die Siedlung Carmel steht. Die aussieht wie alle Hochburgen, die sich jüdische Siedler in Palästina genehmigt haben. Das Abziehbild eines Philistertraums, kein Gemeinplatz fehlt: jedes Haus wie das Haus des Nachbarn, phantasielos praktisch, bieder und viereckig und obendrauf das rote Dach. Und den Vorgarten hat auch jeder. Nur die Gartenzwerge fehlen. Auch bei jedem. Nie wird ein Freudenschrei verlauten, nie der Anblick tollender Kinder, nirgends Insignien der Lebensfreude, alles still und tot. Scheinlebendige unter sich, die den Landbesitzern nebenan, den armen Schluckern, den

Krieg erklärt haben. Den Vertreibungskrieg. Denn oft hören sie hier den Satz, über den Zaun gebrüllt: »You losers! Go to Jordania!« Kommt ein Fremder zur rechten Zeit, dann kann er Szenen bezeugen, die er erst, nachdem die Schockwellen verebbt sind, in ihrer ganzen Maßlosigkeit – Maßlosigkeiten der inneren Verwahrlosung – begreifen wird.

Eid begrüßt mich und sogleich geht es ins »Empfangszelt«, ein paar mit Planen überdachte Quadratmeter. Er legt drei abgewetzte Teppiche aus und Sekunden später trifft sein Vater ein, den er mir als »Haj Suleiman« vorstellt, als einen, der schon einmal nach Mekka gepilgert ist. Der Alte sieht mitreißend aus, sein Schädel und der Bart gehören in ein anderes Jahrtausend. Er hat bereits Tee mitgebracht, dann verschwindet er nochmals und bringt ein großes Tablett mit Brot, Salat und einer Eierspeise mit Spinat. Da ich vom Kochen keine Ahnung habe, schmeckt mir alles. Nur die Fliegen stören, in Schwarmformation fallen sie über uns und das Mittagessen her. Aber es wird beschwingt, denn ich frage den frommen Mann und Eid übersetzt: Suleiman Senior ist »ungefähr zwischen 65 und 70 Jahre alt«, er hat zwei – das ist gesichert – Frauen, »ungefähr ein Dutzend Kinder« und wurde »irgendwo hier im Süden geboren«. Der Gedanke an Allah verschafft ihm Trost, wenn ihn das Leben überfordert. Und das tut es oft. Aber später gibt es das Paradies, da ist er sicher. Als ich ihn frage, wie er sich das vorstellt, das Himmlische, weiß er keine Antwort. Aber von der Hölle hat er gehört, dass sie brennt. Dorthin will er nicht. Beide, Vater und Sohn, reden mit fliegenden Zungen von Philipp, der sie immer wieder besucht. Und immer versucht zu helfen.

Dorfbesichtigung. Einige Solarmodule, von einer deutschen NGO spendiert, sorgen für ein bisschen Strom, zwei öffentliche Toilettenkabinen wurden ebenfalls geliefert. Sowie der Tankwagen für Wasser. Die Ansiedlung entstand nach keinem System, nur Kraut und Rüben, hier eine Bruchbude mit Steinbrocken auf dem Blechdach, dort zwei Steinhaufen (Erinnerungen an zwangsdemolierte Behausungen), da ein Koben mit drei Kindern in einer Hängematte, hier die eingezäunten Ziegen, daneben ein Eselstall, dort die Schafe, dazwischen die versprengten Hühner. »Das Beduinenleben«, sagt Eid, »ist vorbei, da wir nicht mehr von Ort zu Ort ziehen dürfen.« Was bleibt dann noch als Unterschied zwischen ihnen und den sesshaften Palästinensern? Eid: »Das eherne Gesetz der Gastfreundschaft.« Ich grinse, noch gastfreundlicher? Wie soll das gehen? Aber es stimmt wohl, denn nie standen schneller Speis und Trank bereit, nie hat mir einer so unverzüglich wie Eids Vater angeboten, bei ihm zu übernachten.

Wir kommen zum Zaun, tatsächlich nur Schritte entfernt. Vor ein paar Nächten haben Einwohner von Carmel im Schutze der Dunkelheit eine Rolle Rasiermesser-Stacheldraht am Boden befestigt, dreißig Meter entlang der Absperrung. Haj Suleiman zeigt mir die Ziegen, die sich an den scharfen Klingen verletzt haben. Vor zwei Tagen warfen Jugendliche Steine auf das nächstliegende Zelt. Eda, eine 85-Jährige, musste getroffen ins Krankenhaus gebracht werden. Etwa einmal die Woche umkreisen spät nach Mitternacht ein Dutzend Fahrzeuge Um al-Kher. Die Gottesfürchtigen trainieren den Terror, mit aufgeblendeten Scheinwerfern und schrillen Hupen wollen sie das Vieh verscheuchen und die »Araber« – Palästinenser gibt es für sie nicht – daran erinnern, endlich zu verschwinden.

Alle diese Missetaten – die Maßlosigkeiten stehen noch aus – haben für die Täter nicht die geringsten Folgen. Weil die Betroffenen keine Anzeige erstatten. Bei wem auch? Bei der israelischen Polizei in Hebron? Urkomisch, denn viele Polizisten sind selbst Siedler. Zudem, so Eid, versuchen die Dorfbewohner, ein »low profile« zu halten, nicht auffällig zu werden, sprich nicht die *Civil Authority* zu reizen, die ja über den Abriss »illegal« errichteter Häuser entscheidet. (Viele erhielten bereits eine *demolition order*.) Dass diese Organisation ebenfalls von Siedlern durchsetzt ist, sei der absurden Vollständigkeit halber noch erwähnt.

Carmel und das Ziegendorf liegen in einer bombastischen Landschaft. Der Blick schweift über eine uralte Welt, ungestüm, wie ein wogendes Meer aus Stein und Karst, die Hügel als Wellen, die Ebenen wie vor Millionen Jahren leergetrocknete Ozeane. Und darüber die Sonnengöttin, nicht minder schön und erbarmungslos.

136

Wir gehen in Eids Haus, ein Betonviereck, etwa acht Meter breit und drei Meter tief. Eine Wand teilt den Würfel in zwei Räume: links der möbellose »Wohnraum« mit Herd und Nasszelle im Eck, rechts das Schlafzimmer. Auf den 24 Quadratmetern wohnt die vierköpfige Familie. Der Kubus, der um die 30 000 Schekel (6200 Euro) gekostet hat, darf laut israelischem Gesetz demoliert werden. An der Außenwand hängt schon der Bescheid. Eid hat sich erlaubt, wie so viele hier, »schwarz« zu bauen. Da er den *permit* nicht bekam: jene Erlaubnis, in seinem eigenen Land ein eigenes Zuhause zu haben.

Eid ist klug, ein moderner Mann. Er redet respektvoll über die gerade Abwesenden, seine Frau Naama und die beiden Töchter. »Finish«, sagt er, die zwei Kinder reichen. Er muss nicht weiterbefruchten, bis endlich ein Sohn zum Vorschein kommt. Töchter sind großartig. Naama arbeitet als Lehrerin in Yatta, er bei *The Halo Trust*, einer britisch-amerikanischen NGO, die Minen und Bomben aufspürt und räumt. Die Gehälter sind gering, aber immerhin.

Frohgemut ist er nicht. Jeden Tag und jede Nacht muss er den Gedanken aushalten, dass 24 Stunden später die Bulldozer kommen und die vier Wände plätten. Obwohl die Gefahr im Winter größer ist, denn da ist es kalt und der Sadismus der Siedler blüht noch inniger. Dass ein Ex-Hausbesitzer hinterher, jetzt ohne Haus, die Zerstörer für die Zerstörung – Kaputtmachen erfordert Gerätschaften und Personal – zu entlohnen hat, auch das ist eine interessante Meldung. Klar, die Wiederherstellung von »Recht und Ordnung« hat ihren Preis. Ach ja, Eid bestätigt noch etwas, ebenfalls längst Bekanntes: Eine »fine« wird zusätzlich eingefordert. Denn der Trümmerhaufen und das Begleichen der Zertrümmerung reichen nicht, nun muss eine dritte Strafe – Hausbau ist gleich Gesetzesverstoß – her, sprich: nochmals Geld. Saftig, bis zu, umgerechnet, schwindelerregenden 20 000 Euro. (Deshalb demolieren viele selbst ihr Heim, um zumindest den »Nebenkosten« zu entgehen.) Unvermeidbar, dass man bei solchen Nachrichten wieder an China denkt. Dort allerdings geht die Perfidie noch einen Schritt weiter: Sie legt nicht Häuser um, sondern zum Tode Verurteilte. Per Kopfschuss. Und schickt anschließend die Rechnung für die verschossenen Kugeln an die Familie des Toten. Gut, dass es das Wort »Staatsterror« gibt. Es beschreibt die Taten der beteiligten Staaten ziemlich genau. Hüben wie drüben, im Nahen wie im Fernen Osten.

Eid zeigt auf die drei ein paar Hundert Meter entfernten Legebatterien, riesige Hallen, in denen Tausende Hennen schmoren. Von den Siedlern betrieben. Was hier produziert wird, geht in den Export. Da inzwischen immer mehr europäische Länder (Deutschland leider nicht) Waren aus den besetzten Gebieten boykottieren, steht grundsätzlich auf der Verpackung der irreführende Hinweis: *Made in Israel.*

Eid berichtet ohne zornflackernde Stimme, seine Stimmbänder schnappen nicht über, wenn er davon erzählt, dass alles, was ihn umzingelt, sein Leben und das Leben seiner Angehörigen bedroht. Existenziell bedroht. Ja, er erwähnt mehrmals die »unglaubliche Intelligenz der Israelis«. Ich insistiere, will ihn überführen, will wissen, ob er wahr spricht, also das sagt, was seiner Wahrheit – tief innen – entspricht oder ob er das redet, was Fremde erwarten. Doch Eid ist nicht beizukommen und die Überraschungen klingen stets verblüffender: Sein bester Freund ist ein Israeli, Ezra, der für eine NGO arbeitet und sich auch für Um al-Kher einsetzt. »Ezra ist ein einfühlsamer Mensch und seitdem ich ihn kenne, weiß ich, dass es das Böse im israelischen Volk nicht gibt.« Der Satz ist nicht lückenlos logisch, aber man ahnt, was er sagen will.

Eid ist kein Krieger, eher ein Intellektueller, der viele Gedanken aushält, selbst die unangenehmen. »Bombed in my mind« fühlt er sich und seine Depressionen haben nicht nur damit zu tun, dass übermorgen seine Unterkunft als zusammengefaltetes Kartenhaus daliegen könnte. Nein, auch in seiner Umgebung fühlt er sich aus der Welt gefallen. Er leidet, sagt er, unter der Borniertheit seiner eigenen Gesellschaft. Borniert in Fragen zur Stellung der Frau, zur Sexualität, zur Demokratie, zur Religion, zu hundert anderen heißen Eisen. Wie eine tonnenschwere Stahlplatte lägen die Ideen längst vergangener Zeiten in den Köpfen. Wie Ameisensäure, die nie weggeht. Will er nur ein paar Millimeter den Deckel öffnen, um den Mief ewiger Gewissheiten entweichen zu lassen, »sofort werde ich gebügelt, sofort wird mir signalisiert, dass keiner daran rühren darf«.

Aber Eid verfügt über eine Wunderwaffe. Sie nimmt es, für Stunden zumindest, mit beiden Feinden auf, den Besatzern seines Landes und den bedingungslos Vernagelten in nächster Nähe: Eid liebt Kunst. Und – noch behütender – ist selbst Künstler: Zaubert Geniestreiche aus Blech, aus Eisen, aus Aluminium, aus Karton, aus Gummi, aus allem, was er an Abfällen findet. Nur die Farben kauft er. Und so stehen überall im Haus seine Werke, die Trucks, die Flugzeuge, die Traktoren und Hubschrauber. Lauter Geräte, mit denen er – irgendwann wurde er sich dessen bewusst – die Flucht antreten könnte. Aus einem Leben, das ihn knebelt: auch als Künstler, denn er hätte als kreativer Mensch noch ganz andere Einfälle. Aber die können nicht Wirklichkeit werden. Weil das Werkzeug fehlt, das Material, das Geld, das geistige Umfeld. Immerhin hat eine NGO, nicht weit von Um al-Kher, mit bescheidenen Mitteln ein Atelier eingerichtet, in dem er arbeiten kann. Und Eid steckt seinen Laptop an und holt aus dem Netz – analoges Internet, hübsch langsam – einen Dokumentarfilm, den ein Israeli über ihn gedreht hat. Und weshalb er vor Kurzem nach London eingeladen worden war. Und man beobachtet Eid, wie ihm – mit Humor und Witz gefilmt – die Ideen aus dem Kopf quellen, wie er zeichnet, entwirft, hämmert, schraubt, wie ihn neue Ideen überfallen, ja, man sieht geradezu, wie ein Mensch zu blühen anfängt, weil ihn eine Tätigkeit erfüllt, die Sinn macht, die sinnlich ist und ihn fortträgt aus dem anderen Leben, dem strapaziösen, das ohne Träumen und Seligkeit auskommen muss. Er sagt, dass die Kunst ihm »spirit« verleihe, Freude, Trost, eine Art von Glück, eben einen Raum radikalen Vergessens. Naama, seine Frau, meint am Ende der Doku, dass Eid »a little crazy« sei. Aber das sei wunderbar in Ordnung.

Wir gehen nochmals durchs Dorf. Bevor ich zurückfahre nach Yatta, will ich noch auf die Toilette. Kaum hört Haj Suleiman (der uns begleitet) davon, rennt er nach einem Eimer mit Wasser. Gedacht zur nachträglichen Reinigung. Aber ich brauche die Kabine nur, um unbeobachtet Geld aus dem Geheimfach meiner Hose zu ziehen. Ich weiß, dass es falsch ist, aber ich tue es trotzdem: Als ich mich von Eid verabschiede, will ich ihm diskret die Scheine übergeben. Die er zurückweist, fast verärgert. Wir machen aus, dass ich wiederkomme. Es wird schneller sein, als wir ahnen.

137

Ich gehe zurück zur Hauptstraße, ein Wagen nimmt mich mit. Bei der Abzweigung nach Yatta steige ich aus und gehe weiter. Ein Schild hängt da, der Text ist eindeutig: »The area below is a Palestinian area (Zone A) and not available for Israelis. To enter this area constitutes an offense.« Eine Provokation an die Besatzungstruppen. Und ein Zeichen an alle, dass sich die Palästinenser nicht abfinden.

Nach zehn Minuten hält wieder jemand, ein Lieferwagen, Vater mit Sohn. Es kommt zu einer heiteren Szene: Jibril biegt rechts ab und – wir sind bereits in der Stadt – sieht, nur Schritte entfernt, eine Straßensperre. Hiesige Polizisten kontrollieren den Zustand der vorbeikommenden Autos. Da Jibrils Vehikel bedenklich scheppert, käme ein Check-up eher ungelegen. Also wendet er seelenruhig vor den sechs Uniformierten und fährt auf Umwegen ins Zentrum. Nicht, dass einer der Herren ihn aufhielte. Ach, bisweilen liebe ich diesen Schlendrian, denn die augenblicklichen Vorteile sind unübersehbar: Wir kommen vom Fleck. Zudem braucht Jibril, der garantiert keine Reserven für die Runderneuerung seines VW-Kombis hat, jetzt kein Schmiergeld abzudrücken. Damit der Geschmierte beide Augen zudrückt. Vater und Sohn lachen herzhaft. Phänomenal ansteckend.

Mit nassem Hintern steige ich aus, in diesem Land schwitzt jeder Körperteil. Mit großen Gesten und hundert Lügen bedanke ich mich für die Einladung zum Abendessen im Hause Jibrils. Die ich bedauerlicherweise nicht annehmen kann, da, so schwindle ich, schon verabredet. So furchtbar leid es mir tut. Denn ich weiß, sehr heimlich: Ab sofort will ich, nein, muss ich allein sein. Damit der Körper und der Kopf den Tag begreifen.

Ich finde eine Unterkunft aus dem vorletzten Jahrhundert mit einem blitzschnell funktionierenden WLAN-Zugang. Und spaziere durch Yatta, umtriebig und architektonisch gnadenlos öde. Bis ich an einem ganz und gar exotischen Kaffeehaus vorbeikomme. Eine Art *Drive-in Coffee Shop*: Neben dem Trottoir steht die mächtige Kaffeekanne, auf einem Tischchen, warm gehalten via elektrisches Kabel, das von der Kaffeekannen-Steckdose in den nächsten Laden führt. Investition, grob geschätzt: dreißig Euro. Rendite: 500 Prozent. Denn so viele, ob nun Fußgänger, Taxichauffeur oder Lastwagenfahrer, bleiben stehen oder bremsen und wollen umgehend den Ein-Schekel-Kaffee. Und ein Junge, sicher das Ladenbesitzerkind, schenkt aus, am laufenden Band. Und die einen tragen die Papptasse zurück in ihr Fahrzeug und düsen weiter und die anderen setzen sich auf die lose verteilten Stühle und genießen. 17.49 Uhr, *happy hour* in Palästina. Wieder mit einem Himmel, unter dem man die Arme ausbreiten will, so seidig und so tausendfach rot zieht er über uns auf. Der Ausdruck *masel tov* fällt mir ein. Zwei schöne Wörter aus dem wunderschönen Jiddisch, die »Glück wünschen« bedeuten. Ein israelischer Bekannter hat vor ein paar Tagen damit eine Mail an mich unterschrieben. Jetzt ist es so weit: Glückswellen ziehen durch mein Herz.

138

Am frühen Morgen schreibe ich – noch im Zimmer – mein (digitales) Tagebuch. Bis jemand kurz vor neun an die Tür klopft. Der Rezeptionist, ich solle nach unten kommen, ein Anruf für mich. Es ist Eid, denn nur er weiß, wo ich bin. (Ich hatte ihm abends die Nummer gemailt.) Er ist außer sich: Israelische Soldaten rücken in diesem Augenblick in Um al-Kher ein, ich solle mich sofort auf den Weg machen. Da Eid bereits gestern von einer Ahnung sprach, von wegen Hausabriss, ja, meinte, dass ein Besuch der Besatzer überfällig sei, war ich seit dem Aufstehen in *stand by*: Ich verstaue den Computer und renne nach einem Taxi. Das erste, das hält, gehört Mahdi, er ist jung und in Rennfahrerlaune. Diesmal kenne ich den Weg, zwanzig Minuten später erreichen wir die Beduinensiedlung.

Die Machthaber und die Gerätschaften ihrer Macht haben bereits Stellung bezogen. Über zwei Dutzend Schwerbewaffnete, zwei Panzerwagen und ein Polizeijeep stehen bereit. Und ein Bulldozer. Die Stimmung ist längst geladen: die Schreie der Dorfbewohner, die Schreie der Soldaten, die Schreie der knapp zwanzig Ausländer, die, wie ich, überstürzt herbeigeeilt sind. Erst eine Stunde vorher, nicht eher, erfuhren die Hausbesitzer, dass ihr »illegales« Heim, jetzt gleich, zerstört wird. (Grundsätzlich so: um keine Zeit zu lassen, Widerstand zu organisieren.) Und wie üblich fuchteln die Besatzer mit ihren Sturmgewehren. Um jeden vom

Ort der Untat zu verscheuchen, sprich um die Schneise für den Caterpillar-Panzer frei zu halten. Viele der Fremden filmen mit ihren Mobiltelefonen. Um die Schandtat festzuhalten. Aber die Hybris der Täter ist schon lange nicht mehr einzuschüchtern. Ob gefilmt oder nicht, ob hinterher auf Youtube oder nicht, sie werden jetzt etwas tun – wie bereits zwanzigtausend Mal zuvor in Palästina –, das böse ist, das unfassbaren Stress über die Opfer bringt und das wohl in vielen Anwesenden eine schier hemmungslose Verachtung entfacht, ja, gleichzeitig ein bodenloses, ja, bodenlos ohnmächtiges Mitgefühl: Man sieht die Familie neben ihrer erbärmlichen Steinhütte sitzen. Und schluchzen. Schluchzen neben dem erbärmlichen, vor Minuten herausgeräumten Hausrat. Man sieht die fassungslosen Männer und hört das Röhren des Bulldozers, der Kampfmaschine, die näherrollt, sieht die Soldaten mit ihrer Waffe im Anschlag und hört das Brüllen ihrer Befehle, hört die an ihren Ketten reißenden Hunde, hört das Heulen der Mütter, das hysterische Schreien der Umstehenden, sieht die Kinder ihre sprachlosen Gesichter bedecken.

Aber es gibt noch einen Aufschub. Weil ein kleines Wunder passiert. Weil *a mensch* auftritt, weil Eid, der neben mir steht, plötzlich wild gestikulierend auf Ezra zeigt, den Israeli, seinen besten Freund, der jählings aus einem unvermuteten Eck auf die Steinhütte losrennt und in ihr verschwindet. Das ist riskant, aber nicht lebensgefährlich, denn die Armee wird keinen Juden töten. Doch sein Verhalten wird ihm ein weiteres Mal den Titel eines »self-hating Jew« einbringen. Zudem muss er mit Gefängnis rechnen. Eine Anstalt, die er bereits kennengelernt hat. Wegen ähnlicher Mutproben.

So hetzen die Soldaten hinterher und zerren Ezra nach draußen. Sie tun das auch deshalb, weil vor Jahren eine Amerikanerin (keine Jüdin) von einem Bulldozer überfahren wurde. In der gleichen Situation, in der sich jetzt Ezra befindet. Und Rachel Corrie als verstümmelte Leiche liegenblieb. Und ihr Tod wieder einmal miserable Publicity über die »einzige Demokratie im Nahen Osten« brachte.

Ezra versteht etwas von Wirkung. Er weiß, dass seine Aktion das Grauen der Szene verlängert, im richtigen Sinn verlängert. Denn das gerade stattfindende Verbrechen soll sich in den Köpfen der Anwesenden festsetzen, für lange Zeit. Soll natürlich auch zeigen, dass es Israelis gibt, die für Palästinenser kämpfen, die längst verstanden haben, dass hier ein in den Himmel schreiendes Unrecht inszeniert wird.

Der Stresspegel will nicht sinken. Weitere zwei Mal rennt Ezra zurück, zwingt die 500-PS-Maschine zu bremsen. Und mit immer wütenderen Griffen schleifen die Soldaten ihren Landsmann ins Freie. Bis sie ihm mit einem Kabelbinder die Hände fesseln und ihn in einen der Jeeps verfrachten. Aber noch auf dem Weg dorthin wehrt sich der 60-Jährige, schreit sie an, schreit ihnen ihre brachiale Rohheit ins Gesicht: nicht ihm, nein, den Einwohnern hier gegenüber.

Und dann ist der Weg endgültig frei, die fünftausend Kilo Stahl müssen nur ein einziges Mal rammen und das Haus liegt in tausend Teile verstreut auf dem Boden. Und damit ganze Arbeit, ganze saubere Arbeit, getan wird, stößt der Fahrer noch einmal zurück und fährt mit neuem Schwung hinein. So dass kein Stein auf dem anderen bleibt. Und die Soldaten bewachen und die Siedler stehen am Zaun und der fauchende Wind trägt das Weinen der Mütter in die Welt.

Viele Gedanken rasen mir durch den Kopf. Plötzlich erinnere ich mich an meine katholische Kindheit: Früh lernte ich, dass Erzkatholizismus gleich Erzantisemitismus bedeutete. Die Semiten waren ja laut unseren Religionslehrern die »Christusmörder«. In der gesamten Verwandtschaft hatten die »Juden« – nie fiel ein anderes Wort – keinen Verbündeten. Stand in der Zeitung ein Artikel, in dem ein »Jude« – als Banker, als Hausbesitzer, als Politiker, als was auch immer – irgendetwas Übles getan hatte, dann flogen die vielsagenden Blicke. Und der eine sagte: »Na klar, Jud' halt.« Und ein anderer sagte: »Schau dir das Foto an, hast du die Nase gesehen?« Auschwitz lag noch keine fünfzehn Jahre zurück, aber das spielte für meine Umgebung keine Rolle. Der Jude war das Urschwein, basta.

Und ich schaue auf die Verwüstung in Um al-Kher, so viele Jahre später, sehe die Verwüster und ihre hämischen, bösen Gesichter und höre – ausgerüstet mit einem hochsensiblen Seismografen – in mich hinein: Steigt »Judenhass« in mir hoch? Sind wieder die »Hakennasigen« am Werk und proben einmal mehr die Weltherrschaft? Hat es die Rastlos-Raffgierigen sogar hierher verschlagen, um nach den letzten Quadratmetern fremden Eigentums zu krallen?

Nein, diese Sorte Hass kommt nicht, tatsächlich nicht. Nein, ich sehe nur Menschen, nur rabiate Machthaber, die rabiat ihre Macht missbrauchen. Wie an anderen Orten der Welt auch, an denen ich zufällig anwesend war und Ausbeuter entdeckte, die ganz anders aussahen, mit Rechtfertigungen, die ganz anders klangen, mit Göttern, die einen ganz anderen Irrsinn predigten. Die Fratze der Gier und der Unmenschlichkeit konnte ich (kann man) an so vielen verschiedenen Schauplätzen beobachten. Meist an absolut »judenfreien«.

Jetzt, um 10.47 Uhr, weiß ich wieder, was ich schon lange wusste: dass es ohne jeden Belang ist, welcher Religion ein Mensch angehört, ob Christ oder Moslem oder Hindu oder vollkommen glaubenslos, ohne Belang, zu welcher »Rasse« er zählt, ob der Mensch dunkelschwarz oder hellweiß ist, ob einer seinen Unterhalt als Clown oder Reisbauer verdient, ob er im Nahen Osten oder in Hinterindien lebt, ob er an Gott glaubt oder einem anderen Aberglauben vertraut, ob er stinkt vor Geld oder stinkt von den Abfallhaufen, in denen er wühlen muss, ob jung oder alt, ob formschön oder verkrüppelt, ob Schöngeist oder einfaches Menschenkind: Es gibt Frauen und Männer, wie hier gerade, die schon taub geworden sind, schon vereist, schon erstickt in ihren hornhautverschweißten Herzkammern. Und es gibt die anderen, wie Ezra zum Beispiel, die haben sich dieses klare Herz bewahrt und spüren untrüglich, was gut ist und was nicht.

In meinen fliegenden Gedanken taucht auch der Name von Marek Halter auf. Ein französisch-jüdischer Schriftsteller, der die Frage von Gut und Böse in einem Interview auf wundersam bewegende Weise beantwortet hat: »Gut ist, was Menschen hilft zu leben, und schlecht ist, was sie daran hindert.« Hier geht augenblicklich das Schlechte um. Denn die Machthaber, zufällig Juden, verachten die Machtlosen, zufällig Palästinenser. Und gönnen ihnen nichts, nicht einmal ein Wellblechdach auf schiefen Mauern. In deren eigenem Land.

Auch die Erinnerung an ein Lied der palästinensischen Hip-Hop-Band *DAM* blitzt auf, eine Gruppe, die international Erfolg hat. Der Song heißt »Min Irhabi?« (Wer ist der Terrorist?). Eine Zeile weiß ich auswendig: »Ihr habt die arabische Seele vergewaltigt / nun ist sie schwanger und gebiert ein Kind namens Terroranschlag.« Da stimmt noch jedes Wort, obwohl das Lied schon während der *Zweiten Intifada* herauskam. Ein paar Hundert sind gerade Zeuge einer Vergewaltigung.

Mein Kopf beamt nach New York, in die Subway. Dort gab es eine Plakatkampagne, in vielen Stationen konnte man lesen: »In any war between the civilized man and the savage support the civilized man. Support Israel.« So ist das also: Die sieben Obdachlosen sind die Wilden und jene, die sie Minuten zuvor obdachlos machten, sind die Zivilisierten.

Die Gedanken wirbeln weiter, wohl weil ich wie alle anderen aufs Äußerste erregt bin. Und äußerste Unruhe kurbelt wie immer meine Synapsen an. Ein Satz aus dem Talmud fällt mir ein, da heißt es: »Wenn du ein einziges Leben rettest, dann ist es, als würdest du ein ganzes Universum retten.« Himmel, was für ein esoterisches Gestöhne, was für ein erhabenes Raunen weltferner Binsenweisheiten. Nehmen wir den folgenden Satz, hier an diesem windigen Vormittag in Um al-Kher: »Wenn ihr, Krieger, ihr Soldaten, ihr Kolonisten und Bulldozer-Inhaber, wenn ihr den winzigen, schmutziggrauen Steinverhau verschont, dann rettet ihr ein paar armen Leuten ihr winziges, schmutziggraues Zuhause.«

Aber sie retten es nicht. Die Feinde haben ihr Geschäft erledigt und ziehen sich zurück. Aber nicht ohne letzten Zwischenfall. Eid, der vermutet, dass seine Familie die nächste ist, die auf der Abrissliste steht, rennt die paar Schritte auf den Bulldozer zu und schreit hinauf ins Führerhaus, schreit den Terminator an, fragt ihn mit sich überschlagender Stimme, was er heute Abend seinen Kindern erzählen wird, wenn sie wissen wollen, was ihr Vater tagsüber getan hat. Wird er ihnen dann erzählen, dass er die armselige Unterkunft einer palästinensischen Familie zerlegt hat?

Das ist ein starker Auftritt. Bewundernswerter Eid, bewundernswerte Schlagfertigkeit. Über eine klügere Frage müsste man lange nachdenken. Ob sie den Mann trifft, der jetzt Gas gibt und abrauscht? Oder ist er schon uneinholbar für den Schmerz anderer?

139

Am späten Nachmittag fahre ich zurück nach Ramallah, sammle ein paar Zeitungen ein und bekomme mein Zimmer. Zwei Stunden vergehen, um vom Tatort und der Tat zu berichten – meinem Tagebuch. Schreiben ist eben meine Droge, um die schweren Gedanken, manchmal schwersten, hinzunehmen. Nicht dass ich sie dann los wäre, die nagenden Bilder, aber sie überfluten, überwältigen nicht mehr.

Hinterher darf ich wieder lachen. In *Haaretz* steht ein langer Artikel über einen Dokumentarfilm, der gerade in den Staaten anlief: »The Queen of Versailles«. Er erzählt von dem Milliardär David Siegel, 76, seiner schwerst silikongepufferten Frau Jackie, 45, ihren sieben Kindern, den 19 Hausangestellten (darunter eine offizielle »Hundekoteinsammlerin«, da die Milliardärshunde nie stubenrein wurden), den Kaviarhäppchen à 2000 Dollar und ihrem knapp 2500 Quadratmeter großen Haus in Orlando, Florida.

Aber all das ist nur Nebenschauplatz. Denn die Siegels fühlten sich beengt, der Palast reichte nicht mehr, sie wollen umziehen und ließen ab 2004 bauen: ein knapp viermal so riesiges Teil muss her, amerikanisch imitiert nach dem Schloss von Versailles, wo einst Ludwig XIV. residierte. Es soll das größte Eigenheim Amerikas werden, mit zehn Küchen, dreißig Bädern (in Orlando nur 17), einer Bowlinghalle, einer Rollschuhbahn, einer Garage für zwanzig Autos etc. Größer als das Weiße Haus, unbedingt.

Alles ging seinen Weg, der Größenwahn konnte nicht groß genug sein. Jackie, the Queen, verfügte über eine Kleiderkasse bis zu einer Million Dollar pro Jahr. Zuviel durfte nie genug sein für den Siegel-Clan. Und Kitsch schien die einzige Geschmacksrichtung, der er verfallen war. Die Fotos zeigen Zimmer, bei deren Anblick man an schwachen Tagen bereit wäre, ins Wasser zu gehen.

2008 kam der Crash und die Immobiliengeschäfte von Mister David A. Siegel brachen ein. Weniger Tonnen *money* landeten auf seinen Konten und Tausende von Angestellten wurden gefeuert.

Versailles *à l'américaine* verwittert seitdem zur Bauruine und Mrs. Siegel geht jetzt bei Walmart shoppen. Aber noch immer so kolossal, dass ein SUV hinterherfahren muss, um alle Unersättlichkeit nach Hause zu transportieren.

Was ist das? Eine lustige, eine traurige, eine unheimlich doofe Geschichte? Klar, alles. Die Moral? Ach, so einfach: Im Beduinendorf Um al-Kher geht eine Familie unter, weil sie nicht genug hat, und weit weg, im Micky-Maus-Dorf Orlando, kommt ein Desaster über eine Familie, weil sie nicht genug bekommen kann.

Ich steige aus dem Wasser und meditiere. Zen ist mein zweites brauchbares Werkzeug. Um es mit der Welt aufzunehmen.

Nachtlektüre im Bett. Heute war ein dornenreicher Tag, einer, der anfranst. Und so kann ich nicht nach genug Medikamenten greifen, um ihn zu verkraften. Und zu den ultimativen Heilmitteln gehören eben Bücher, sprich der Blick anderer auf unser Leben. Ich schmökere in einer Biografie über Italo Calvino, den verehrten Italiener, zeitlebens nobelpreisverdächtig, immer ein Meister. Den schönsten Satz auf den fünf Seiten, die ich noch schaffe, hat er von einem anderen Meister abgeschrieben, von Homer: »Odysseus sah viele Städte und lernte die Gedanken von vielen Menschen kennen.« Ach, wer träumte nicht davon, es dem listenreichen Griechen gleichzutun?

140

Zwei Tage später beginnt Ramadan. Beim Frühstück um sechs Uhr trinke ich nur Kaffee (will heute zwölf Stunden fasten) und lese auf meinem Computer die ZEIT, online. Ein Politiker, so steht es da, fordert die muslimischen Organisationen in Deutschland auf, sich entschieden und eindeutig von Attentaten zu distanzieren, die im Namen islamistischer Gruppen geschehen. Damit alle Nicht-Muslime sehen, dass der Islam nichts mit diesen Verbrechen gemein hat. Mit diesem Vorschlag kann ich leben. Selbst wenn er brav und politisch korrekt klingt. Weniger brav und überhaupt nicht politisch korrekt wäre es, wenn derselbe Mann auch an die jüdischen Gemeinden appellieren würde: sich von den Unsäglichkeiten des Staates Israel am palästinensischen Volk abzugrenzen. Damit alle Nicht-Juden sehen, dass das Judentum nichts mit Gewalt und Unterdrückung zu tun hat. So ein Statement würde die Weltpolitik nicht erschüttern, aber es wäre ein souveränes Zeichen von Klarsicht und *menschlekhkeyt*.

Ich fahre ins feine Mövenpick Hotel, dort haben sie einen formidablen Pool. Den Tag am Wasser habe ich mir verdient. Gestern war ich mit Philipp unterwegs, dem Freund, dem UNO-Mitarbeiter. Wir trafen uns um halb neun in Bethlehem und fuhren zu dritt – am Steuer Übersetzer und Fahrer Ali – weiter nach Um al-Kher. Ich wollte Philipp bei der Arbeit zusehen, ja, wie immer von ihm lernen.

Eid und Vater Suleiman begrüßten uns voller Freude, trotz des Desasters, das am Tag davor über das Dorf gekommen war. Man spürte den Respekt, den sie für Philipp empfanden. Ein warmer Respekt für einen, der sich seit Langem für sie einsetzt. Ein Rundgang folgte, wir besuchten die Bruchbuden, Philipp redete mit den Leuten, fragte nach dem Dringendsten und notierte Stichpunkte auf seinem *protection incident form*. Der Mann hat einen unheimlichen Charme, er trifft den Ton, weder gönnerhaft noch wehleidig, dafür teilnehmend und klar. Suleiman bedrückten vor allem seine Ziegen, die sich wieder an den Rasierklingen des nahen Stacheldrahts verletzt hatten. Auch waren in der Nacht zuvor die Siedler gekommen und hatten das Feuer in der »Bäckerei« gelöscht, dem Erdhügel, in dem sie ihr Brot backen.

Soweit die Routine, dann kam der Stunk: Vier Jeeps preschten heran und israelische Soldaten und Polizisten stiegen aus. Wer sie gerufen hatte? Gewiss niemand aus Um al-Kher, gewiss aber einer der Siedler. Motiv: Unruhe stiften, sprich den Hass auf die Beduinen nähren. Doch die Anwesenheit des UN-Landcruisers sorgte dafür, dass die üblichen Flegeleien der Besatzer ausblieben, die so oft gesehenen Gesten der Verachtung.

Philipp zeigte sich in Topform, ließ sich nicht provozieren, weder vom Polizeiboss noch von den in Hüfthöhe auf uns gerichteten M16, noch von Suleiman: Der ebenfalls zur Topform auflief, aber in die andere Richtung, ja, der jede Contenance verlor und, weit weg von Coolness und Überblick, wie ein brennender Dornbusch zu lodern anfing, rotschwelend vor Zorn auf seine verletzt humpelnden Ziegen deutete, mit überdrehter Stimme – randvoll von vierzig Jahren Demütigung, Erniedrigung, Verhöhnung, Armut, Unrecht, Schmach, Entwürdigung – sein Leid in die Welt brüllte und, winzig klein, in rasend gewordener Ekstase auf den Muskelberg mit dem »Police«-Käppi zurannte. Und ich – schierer Zufall – im Weg stand, ihn abfing und mit Vehemenz umarmte. Wie eine Python, die einen Menschen umschlingt. Anders schien der Explosive nicht mehr zu bremsen. Das war meine gute Tat von gestern, denn schon hörte ich den Bullen mich lautstark auffordern, ihn, Suleiman, auf keinen Fall loszulassen. Andernfalls würde er ihn verhaften. Philipp gelang es schließlich, die Szene zu entschärfen, und der Trupp zog wieder ab. Selbstverständlich war niemand der Beamten bereit, die Beschwerde – Stichwort: verwundete Tiere – entgegenzunehmen. Der Ziegenhirt solle nach Hebron gehen, dort sei das zuständige Büro. Das war für den Moment die letzte Gehässigkeit. Dann die Staubwolken und – vieles im Leben hat seine komischen Seiten – der noch immer zappelnde Suleiman in meinen Armen.

Der Alte hatte etwas Leidenschaftliches, er duckte sich nicht. Obwohl er längst erkannt hatte, dass er chancenlos war. Als ich ihn fragte, woher diese Bedingungslosigkeit käme, übersetzte Eid die Antwort seines Vaters mit »fear died«: Die Angst wäre in ihm gestorben, denn er hätte kaum mehr etwas zu verlieren, ja, er würde sowieso alles verlieren. Warum sich also beugen?

Bis in den frühen Nachmittag waren wir unterwegs. Philipp kennt halb Palästina. Der Mensch hat ebenfalls etwas Leidenschaftliches. Und er wusste hundert Details von jedem, den wir besuchten. Auch von der Familie S., unserem letzten Stopp, ganz in der Nähe von Kiryat Arba. Vater Abu hatte letztes Jahr eine Überdachung über seiner Terrasse installiert. Da seine jüdischen Nachbarn es sich nicht nehmen ließen, ihn und Frau und Kinder mit Abfällen zu bombardieren.

In Hebron haben wir uns verabschiedet, Ali und Philipp mussten nach Jerusalem, ich nach Ramallah. In meinem

Sammeltaxi fand die letzte Lehrstunde des Tages statt, durchaus heiter. Neben mir saß ein junger Kerl, pfiffig und mit seinen 17 Jahren ein Nerd, der aus dem Stand die meisten meiner bisher nie beantworteten Fragen zum Thema MacBook Air wegputzte. Ein furchterregender Alleswisser. Später stieg eine Frau zu, vielleicht 25. Was selbstverständlich zu einer neuen Sitzordnung führte: In der Reihe vor uns war ein Platz noch frei. Da aber der Jüngere der beiden Männer sich auf dem mittleren Sitz befand, musste er zuerst mit dem Älteren, gewiss schon Pensionär, die Position tauschen. So dass er – der Opa, der »Ungefährliche«, – jetzt in der Mitte saß. Als Sicherheitspuffer sozusagen zwischen junger Frau und jungem Mann. Hätte ich gekonnt, wie ich wollte, ich wäre gern geplatzt. Vor Lachen.

Ja, es blieb heiter. Vorläufig. Denn Jamina (ich bin so vorlaut und frage immer nach dem Vornamen) war eine fröhliche Natur. Sie holte eine enorme Pralinenschachtel aus ihrer Tasche und jeder von uns sechs durfte sich bedienen. Um, so die Schokoladenfee, das *Tawjihi*, den Schulabschluss, ihrer Schwester zu feiern.

Die Süßigkeit diente auch als Trostpflaster für eine Klimaanlage, die wieder einmal nicht funktionierte. Und eine Hitze brütete, die gereicht hätte, um unter freiem Himmel ein Hähnchen zu grillen. Bis jemand die Nerven verlor und zu maulen anfing. Über den schlechten Service, über den verdammten Kombi. Der Fahrer verteidigte sich, sagte, dass er das Gerät erst kürzlich habe reparieren lassen, aber Allah eben entschieden hätte, dass es seit ein paar Stunden nicht mehr funktioniere. Der »Allbestimmer« als Sündenbock, grandios. Eine bessere Ausrede gab es nicht. Der Giftzwerg hielt den Mund, und Jamina bot ihm tapfer noch eine Praline an. Lächelnd, wohl ihre Art, den Weltfrieden zu stabilisieren.

All das war gestern. Und heute, hier am Mövenpick-Pool, will ich keine Sekunde schwitzen, will schwimmen, will mich ausstrecken und lesen. Aber entspannen geht nicht,

nicht wirklich. Zu virulent ist die Gegend, zu provozierend: Ich entdecke die Wetterkarte in der *Jerusalem Post*. Was in anderen Ländern eine Routineangelegenheit ist, wird hier zur Kampfansage, zur Dreistigkeit. Rein meteorologisch ist die Grafik eine Freude, überall leuchtet die Sonne. Politisch ist sie eine Beleidigung, eine Unverschämtheit: »Groß-Israel« wird gezeigt, ohne den Grenzverlauf zu Palästina, auf dessen Gebiet keine einzige Stadt eingezeichnet ist, nur die Namen jüdischer Siedlungen. Hier retuschieren sie täglich ein Volk weg.

Als ich die Zeitung weglege, darf ich etwas bizarr Geheimnisvolles beobachten. Ein Akt, bei dem absolut nichts retuschiert wird, ja, es ausschließlich – soweit ich verstehe – darum geht, alles zu zeigen. Gäbe es einen Ausdruck, um das Gegenteil von Voyeurismus zu benennen – eben nicht selbst zu schauen, sondern immer und immer nur »beschaut« werden zu wollen, sprich das unstillbare Verlangen, sich jedem und allen zu präsentieren – ich würde dieses Wort jetzt hinschreiben.

Was passiert? Ein vielleicht 20-Jähriger, zwei Liegestühle weiter, stellt – mit Hilfe eines kleinen Stativs – sein Smartphone auf. Dann läuft er ein paar Meter zurück, wirft sich in Pose und schon hört man das Klicken des Selbstauslösers. Die Szene wiederholt sich mindestens ein Dutzend Mal. (Und später noch ein Durchgang.) Mit verschiedenen Posen, aus verschiedenen Entfernungen. Das Mysteriöse an dieser Sucht, sich überall zu belichten, ist die Tatsache, dass sich der Fotografierte weder in einem außergewöhnlichen Ambiente befindet (ein Schwimmbecken, *so what?*) noch in einer aufregenden Positur (dastehen in Badehose, hui, was für eine nervenzerfetzende Situation), noch der Nachwelt wegen seiner schwindelerregenden Schönheit erhalten werden müsste. Alles das nicht, dafür haben wir einen jungen Kerl mit Allerweltskopf, der sich – lieb und ein bisschen bauchig – gerade der virtuellen Weltöffentlichkeit präsentiert: seinen »facebook friends«, erfahre ich. Das Lauwarme hat ganz offensichtlich Suchtpotenzial, anders ist der absonderliche Vorgang nicht zu erklären.

Das wird ein guter Tag, schön faul, bald flüchte ich unter einen Sonnenschirm, um ohne Hautkrebs den Abend zu erreichen. Angenehmes Publikum, die Stunden vergehen in Zimmerlautstärke, nur das fröhliche Planschen der Kinder schwirrt durch die Luft.

Irgendwann wird doch gekreischt, Lautsprecher aus vier Himmelsrichtungen lassen uns wieder einmal wissen, dass Allah »akbar« ist. Das Gebrüll, das seit 1400 Jahren die Menschheit heimsucht, scheint auf wunderliche Weise keinem zu imponieren. Denn wäre Gott »groß«, dann hätte man es längst bemerkt und niemand müsste uns rastlos und verzweifelt lautstark von seiner Größe überzeugen.

141

Nach dem Frühstück (als Ausländer darf man ja essen) fahre ich in das Dorf von Nizar, des Mannes, der mir heute helfen wird, illegal über die Grenze nach Israel zu kommen. Ich will wissen, ob und wie es funktioniert. Will den Beweis antreten, dass es trotz der kolossalen Mauer noch immer möglich ist, unbemerkt das Nachbarland zu betreten. Will zuletzt das Argument der Regierung in Jerusalem ad absurdum führen, dass der Mauerbau notwendig sei, um das Eindringen von »Terroristen« zu verhindern.

Um Nizars Sicherheit zu garantieren, werde ich weder seinen richtigen Namen nennen noch den seines Wohnorts. Noch die aller anderen Beteiligten. Um neun Uhr empfängt er mich vor seinem Haus, an dem schon die *demolition order* klebt. Hier wohnt er mit Frau und Kind. Wir gehen zum Flachbau nebenan, wo die Eltern leben. Sein Vater begrüßt mich heiter mit »marhaba«, mit Hallo. Tabit ist, so höre ich von seinem Sohn, manisch-depressiv, da er als Kind vom eigenen Vater oft, zu oft, brutal geschlagen wurde. Der heute

65-Jährige stellt eine Schachtel auf den Tisch und nimmt das Dutzend Tabletten heraus, das er täglich schlucken muss. Kommen die Tage, an denen der Seelenschmerz nicht auszuhalten ist, bringen sie ihn ins Krankenhaus. Für eine Runde Elektroschocks. Doch an diesem Morgen scheint es dem Rentner gut zu gehen, er bittet alle an den Frühstückstisch. (Trotz Ramadan, aber die Familie ist wenig religiös, zudem sieht uns hier kein Außenstehender.) Klar auch: Sie wollen mich auschecken, sie wollen wissen, ob man mir vertrauen kann oder ob mein Interesse nur simuliert ist. Um die gehörten Informationen an die falschen Stellen weiterzuleiten. Ich bitte Nizar, allen meine Website zu zeigen, zudem erzähle ich von meinen letzten Monaten in Palästina. Meine lustigen und die wenig lustigen Geschichten scheinen sie zu beruhigen.

Wir brechen auf, zu dritt: Freund Ramiz, der Fahrer, hat einen verbeulten VW-Käfer. Nizar, der keinen Gips mehr trägt, aber noch immer humpelt, sitzt vorne, ich hinten. Vierzig Minuten später halten wir an einer Tankstelle, die etwa – Luftlinie – dreihundert Meter von der Grenze entfernt liegt. Diskret bleiben wir im Wagen und warten auf »Verdächtige«, jene, die so aussehen, als kämen sie hierher: für den Sprung nach drüben. Und nach einer halben Stunde geht Nizar – er hat den erfahrenen Blick – auf einen jungen Mann zu, der ins Raster passt: leicht nervös, unruhiger Blick, rauchend. Sie reden kurz miteinander, dann steigen die zwei bei uns ein. Und der Neue stößt einen spitzen Schreckensschrei aus, als er mich hinten im Fond sitzen sieht. Und spricht wütend auf Nizar und Ramiz ein. Ein absurdes Missverständnis, denn Fahri (so soll er heißen) hält das Ganze für eine Falle und mich für einen Agenten des *Shin Beth*, der ihn festnehmen will. Das ist, neben dem Drama, bestechend komisch: Für die einen war ich schon mehrmals der Araberspitzel, jetzt gerade gehöre ich zur jüdischen Weltverschwörung. Doch irgendwann beruhigt sich der 23-Jährige, ich zeige ihm meinen Pass und Nazir besänftigt den Misstrauischen mit dem Hinweis, dass er mich kennt.

Fahri kommt seit zwei Jahren hierher, meint auch, Nizar schon einmal unter den Grenzgängern gesehen zu haben. (Grundsätzlich halten die Schwarzarbeiter Distanz, aus Furcht vor einem Informanten.) Meist bleibt er drei Monate in Israel. »Um zu arbeiten und zu schlafen.« Ein *working permit* bekommt er nicht, da seine Familie (in Hebron) schon öfter als renitent – israelischen Behörden gegenüber – aufgefallen ist.

Wir fahren einen staubigen Weg hinunter, eine Minute später geht es nicht weiter. Wir stoppen hinter einem Felsbrocken und besprechen ein letztes Mal den Ablauf der nächsten Stunde. Dann brechen Fahri und ich auf, Nizar und Ramiz bleiben zurück. Der eine muss den Wagen bewachen, der andere ist körperlich noch nicht in der Lage, in Höchstgeschwindigkeit ein hügeliges Terrain zu bewältigen.

Wir beginnen den Aufstieg hinauf zum Wald. Schnell, zügig, leise, denn irgendwo entlang der ersten Bäume verläuft die Grenze. Ohne Zaun, ohne Mauer, nichts, nur die eine Gefahr: versteckte Soldaten. Aber der betonfreie Abschnitt ist unübersichtlich, schwer zu kontrollieren, das Dickicht erleichtert die Flucht. Werden wir entdeckt, so soll – die drei haben es mir mehrmals eingeflüstert – nur ein Reflex gelten: zurückrennen und rennen, rennen, rennen. Fahri flüchtete schon öfters wieder bergab. Um auf eine neue Möglichkeit zu warten, an manchen Tagen eine Nacht lang.

Wir reden kaum. Fahri, der Abiturient, der sich kein Studium leisten kann, hat ein sensibles Gesicht, mit spöttischen Lippen. Er besitzt kein Gepäck. Er trägt ein T-Shirt, eine Jeans, Turnschuhe, eine Uhr und die Sonnenbrille. In einer der Hosentaschen befindet sich die Zigarettenschachtel und in der linken Hand das Mobiltelefon: seine Ausrüstung für die kommenden hundert Tage. So viel materielle Keuschheit hat etwas Heroisches.

Irgendwann sehen wir die Hauptstraße, die weiter oben, am Ende des Waldes, vorbeizieht. Richtung Jerusalem. Wir kauern uns in eine Mulde. Um nicht von den patrouillierenden Jeeps der israelischen Armee entdeckt zu werden. Es führt sogar ein mannshoher Tunnel unterhalb der Straße auf die andere Seite. Dieser Durchgang wäre entschieden sicherer. Aber er verwildert, wächst zu, seit einer der Männer von einer Schlange gebissen wurde. In einiger Entfernung erkennen wir drei »Flüchtlinge«. Jetzt erfahre ich von Fahri, dass die Logistik durchaus komplizierter ist, als von Nizar damals in Bethlehem angedeutet: Sein Fahrer, der weiß, dass er, Fahri, heute nach Israel will, beschäftigt eine Handvoll Männer, die entlang der Zufahrtsstraßen unterwegs sind und entweder den harmlosen Fußgänger oder den harmlosen Wartenden an einer Bushaltestelle spielen. Dabei aber diskret nach etwaigen Militärfahrzeugen spähen. Und sobald der Schlepper in seinem Sammeltaxi per SMS von seinen Leuten erfährt, dass die Luft rein ist, er also bedenkenlos an verabredeter Stelle halten kann, ruft er Fahri an.

Und nach einer Viertelstunde Warten in dem Erdloch, um genau 13.01 Uhr, nur eine Minute nach der anvisierten Zeit, summt Fahris Mobiltelefon. Auf dem Display erscheint die längst bekannte Nummer. Dann geht alles rasend schnell: Fahri antwortet, hört die vertraute Stimme, drückt auf die rote Taste und sprintet los. Ich hinterher. Nochmals zweihundert Meter und ein letzter Blick vor dem Überqueren der Straße, ob auch keine anderen Fahrzeuge zu sehen sind: dann hinüberhetzen und in den mit laufendem Motor startbereiten, bereits besetzten Kombi springen. Fahri winkt noch einmal durchs Fenster, ich renne zurück in den Wald, renne, bis ich bei Nizar und Ramiz ankomme. Sichtliche Erleichterung, dass alles gut ging.

Ich erzähle ihnen, dass ich eine Frau neben dem Fahrer bemerkt habe. Ich dachte, nur Männer würden schwarz Arbeit suchen. Jetzt kichern die Freunde, ach, die Frau wäre ein Trick, ihre Anwesenheit soll Seriosität vortäuschen, soll an den Checkpoints die Atmosphäre entspannen, ja, etwaige Verdächtigungen unterlaufen.

Wir setzen uns unter eine Zeder, als Schirm gegen die unnachgiebige Sonne. Wir rauchen. Die beiden hätten tausend Zigarillos verdient, so zuverlässig und professionell hielten sie Wort, ja, lieferten genau das, was ich suchte: den Nachweis, dass man – mithilfe wohlbedachter Vorbereitung – Israel unbemerkt betreten kann. Was wiederum zeigt, dass die Monstermauer nicht den Zweck hat, »Terroristen« abzuschrecken (Fahri und ich hätten jederzeit einen Rucksack voller Dynamit ins Land tragen können), sondern vor allem einem Ziel dient: gestohlenes Land zu sichern und die Bestohlenen auszugrenzen.

Ja, ich gebe es zu: Mein Herz schlägt vor Freude, wie immer, wenn eine schöne Aufregung hinter mir liegt. Das Pochen als Kronzeuge von Intensität. Ein paar Minuten später, als der Muskel sich beruhigt hat, so heftig angetrieben vom *thrill* und der körperlichen Strapaze, fällt mir mein Leben ein. Und das von Fahri. Mein gutes Leben mit dem vielen Glück. Und Fahris Leben, das ohne Glück zurechtkommen muss, ohne Möglichkeit zu studieren, ohne Aussicht auf Freiheit und Aufbrechen. Sieht man einmal von seinen »Reisen« nach Jaffa ab, wo er die Tage als Kellner arbeiten und die Nächte in einer Fünfbetten-Kammer verbringen wird. Okay, das habe ich auch gemacht, aber ich wusste, dass die Zumutungen irgendwann aufhören würden. Bei Fahri bin ich mir nicht sicher, ob jemals eine blaue Zukunft aufziehen wird. So wenig wie bei Nizar, den sein lädiertes Bein an sein Pech – auf der Flucht vor der israelischen Polizei – erinnert und das ihn nie vergessen lässt, dass nach dem Verheilen der Wade die bereits zehn Jahre alte Plage auf ihn wartet: sein Leben als Autowäscher. In dem er viel Zeit haben wird, über seinen Traum nachzudenken: den Traum vom ordentlich bezahlten Gymnasiallehrer, der Kinder unterrichtet, oder den Traum vom eigenen Computershop. Nicht zu reden von Ramiz' geheimster Sehnsucht: nach Amerika abzuhauen und mit einem Chopper auf dem *Highway 1* den Pazifik entlangzubrausen. »Für was lebe ich?«, hatte Nizar bei unserem ersten Treffen gefragt. Nicht mich, eher sich selbst. Bedrohliche Frage, sie sticht mitten ins Herz.

142

Heute ist mein letzter Tag in Palästina. *Shopping day, goodbye day.* Der erste Gang führt zum Schuster, denn ein zweites Mal sind die Sohlen durchgelaufen. Der Mann flickt ja nicht, klebt auch nicht, nein, er nagelt. Auch ist die Werkstatt von Meister Resul eine Attraktion: Ein Meter mal vier Meter, der Chef sitzt vorne und hinter ihm Geselle Safi. Und in Echtzeit reparieren sie, während die Kundschaft auf einer Bank wartet. Zehn Stunden pro Tag haben sie hier Vollbeschäftigung. Die zwanzig Minuten meiner Anwesenheit nutze ich, um diskret auf die jetzt nackten Füße der Palästinenserinnen zu schielen. (Zwei von fünf lieferten gerade ihre High Heels ab.) Wie gepflegt sie sind, manche mit feuerroten Zehennägeln. Schon erfreulich, dass es noch weibliche Körperteile gibt, die bisher nicht von Religion besudelt, nicht als Teufelswerk geoutet wurden.

Weiter zum *Al Ruah Bookstore*. Und wie immer sehe ich zuerst das melancholische Gesicht des Buchhändlers. So viele Bücher hat er und so wenige Leser. Jeder Kunde muss sich wie das Mitglied einer Verschwörung fühlen: So exklusiv kommt man sich hier vor, so beschützt von den Anwürfen des Alltags. Wissen als Geheimlehre, an der der größere Teil der Weltbevölkerung nicht interessiert scheint.

Als ich aus dem Keller (!) die Treppen nach oben steige, entdecke ich zum ersten Mal ein Schild und den Hinweis auf ein *Ladies' Café*. Ich gehe hinein und werde freundlich, aber bestimmt abgefangen. Und ins Büro gebeten, wo Lulwa (»die Perle«) mich selbstsicher aufklärt: Acht junge Frauen haben das Café vor ein paar Monaten gegründet. Studentinnen, die einfach keine Lust mehr auf die men-only-coffee-shops hatten, keine Lust mehr auf dümmliche Kommentare, keine Lust mehr auf »große Brüder«, die sie als Bodyguards begleiteten (und bevormundeten). Hier – ich darf einen kurzen Blick in einen hellen, bunten Raum werfen – tun sie, was ihnen beliebt: »talking business«, Shisha rauchen, hochtourige Musik hören, die Beine übereinanderschlagen, laut lachen und eigene Pläne schmieden. Nicht einmal siebzehn Prozent der hiesigen weiblichen Bevölkerung, so erfahre ich noch, sind berufstätig. »Das muss aufhören«, meint Lulwa, die Designerin werden möchte.

Beim Hinausgehen schmunzle ich leise vor mich hin: Die 21-jährige Perle hat ausdrücklich dafür gesorgt, dass die Bürotür sperrangelweit offen blieb. Als Sicherheitsmaßnahme. Die Reflexe von Opfern sitzen tief.

Da ich nicht bei den Damen verweilen darf, suche ich nach einem anderen Kaffeehaus. Was zurzeit (Ramadan!) auch für Männer schwierig ist. Irgendwann finde ich den rechten Ort, der Besitzer schleust mich durch den Hintereingang in die gute Stube. Damit nach außen der Schein (des Fastens) gewahrt bleibt.

Al-Ahram liegt aus, die englische Wochenausgabe der ägyptischen Zeitung. Wenig Erfreuliches über den »Arabian spring« steht drin, auch ist von der Angst zu lesen, dass jede neue Regierungspartei ihre Macht missbraucht. Und ihre Mitglieder als islamistische Spießer das Volk mit ihrem Tugendkatalog schikanieren. Aber dann entdecke ich einen famosen Artikel, den man nur grinsend, unterbrochen von lauten Lachern, lesen kann. Die Rede ist von Ali Wanis, einem frisch gewählten Politiker. Der Mann ist »sheik« und strammer Salafist, sprich er gehört jener Richtung von Gläubigen an, deren geistige Finsternis sie inzwischen weltberühmt gemacht hat. Bevor es der 32-Jährige in die Zeitung schaffte, schaffte er es in dubiose Fernsehkanäle: Als Prediger fleckenloser Moralität, der – unter anderem – rastlos über jede sexuelle Tätigkeit geiferte, die dem Vergnügen diente und nicht der ehelichen Zeugung künftiger Muslime.

Nun hat es Ali erwischt. In einem Auto neben der Ausfallstraße von Kairo nach Alexandria. Erwischt, laut Polizeibericht, bei einem »indecent act«. Das ist die offizielle Bezeichnung für Beischlaf. Mit einer Neunzehnjährigen. Der Bericht wird mit jeder Zeile hinreißender, denn Mister Wanis, das Heuchler-Ass, wurde bei der Nicht-Zeugung mit einer Nicht-Ehefrau gefilmt – per Handy. Und sofort erkannt. Während Nesrine, das Scheichliebchen, vorerst – bühnenreif absurd – fluchtartig davonkam. Da sie, unfassbar drollig, verschleiert zugange war! Vögeln mit einer Vogelscheuche! Allah Akbar!

Nein, die Posse ist noch nicht zu Ende. Das Frohlocken des Lesers geht weiter, da keine Phantasie fähig wäre, ein solches Kabinettstückchen aus Verlogenheit, Gelüsten und religiöser Hottentotterei zu produzieren. Nur die Wirklichkeit vermag das. Denn die erste Erklärung des mobilen »Sextäters« könnte aus dem Mund eines freigelassenen Irren stammen: »Nesrine ist meine Verlobte und sie war krank. Deshalb half ich ihr, sich das Gesicht zu waschen.« Nun, solange das Land für Männer stimmt, deren Intelligenzquotient irgendwo bei minus 300 liegt, solange kann ein Frühling nicht ausbrechen.

Irgendwann wird die Story dreckig. Das war zu erwarten. Als auch des Bärtigen Hinweis, dass es sich um seine Nichte (!) gehandelt habe, den Tatsachen nicht standhielt, entschließt er sich zur Hinterfotzigkeit. Er mobilisiert seine Parteifreunde – keiner von ihnen muss sich dem Verdacht intellektueller Bravour aussetzen – und zitiert den Koran, findet eine »heilige Sure«, die ihm als Beweis ins Konzept passt: plötzlich Opfer einer politischen Verschwörung zu sein, sprich alles wurde inszeniert, alles getürkt, Gott allein weiß, dass er die Wahrheit verkündet. Und damit zieht das dressierte Schafsvolk auf die Straße und grölt Richtung Himmel, dorthin, wo es hinter blauem Dunst den Himmelsherrscher vermutet.

Ach ja, Nesrine wurde nach ihrer Verhaftung gleich einbehalten. Für einen »virginity test«. Andere Lüsterne dürfen
jetzt an ihr fummeln, um herauszufinden, ob sie noch Jungfrau ist oder »geöffnet«. Das wäre das mildere Wort für
»geschändet«. Armes Ägypten – glanzvolle Vergangenheit,
lichtlose Gegenwart.

Nachmittags bin ich mit dem Dreamboy verabredet, mit
Monsieur Aref. Ich spreche ihn immer als »Monsieur« an.
Weil dieser vielsprachige Palästinenser – ungebrochen welt-
wach, weltneugierig, weltoffen, weltverliebt, ja, Welten ent-
fernt in seinem blitzhellen Kopf vom Gedruckse göttlicher
Offenbarungen – Tag für Tag als Gentleman auftritt, der ein
elegantes Französisch spricht. Schon deshalb bin ich ihm
verfallen. Denn von keiner anderen Sprache geht eine sol-
che Mondänität aus, eine so flirrende Nonchalance. Die
Wörter dringen nicht als Buchstaben ans Ohr, eher als
Musik. Ach, sie redet nicht, nein, sie bezirzt, verdreht dem
Zuhörer den Kopf, das Herz.

Für all meine Fragen, die Aref tapfer beantwortet hat, für
all die Zeit, die ich ihm gestohlen habe, für jeden gewährten
Blick in seine Seele, seine Schmerzen, seine Lebensfreude,
für jede ausgesprochene oder getane Freundlichkeit: für all
das und viel mehr müsste ich ihm ein Museum hinstellen.
Ziemlich hoch. Bis hinauf in luftigste Höhen. Für ihn allein.
Und in jedem Stockwerk könnte man die Belege für eines
seiner vielen Geschenke an die Welt begutachten, wie: sein
unerhörtes Wissen, sein Humanismus, gleich fünf Etagen
für seine fünf Sprachen, seine Klugheit, die Verbindlichkeit,
die (an mich) verschwendete Aufmerksamkeit, die Hilfsbereitschaft, das gepflegte Aussehen, die Herzlichkeit, die
Geduld für Nichtswisser, seine dezente Ironie, die souveräne
Gewissheit, dass uns wohl nicht zu helfen ist. *Quelle classe,
quel homme.*

Grundsätzlich passiert stets dasselbe, wenn wir uns
sehen, »Übertragung« passiert: Ich komme näher und »verliebe« mich in ihn, will ihn für mich. Als Vaterfigur. Es

kamen Momente in unseren Gesprächen, in denen ich –
schier unbewusst – abdriftete, ja, in die Träumereien eines
sehnsüchtigen Kindes versank, das sich wünschte, in seiner – Monsieur Arefs – Nähe aufgewachsen zu sein. Egal wo.
Hauptsache: umgeben von seinen Gedanken, seiner Wärme,
seiner Begabung zu leben.

Ich ahne nicht einmal, woher der Mensch seine Kräfte
nimmt. Aber immerhin kann ich mich vor ihm retten,
indem ich – wie immer in solchen Fällen – dem Rat von Alt-
meister Goethe folge: lieber jemanden bewundern, statt vor
Neid anfangen zu beben. Wie jetzt. Wir zwei sitzen im wun-
dersamen Garten des Restaurants *Zarzour* und einer erzählt
und einer hört zu. Und Vögel trällern und französische Wörter schwirren. So in etwa müsste *a perfect day* aussehen.

143

Am nächsten Morgen breche ich auf, frühmorgens. *Ramallah s'éveille*, die Stadt erwacht, die Straßenkehrer sammeln
den Abfall ein, die ersten Strahlen einer noch gnädigen
Sonne ziehen über die Häuser. Mein Taxi gleitet lautlos wie
durch einen Science-Fiction-Film, kein einziges Mal müssen
wir halten.

Vor dem Checkpoint Qalandia steige ich in einen Bus um
und sofort bin ich wieder in der Gegenwart, der schikanö-
sen. Zwei Soldaten kommen an Bord, gewiss ausreichend
bewaffnet, um zehn vollbesetzte Busse zu durchsieben.
Einer schreit etwas, das wohl »Ausweise« heißen soll. Als sie
mich sehen, schicken sie mich wieder hinaus. Ich muss zu
Fuß rüber, also durch das Löwengitter. Um mein Gepäck
checken zu lassen. Als ich endlich vor dem Drehkreuz stehe,
haben der kleine Rucksack, der große und ich nicht genug
Platz. Andere Wartende, auf meine Bitte hin, schieben an.
Bis ich, mit angehaltenem Atem, hineinpasse. Unter welchen
Umständen auch immer man hier ankommt, man wird gede-
mütigt. Die Erniedrigung als Eintrittspreis.

Am Taxistand neben dem *Damascus Gate* fragt mich ein Fahrer, ob ich nach Gaza wolle. Als könnte er Gedanken lesen, denn ich hatte mir beim Frühstück überlegt, einen Abstecher zum Grenzposten Erez zu machen, dem einzigen Personenübergang von Israel aus. Aber ich will nicht. Denn schon vor Antritt meiner Reise nach Palästina war klar, dass ich nicht nach Gaza gehen würde (das ich vor ein paar Jahren besucht hatte, über Rafah, der Passage auf ägyptischer Seite). Weil mich ja die direkte Auseinandersetzung zwischen Palästinensern, Siedlern und Soldaten interessierte, die Mechanismen der Besatzung, der Landraub. Doch 2005 haben Kolonisten und israelische Armee die 360 Quadratkilometer verlassen.

Gaza geht es schlecht. Nach dem Wahlsieg der Hamas 2007 verhängte Israel eine Blockade zu Lande, zu Wasser und in der Luft. Und verweigerte jede Verhandlung mit den »Terroristen«. (Als noch die *Fatah* in Gaza »regierte«, lehnte die israelische Führung ebenfalls Gespräche ab. Wie ein trotziges Kind sucht das Land nach Ausflüchten.) Laut Angaben internationaler NGOs, auch jüdischer, ist die Versorgungslage prekär, über siebzig Prozent der 1,5 Millionen Einwohner sind von ausländischer Hilfe abhängig. Nur in äußersten Notfällen darf ein Gazaner das Territorium verlassen.[*]

Vor ein paar Wochen stand in *Haaretz*, als Überschrift über einem Artikel, der die Siedlungspolitik der eigenen Regierung kritisierte: »The Holocaust means never having to say you're sorry.« Eine Anspielung auf den berühmten Satz aus dem Film *Love Story*: »Love means never having to say you're sorry.« Handelte es sich damals nur um eine Dümmlichkeit aus Hollywood, so hat die Behauptung im

---

[*] Die israelische Organisation *Physicians for Human Rights*, die sich dafür einsetzt, dass Palästinenser medizinisch betreut werden, hat einen delikaten Bericht veröffentlicht. Dort legt sie offen, dass Antragsteller – zum Teil schwerstkranke – Gaza nur verlassen dürfen, wenn sie willens sind, für die *General Security Services* zu arbeiten, als Spitzel für den *Shin Beth*.

Zusammenhang mit dem Vernichtungsversuch an den Juden ein ganz anderes Kaliber. Der (jüdische) Autor der Zeitungskolumne wollte damit ironisch die Frage stellen, ob jemand, der den Holocaust überlebt hat, sich nie mehr zu rechtfertigen braucht. Was für eine absurde Idee wäre das, so der Journalist. Wie wahr: Der Holocaust bedeutet Unfassbares, unfassbares Leid, ja, das Gräulichste, was Menschen sich ausdenken können, um andere Menschen in die Hölle zu schicken. Aber er bedeutet nicht, dass man sich nie mehr zu entschuldigen braucht. Auch Frauen und Männer, die Unsägliches erlitten haben, können irren.

Um sich gegen den ökonomischen Erstickungstod, aber auch gegen die jahrzehntelange Freiheitsberaubung und alle Zukunftslosigkeit zu wehren, fliegen – seit Januar 2001 – sogenannte *Qassam-Raketen* von Gaza nach Israel. Handgemachte Splitterbomben, ohne Leitsystem, wenig effizient, mit bescheidener Reichweite. Bis heute, also innerhalb von dreizehn Jahren, kamen keine fünfzig Bewohner Israels durch diese Angriffe um. Plus Verletzte, plus Sachschaden. Ein paar Gebäude wurden beschädigt, tatsächlich nicht mehr.

Da kann *Tsahal* mit ganz anderen Zahlen aufwarten. Jeder Rachefeldzug endete mit Hunderten von Toten. Über den Daumen gepeilt ist jeder tote Jude, konservativ gerechnet, etwa dreißig tote Araber wert. Die Unverhältnismäßigkeit – die UNO hat mehrmals protestiert – ist das Markenzeichen von Besatzern, die ihre Gegner nicht als Menschen sehen, sondern als Wilde. Und Wilde müssen liquidiert werden. Allein bei der Operation *Gegossenes Blei* – vom 27.12.2008 bis 18.1.2009 – verloren in diesen drei Wochen dreizehn (!) Israelis und weit über 1200 (!) Palästinenser, darunter viele Kinder, ihr Leben. Die Bilder des in Schutt und Asche gebombten Gaza gingen um die Welt.

Was zum Teufel soll ein Volk, das Gaza-Volk, tun, wenn es jeden Tag zuschauen muss, wie sein Leben zuschanden kommt? Was tun, wenn es jeden Tag durch die Medien erfährt, dass Israel *noch* ein Stück vom anderen Teil Palästinas, dem »Westjordanland«, erbeutet? Warten? Stillsitzen? Hinnehmen den Untergang? Oder – wie ich von einer Israelin hörte – Yoga lernen? Um erniedrigt und weggesperrt »OM« zu summen? Auf dass *love and happiness* herniederkommen auf Erden?

»Wer wünschte sich nicht Frieden«, so stand es Ende 2008 in einer deutschen Zeitung, »nach 143 Toten?« Israel hatte an einem Vormittag gerade mehrere Flugzeugladungen gegossenen Bleis (und Phosphor) auf Gaza abgeworfen. Sinnigerweise war man in der Redaktion zu »vergesslich«, um »nach 143 toten Palästinensern« zu schreiben. So kann man die Wahrheit veröffentlichen und sie trotzdem verheimlichen.

Richtig, die *Hamas* hat im Gegensatz zur *PLO*, die in Ramallah sitzt, das Existenzrecht Israels nicht anerkannt. Sie sagt, was die Israelis für sich auch beanspruchen: Ganz Palästina gehört uns! Sie sagt, was viele Israelis umgekehrt auch fordern: Die anderen – einmal die Juden, einmal die Araber – müssen weg! Aber die *Hamas* will nicht, will nicht mehr[*], die Vernichtung ihrer Gegner, sondern deren Vertreibung: Die Zionisten sollen abhauen und alles ist gut. Und von drüben schallt es: Die Araber sollen sich verpissen und alles wird schön. Wenige Palästinenser und wenige Israelis – auf beiden Seiten gibt es Websites einer rachsüchtigen, extrem brutalisierten Minderheit – pochen auf die physische Auslöschung der anderen. Gewiss jedoch: Niemand würde den jeweiligen Widersacher daran hindern, die Koffer zu packen und zu verschwinden. Nach Amerika, nach Europa, weiß der Teufel, wohin. Nur weit, weit weg.

Radikaler als ein Siedler in Hebron, der Palästinenser

---

[*] Richtig, die Charta der Hamas aus dem Jahr 1988 spricht von der »destruction« Israels. Aber davon ist heute, von Ausnahmen abgesehen, nicht mehr die Rede. Führende Hamas-Politiker – auch bei ihnen kam die Realpolitik an – sind bereit, den bewaffneten Widerstand einzustellen: Wenn sich Israel hinter die Grenzen von 1967 zurückzieht. Eine Position, die ja einer indirekten Anerkennung Israels gleichkäme.

hasst, kann ein Hamas-Mitglied keinen Juden hassen. Aber es geht nicht um (palästinensischen) Hass auf »Juden«, es geht um (palästinensischen) Hass auf Leute, die grenzenloses Leid über andere bringen. Dass die Gehassten (zufällig) Juden sind, spielt für den Hasser überhaupt keine Rolle. Er hasst denjenigen, der sein Leben zerstört. Flögen die Franzosen – mehrheitlich katholisch – über Gaza, um dort ihr kriegerisches Arsenal abzuladen, dann würden die Getroffenen die Franzosen hassen. Weil sie Böses tun. Und nicht, weil sie katholisch sind.

Der kleine *reality check* soll helfen, nicht die Fakten aus den Augen zu verlieren. Sie sind unwiderlegbar, oft sichtbar, immer ungeheuerlich.

Muss ich es nochmals hinschreiben? Damit ich nicht schon wieder als Agent des Panarabismus niedergeschrien werde: Israel soll leben, hochleben. Und glücklich sein. Nicht anders als Palästina: soll genauso leben, genauso hochleben. Mit demselben Glücksquotienten wie sein Nachbar, sprich: in Freiheit. Denn dieses phänomenale Wort taugt auch als Synonym für den inzwischen so pathetisch gewordenen Ausdruck »Würde«. Freiheit besitzen genügt. Denn ein freier Mensch hat so vieles.

144

Ich will noch ein paar Dinge in Israel erledigen, noch ein paar Leute treffen. Letzte Verabredungen stehen aus, letzte Versuche, um die Lage, die so hundsgemein komplizierte, ein winziges Stück besser zu erfassen.

Ich fahre mit dem *Light Train* nach *Yad Vashem*. Die Gedenkstätte, die an die *Shoa* erinnern soll, liegt am Rande von Jerusalem. An der Endhaltestelle geht man ein Stück zurück, biegt in eine hübsche Nebenstraße ein und wartet auf den zuständigen Bus. Ich sitze allein auf der Bank, mache Notizen. Eine junge Frau kommt, ich sehe sogleich, dass sie erfreulich gut aussieht. Sie setzt sich neben mich, sie muss wohl, denn einen anderen Sitzplatz gibt es nicht. An ihrer Art, Platz zu nehmen, spüre ich (ja, das spüre ich), dass sie höflich ist, ohne Allüren.

Da mich der Besuch von *Yad Vashem* anstrengen wird, mich als Mensch, mich als Deutschen, bin ich für jede Ablenkung dankbar. Ich beschließe, die vielleicht 25-Jährige anzusprechen. Ich flirte mit Freuden. Und aus Neugier. Weil ich etwas Kluges, etwas Überraschendes von einer Fremden erfahren will. Also »probebohre« ich (das so sinnige Wort ist leider nicht von mir) und versuche, eine Frage zu formulieren, die mit der unmittelbaren Situation zu tun hat. Also nicht: »Hey, Alte, heute schon belegt?«, eher, wie jetzt: »Warum interessieren Sie sich für die Holocaust-Gedenkstätte?« Auch kein Satz, den sich die Menschheit aufheben muss, aber er greift nicht an, er ist harmlos und doch bestimmt. Und Natascha, die Kunststudentin, die Nichtjüdin aus Petersburg (ich werde das alles gleich hören), antwortet cool: »Ich bin Tag und Nacht neugierig.«

Jeden Weltbewohner, der mir einen solchen Satz schenkt, würde ich gern wie ein goldenes Kalb anbeten. Und die Russin, die mit ihrem Freund (seit gestern krank) durch den Nahen Osten reist, rattert los, weiß alles, was ich nicht weiß, legt mir zuletzt – ich frage nach Lieblingsschreibern – ihren russischen Liebling, Leonid Andrejew, ans Herz (wo er allerdings schon liegt). Klar, die Neugierige schwärmt für einen Außenseiter, der mit dem Eispickel schrieb und, keine fünfzig, an den Spätfolgen eines Selbstmordversuchs verendete.

Dann kommt der Shuttle und die Klimaanlage macht stumm vor Freude. Mit einem Lächeln gehen wir auseinander. Wobei ich wieder einmal der Beschenkte bin. Ja, ich bohre gern. Eben nicht nach Erdöl, auch nicht nach Gold und Edelstein, nein, ich bohre nach Hirn. Und bei all jenen, die großzügig damit ausgestattet sind, braucht es einen einzigen Versuch und das Hirn fängt zu sprudeln an. Gedanken schießen nach oben, ein Dialog entsteht, ich darf lernen. Das ist nicht immer so, oft ist es anders: Die Probebohrung geht daneben und ich stoße auf Beton oder Holzwolle. Nichts Bewegendes sprudelt dann, nur banale Träume kommen zum Vorschein, banale Sprüche, banale Sehnsüchte, nur tausend Mal tausend schon gehörte Wörter. Alle kalorienarm und abwaschbar, nicht eines, an das ich andocken, nicht eines, das ich weiterschenken möchte. Nicht so bei Natascha, der Welthungrigen. Auf seltsame Weise fühle ich mich jetzt gestärkt. Stark genug für *Yad Vashem.*

Wer Israels Politik verstehen will, seine furchtbaren Ängste, muss hier vorbeikommen. Natürlich habe ich mich vorbereitet, aber das ist kein Ersatz: für das physische Vorhandensein an diesem Ort, an dem so unerbittlich an das Unerbittlichste erinnert wird.

Der letzte Text dazu, den ich vor Tagen gelesen habe, stammte aus *Haaretz.* Es ging um die Einweihung einer neuen Mauerinschrift, hier auf dem 180 000 Quadratmeter großen Terrain. Von Pius XII. war die Rede, dem Papst, der sich während des Zweiten Weltkriegs eher »verhalten« – um es milde auszudrücken – zum Hitler-Terror an den Juden geäußert hatte. Dieses »moralische Versagen«, so steht es da, ist ein alter Hut, längst historisch gesichert. Aber ein Absatz lässt in Abgründe blicken, es heißt da: »Der Mangel an klarer Führung (vonseiten der Kirche) hinterließ bei vielen (Katholiken) den Eindruck, mit Nazi-Deutschland zusammenarbeiten zu können.« Das ist ein unbedachter Satz, ein fürchterlicher, denn er besagt nichts anderes, als dass man es Männern und Frauen ausdrücklich vorher sagen muss, dass Juden vergasen – »please, do *not* gas Jews!« – und jüdische Kinder abschlachten – »please, do *not* slaughter Jewish children« – *nicht* okay ist. Sind die Erwartungen an unsere Mitmenschen schon so gering, dass ein Massenmord erst durch eine offizielle Ansage via Kanzel als mörderischer Frevel erkannt wird? Lese ich solche Sätze, dann zittere ich tatsächlich.

Das Gelände ist wunderschön und liegt – üppig bepflanzt und elegant bebaut – auf dem »Berg des Andenkens«. Im

Museum zur Geschichte des Holocaust wird hochtechnisch – mit Hilfe von Videos, Fotografien, aufgezeichneten Interviews Überlebender und gigantischen Datenbanken – informiert. Aber Museen sind immer zu voll, zu laut, zu viel.

Dank eines kleinen Plans finde ich das *Denkmal zur Erinnerung an die Deportierten*: Ein polnischer Original-Transportwaggon für Tiere, der auf einer Brücke steht. Die ins Nichts führt, da die Gleise plötzlich aufhören. Statt Vieh wurden eben Juden transportiert. Nicht *first class*, doch mit zwei, drei Luftlöchern, ohne Nahrung, ohne Wasser, aber mit der Möglichkeit, überall zu defäkieren. Still ist es, der Himmel strahlt, eine Brise weht, die Pinien bewegen sich leicht. Wenn ein Besucher »Glück« hat (wie ich gerade), dann kann er, ohne von Nebengeräuschen gestört zu werden, dastehen und hinschauen. Und warten, bis das Bild bei ihm ankommt. Bis er eine winzige Ahnung bekommt von dem, was er sieht. Oder akzeptiert, dass er nichts begreift. Das so Unbegreifliche.

Neben dem *Platz des Warschauer Ghettos* steht die *Halle der Erinnerung*. Mit einem Bronzekelch mittendrin, in dem eine *Ewige Flamme* flackert. Davor eine Steinplatte, unter der die Asche von KZ-Ermordeten begraben liegt. In den Boden sind die Namen der 22 größten Konzentrationslager eingraviert. Die Halle ist weitläufig, nicht sehr hoch, dämmrig. Es ist ruhig, nur eine Handvoll Leute, zwei unterhalten sich flüsternd. Dann kommt wieder so ein Moment, in dem ich an einen Tagebucheintrag von Max Frisch denken muss: »Wenn Ihnen im Ausland Schweizer begegnen, sind Sie dann gern Schweizer?« Ich bin gerade nicht gern Deutscher, denn vier Landsleute betreten das Gebäude. Das würde überhaupt nicht stören. Auch nicht ihr Aufzug, die Hawaiihemden und die schrillen Shorts. Auch nicht ihre Stimmen. Aber ihre lauten Stimmen, die schon, aber ihr gut gelauntes Kichern, mit dem sie sich in Positur stellen, um sich – sexy vor jämmerlich Verreckten – gegenseitig abzulichten.

Geht mich das etwas an? Natürlich nicht. Doch bis auf

den heutigen Tag habe ich nicht verstanden, wie man so gefühlstaub durch die Welt tapsen kann. Keiner muss hier mit seiner Ergriffenheitsvisage vorbeikommen. (Das wäre noch unerträglicher.) Doch ein Hauch von Feingefühl könnte nicht schaden. Dürfte ich, wie mir der Sinn steht: Ich würde Umerziehungslager einrichten. In dem die Herztoten – sagen wir drei Wochen lang – nur eines trainieren: spüren lernen, die Umgebung, die anderen, ja, bisweilen die Toten.

Es gibt viele Einrichtungen hier zu sehen, die einem das Fürchten und Verzagen beibringen, aber eine ist dabei, da nimmt man mit Erleichterung zur Kenntnis, dass es dort dunkel ist, dunkel genug, um sein Gesicht zu verbergen: das *Denkmal für Kinder*. Ein Mahnmal für die 1,5 Millionen, die während des Holocausts umkamen. Eintausendfünfhundert mal eintausend Kinder, vergast, erschlagen, zu Tode geschunden.

Man kommt in eine Art unterirdischen Tunnel, in dem sich drei Kerzen und viele Spiegel befinden: um das Licht unendlich oft als »Sternenhimmel« zu reflektieren. Und jeder Stern symbolisiert ein Kind. Man geht durch die Finsternis – die rechte Hand findet Halt an einem Geländer – und hört gleichzeitig über Band eine Stimme, die den Namen, den Ort und das Alter eines Kindes in den Raum spricht. Ein Opfer nach dem anderen, ohne Unterbrechung. Das ist genial inszeniert. Ohne Donner, ganz leicht, ganz still. Als ich den Ausgang erreiche, höre ich: »Jesin Stromwasser, Ukraine, dreizehn Jahre.«

Für den Schluss, nach drei Stunden, habe ich mir die *Allee der Gerechten unter den Völkern* aufgehoben. Um nicht ganz zu verzagen. Links und rechts des Gehwegs wurden Bäume für jene gepflanzt, die ihr Leben riskierten, um jüdisches Leben zu retten. Und in den Boden wurde je eine Plakette eingelassen, mit Namen und biografischen Daten. Die Liste bisher offiziell als Lebensretter Anerkannter umfasst knapp 25 000 Namen, darunter über 500 Deutsche. Wer keinen

Baum bekam (Platzmangel), an den wird im nahen *Garten der Gerechten unter den Völkern* erinnert.

Schon mickrig die Zahl der Mutigen, wenn man bedenkt, wer alles beim Denunzieren und Auslöschen vorbildlich zur Stelle war. Aber immerhin, eine Minderheit ließ sich nicht verführen. Interessante Liste: Kommunisten, Diplomaten, Katholiken, Bauern, Reiche, ein König, ein Zirkusdirektor, Industrielle, Kapos, Atheisten, Soldaten, Ex-Nazis, KZ-Häftlinge, Polizisten, Hausfrauen, arme Schlucker, Friedhofsverwalter, Taxifahrer, wunderbar intelligente Frauen und Männer, wunderbar einfache Frauen und Männer. Sie alle bewahrten sich etwas, das nicht käuflich war, nicht korrumpierbar, nie zu manipulieren: Herzensbildung. Man kann sie nur beneiden.

Als ich *Yad Vashem* verlasse, fällt mir ein Absatz in einem Buch über die französische Résistance ein. Dort kommt ein Jude aus Paris zu Wort, der wie alle anderen seiner Mitgläubigen ab Juni '42 gezwungen worden war, den gelben Stern zu tragen. Er sagte in dem Interview, viele Jahre später: »Jedem Vorübergehenden blickte ich in die Augen, um zu erfahren, ob er noch zur Gemeinschaft der Menschen gehört.« Wer von uns Nachgeborenen hat sich diese Frage nicht gestellt: ob er, der Nichtjude, in diesen düsteren Zeiten, *a mensch* geblieben wäre.

145

Am nächsten Tag mit dem Bus nach Tel Aviv. Ich checke in ein Hotel ein und fahre nach *Bnei Brak*, in jenen Stadtteil, in dem – nach Jerusalem – die meisten ultraorthodoxen, ultra-radikalen Juden leben: die Taliban Israels. Über 150 000.

Hier ist alles hässlich. Die Fassaden, die Farben, die Straßen. Wie maßgeschneidert passen die Einwohner hierher: Die Frauen – mit der göttlichen Aufgabe des schnellen Brüters bedacht – treten hier eher plumpsig auf, eher breit und breitbeinig. Der Speck als spirituelles Ziel. Um jede erotische Anmutung auszutreiben. Wobei der schauerlichen Kleidung die noble Aufgabe zukommt, jeden Rest Sünde, jeden Hautfetzen, flächendeckend abzuschirmen. Manche sogar mit Perücke, um das nicht minder sündige Haar zu verbergen. Aber da Frauen auch dann noch die Schöneren sind – immerhin darf das Gesicht unbekleidet auftreten –, agieren Männer hier als die unschlagbar Hässlichsten: verschwitzte, verklebte Bärte unter schwarzen Hüten, die schweren Nosferatumäntel, die Schuhe so klobig, dass man mit ihnen in den Krieg ziehen könnte. Dazu die bleichen Mienen, der schnelle, nach vorn gebeugte Gang, den sturen Blick auf den Boden geheftet. Jeder Schritt sagt: »Nein«, sagt: »Das Leben ist scheiße«, sagt: »Schau, Erhabener, wie ich für dich leide!«

Die Herren gelten als arbeitsscheu, die gern staatliche Beihilfen und Kindergeld kassieren, doch – so viel Energie muss sein – mit Obst und Eiern auf Ambulanzen werfen, die am Sabbat hier vorbeikommen. Denn das ist der Tag Jehovas, da darf auch kein Menschenleben gerettet werden. Heute ist kein Samstag und ich sehe einen Wagen mit aufmontiertem Lautsprecher die Hauptstraße entlangfahren. Eine überdrehte Stimme verweist auf eine Gedenkfeier für Rabbi Elyashiv, der kürzlich mit 102 Jahren gestorben ist. Ein Superultra, der es zu Lebzeiten – nachweisbar – auf über tausend Nachkommen geschafft hat. Ein so innig vernageltes Gehirn so oft weiterzuvererben: Diese Tatsache, schreibt eine Zeitung, hätte einen Platz im Guinness-Buch der Rekorde verdient. Kein Wunder, dass das säkulare Israel erschauderte, wenn sein Name fiel.

Aber die sieben Quadratkilometer bieten auch Überraschendes. Ich entdecke ein Modegeschäft für Männer. Mit dem erfreulichen Namen »Oral for Men«. Was immer diese mysteriösen drei Wörter bedeuten mögen, man fragt sich natürlich: Wer soll diese smarten Anzüge anziehen? Verkappte Abtrünnige? Und wo sie anziehen? Zu Hause, hinter zugezogenen Vorhängen? Denn sich öffentlich damit zu zeigen ginge nicht. Tragen sie doch hier nur schief geschnittene Leichentücher.

Das alles wäre nicht weiter der Rede wert, wenn Narren – schwer verstockt, aber friedlich – unter sich blieben. Doch aus ihren Kreisen stammen jene mörderischen Rabbiner, die Jitzchak Rabin – den einzigen israelischen Premier, der sich geduldig für eine Koexistenz mit den Palästinensern eingesetzt hatte – per »Fatwa« zum Abschuss freigaben. Und einer von ihnen ihn schließlich abschoss. Und somit – darüber sind sich links und rechts einig – den Friedensprozess meuchelte. Bis auf den heutigen Tag.

Ich hatte gestern Abend noch überlegt, ob ich mir *Bnei Brak* antue. Denn der Anblick dieser Fanatisierten war mir ja bereits vertraut. Auch ihr Gedankengut. Aber unter dem Eindruck von *Yad Vashem* hatte ich mich dafür entschieden. Weil ich es tatsächlich nicht fassen kann, dass es im jüdischen Volk, das so barbarisch geschunden worden war, noch immer Millionen gibt, die nicht aufhören wollen, sich selbst zu schinden. Ich musste mich, ein letztes Mal, mit eigenen Augen davon überzeugen. Vielleicht hat es auch mit eigenen Erfahrungen zu tun: Als Kind war ich umzingelt von Leuten – Frauen und Männern –, die sich rastlos vor ihrem (katholischen) Herrgott fürchteten, rastlos auf sein »Königreich hinieden« warteten. Sie sahen trostlos aus, leblos, verhärmt. Ich begriff, dass die Sehnsucht nach Gott eine todtraurige war. Die unverdrossen die Freude am Leben zugrunde richtete. So stehe ich wieder einmal stumm vor Menschen, die man mit keinem Wort zum Anbeten unserer Erde verführen kann. Weit und breit läuft hier kein *amoureux du monde* vorbei, nirgends ein Weltverliebter.

Gestern im Hotel hatte ich auch eine Stelle aus Amos Oz' *Eine Geschichte von Liebe und Finsternis* nachgelesen. Die Zeilen des hochverehrten israelischen Schriftstellers stehen seit Langem in meinem Tagebuch, mit Begeisterung hatte ich sie vor Jahren schon abgeschrieben. So buchstabengetreu sprachen sie mir aus der Seele: »… Und ich erinnere mich noch, dass ich, obwohl ich nicht religiös war, kein Schweinefleisch essen wollte – nicht wegen Gott, er hat das Schwein doch selbst geschaffen, hat sich nicht davor geekelt, und wenn man ein Ferkel absticht und das Ferkel schreit und fleht mit der Stimme eines gequälten Kindes, sieht und hört Gott ja jedes Röcheln und erbarmt sich des gemarterten Ferkels so, wie er sich der Menschen erbarmt. Hat mit dem Ferkel nicht mehr und nicht weniger Erbarmen als mit all seinen Rabbinern und Strenggläubigen, die seine sämtlichen Gebote befolgen und ihn ihr Leben lang anbeten.«

Ich würde gern wissen, was in der Todesstunde eines religiösen Hitzkopfs – ob nun jüdisch, christlich oder muslimisch – passiert. Erkennt er, für den Bruchteil einer Sekunde, dass er seine Jahre vertan hat für einen närrischen Hokuspokus? Dass kein Herr Erlöser ihn erlöst? Keine Paradiespforten sich auftun? Keine Jungfrauen zum Vögeln Parade stehen? Erst recht nicht für zähe Hasser, die andere hassten, weil sie an einen anderen Hokuspokus glaubten?

Abends in downtown Tel Aviv. Ich liebe Großstädte, die Cafés, das Flanieren, die blitzenden Lichter, das Schnelle und Unverbindliche, die schönen Männer, die hier – die Stadt gilt international als besonders *gay friendly* – nach anderen Schönen Ausschau halten. Und der Blick auf Frauen, die wohl vom Himmel fielen und hier gerade als Göttinnen auftreten. Schon erstaunlich, welche Gegensätze dieses Land verkraftet.

146

Dàs ist mein letzter Tag. Ich nehme den Bus zum Hauptbahnhof *HaShalom*. Wieder die Radaraugen der Passagiere auf mir. Mein fremdes Aussehen, mein kleiner Rucksack – nichts, was zur Lebensfreude der anderen beiträgt.

Eine Fahrkarte nach Haifa kaufen. Ich will einen Mann ausfragen, von dem ich vor Wochen über ein Interview in *Haaretz* erfahren hatte: Ala Hlehel. Alles, was er redete, gefiel mir. Irgendwann bekam ich seine Mailadresse und kontaktierte ihn. Und wir verabredeten uns.

Auch Zugfahren ist anstrengend in Israel. Wieder ist jeder Fremde verdächtig, jeder könnte ein Attentäter sein. Trotz massiver Kontrollen, bevor man einsteigen darf. Kein Lachen, kein Kichern, nur leise Gespräche. Natürlich jagt auch mich die Angst. Denn Sprengstoff unterscheidet nicht zwischen Juden und Nichtjuden. Ich fange trotz Klimaanlage zu transpirieren an, als ich – nachdem viele an einer Station den Waggon verlassen haben – eine Schachtel unter dem Sitz mir gegenüber entdecke. Ich hasse Angst. Aber ich will nicht die Notbremse ziehen und mich blamieren. Was tun? Nach vorne, zur Spitze des Zuges, verschwinden? Damit es andere zerfetzt und ich hinterher als Hauptverdächtiger dastehe? Eine wenig kluge Idee. Auf bizarre Weise überrascht mich das Paket, denn ich war – ganz unbewusst – von dem Wahn besessen, mein Pensum an Stress auf dieser Reise bereits hinter mir zu haben. Offensichtlich nicht. Zuletzt, immerhin, fällt mir ein Zeitungsbericht ein, in dem – fälschlicherweise – behauptet wurde, dass solche »Bomben« über ein gewisses Volumen verfügten. Aber in dem Karton wäre kaum Platz für einen Nachttopf. Meine Ignoranz macht mich schneidig. Ich ziehe das Teil hervor und öffne den losen Deckel. Uff, nur miefige Wäsche und eine Zahnbürste. Ein Geisteskranker muss sich den Scherz ausgedacht haben. Ah, jetzt ist das Leben wieder schön. Ich sehe auf meine Hände, sie zittern.

Haifa liegt genau nördlich von Tel Aviv, fast hundert Kilometer entfernt. Gutaussehende Stadt, nach einer Viertelstunde bin ich am vereinbarten Ort, dem Café *Shtroudl*. Das hübsche jiddische Wort für ein europäisches Gebäck. Jeder Geruch von Internationalität ist mir willkommen. Ala Hlehel biegt um die Eck, er grinst gutgelaunt, herzliche Begrüßung. Der Palästinenser mit israelischem Pass ist der Enkel von Großeltern, die im 1948-Krieg aus ihrer Heimat vertrieben wurden. (Und später heimlich zurückkamen.)

Ala ist stämmig, untersetzt und mit einem Lächeln begabt, das ich ihm gern abkaufen würde. Zudem – auf drei Seiten konnte ich es ja bereits nachlesen – beängstigend intelligent. Der 38-Jährige verbringt seine Zeit nicht als Granaten schwingender Guerillero, er benutzt einzig sein Hirn und sein Talent (als Autor), um sich mit dem Problem – nein, mit den tausend Problemen – zu beschäftigen, die beide Völker aneinanderketten. Sein letzter Erzählband hat den schön ironischen Titel »Meine geheime Affäre mit Carla Bruni« und wurde gerade (auch) in Israel, in der Landessprache, veröffentlicht.

Schon als Knirps will er anderer Leute Gedanken kennen, drängt den Vater, den einfachen Bauarbeiter, immer ein paar Bücher zu kaufen, wenn der ambulante Buchhändler durch das Dorf zieht. Der kleine Ala entdeckt das Wunder Literatur, liest wie besessen. Im zweiten Jahr der Highschool verliebt er sich und erfährt – auf traumatische Weise –, dass er mit Sprache so umgehen kann, dass viele ihn dafür bewundern: Er verfasst einen Liebesbrief an das Mädchen in der Nachbarschaft. Den er versteckt, nicht abschickt. Wie so viele Schreiber ist er schüchtern, schreibt lieber, als für seine Taten einzustehen. Doch die Mutter findet den Liebesrausch, ist so ergriffen von der Kunst ihres Sohnes, dass sie die intimen Zeilen überall herzeigt. Alle im Kaff wissen jetzt Bescheid, auch die Angehimmelte. Doch er kann die Schmach aushalten, weil er gleichzeitig zu begreifen beginnt, wie er leben will: als Schriftsteller, als einer, der Wörter zaubert, für die andere ihn eines Tages bezahlen werden.

Ala muss kämpfen, wie jeder, der sich einbildet, er hätte etwas zu sagen. Er jobbt mit dem Vater auf dem Bau, hasst den sinnlosen Schweiß, lässt sich zu einem Studium als »Wirtschaftsprüfer« überreden, geht an die Universität von Haifa und fühlt die doppelte Fremdheit: als Palästinenser und als Provinzboy. Aber der Anfänger ist zäh, er beginnt, politisch zu denken, tritt einer linken Partei (in Palästina) bei, schreibt für deren Magazin, lernt fließend Hebräisch, will von der Wirtschaft nichts mehr hören, wird Tag für Tag ein bisschen mutiger, fängt zu lästern an und erkennt zweifelsfrei seine beiden Gegner: den Besatzer Israel und seine eigene Gesellschaft, die palästinensische, die von heutigen Ideen nichts wissen will, die es gern altbacken und altmodisch hat, die es bis heute nicht in die Moderne schaffte.

Ala macht seinen Bachelor in *Communications and Fine Arts* und sein Diplom als Drehbuchschreiber. Und wird irgendwann der, von dem er schon als Zwölfjähriger zu träumen anfing: ein mehrfach ausgezeichneter Schriftsteller, der inzwischen Bücher, Theaterstücke und Drehbücher veröffentlicht hat. (Monate später werde ich in Paris den Film *L'Héritage / Das Erbe* sehen, für den er das Skript geschrieben hat und der mit Erfolg in Frankreich lief.) Geldhaufen verwaltet er noch immer nicht, der Markt Israel ist klein und das »Buchwesen« in arabischen Ländern ein Witz.

Ala Hlehel macht im Gespräch einen gelassenen, ja, heiteren Eindruck. Er ist nicht gallig, sucht nicht Deckung hinter einem ätzenden Zynismus. Ein warmer Mensch, der auch seine nächste Umgebung – die Bedienung, die Gäste – mit Freundlichkeit wahrnimmt. Er ist gelöst, er scheint trotz allem die Welt zu genießen. Dabei geht er keinem Konflikt aus dem Weg, legt sich mit dem arroganten Zionismus an und zielt scharf auf die Kalamitäten im – ihm so nahen, ihm so teuren – Palästina. Da sitzt wieder einmal ein Weltmann, der in seinem Kopf unheimlich viel Platz für andere Welten hat. Mit ihm kann man zügellos reden, muss sich nicht bremsen, weil ein Wort auf ewige Wahrheiten spucken könnte. Zu Hlehels Lieblingsfeinden zählen die Göttersöhne und Superpropheten, die mit ihren »Offenbarungen« seit Jahrtausenden die Menschheit drangsalieren.

Der Mann gehört zu jener (jungen) Generation von Palästinensern, die zum ersten Mal die erhabenen Weisheiten – *made in heaven* – infrage stellt. Und die irdischen Wahrheiten lebt, tagtäglich. An dem Interview in *Haaretz* hatte auch seine Frau teilgenommen, Abeer, eine Rechtsanwältin. Mit wachsender Begeisterung konnte man nachlesen, mit welchem Swing, mit welcher Leichtigkeit die zwei miteinander umgingen. Kein Oben und kein Unten, kein Herr im Haus und keine Untertanin. Und auf einem der Fotos sah man die Tochter des Paars und nie fiel ein Wort, auch jetzt nicht, dass ein Sohn her müsse. Da doch nur Söhne Männer zu Männern machen.

Hlehel schlachtet in seinen Arbeiten eine heilig-schwachsinnige Kuh nach der anderen: die verdruckste Sexualität, die Wut auf Schwule und Lesben, die Frau als Billigausgabe des Mannes, die Sehnsucht, als Herdentier davonzukommen, der Aberwitz, nein, Irrwitz, vom Himmel hoch droben Hilfe zu erwarten. Keine rein palästinensischen Probleme, wie seine Leser inzwischen verstanden haben.

Dass er sein Land liebt und dass Israel dort absolut nichts verloren hat, auch das wird klar. So hat er Feinde, gewiss in beiden Lagern. Aber Ala Hlehel versteht seine Arbeit als »mobilizing literature«, als Literatur, die anspornt, die beflügelt, die – ja – das faule Fleisch, den faulen Kopf der vielen in Bewegung setzen soll.

Schwer beladen gehe ich zurück zum Bahnhof, selig beladen mit den klugen Überlegungen eines anderen. Die Nähe zu Leuten wie Ala Hlehel wirkt wie eine Schutzimpfung. Zeitgenossen wie er wappnen gegen die Sintfluten der Verdummung. So einen hätte ich gern als Freund. Zum Herzeigen und Angeben: Schaut, der ist meiner, schaut nur, wie er funkelt.

Kurz vor der Abfahrt des Zuges müssen alle wieder aussteigen, ein »security check« steht an. Sicherheitspersonal geht durch die Waggons und späht nach verdächtigen Objekten. (Die Pappschachtel heute Morgen müssen sie übersehen haben.) Dann los nach Netanya, das auf der Strecke nach Tel Aviv liegt.

Kleine, ansehnliche Großstadt, sogar, so lässt die Bürgermeisterin verlautbaren, der »blumen-blühendste Ort Israels«. Ich schaffe es nur zum Bahnhofsplatz, denn hier wartet

Judy auf mich. Ich verdanke das Treffen einer Freundin in Europa, deren Eltern mit Judy und ihrem Mann befreundet sind. Ich wollte unbedingt vor meiner Abreise Israelis besuchen. Und Judy hat spontan Ja gesagt. Mich rührt das. Eine jüdische Familie kann sich gewiss eine unbeschwertere Gesellschaft vorstellen als die eines Nachfahren eines »aktiven Nazis«.

Judy ist knapp sechzig, groß, apart, sogleich liebenswürdig und »normal«, sprich nichts Ergriffenes liegt in ihrer Stimme, nichts, was signalisieren könnte: Achtung, Völkermord, Achtung, eine Jüdin spricht zu einem Deutschen! Sie freut sich über den Strauß (aus Haifa) und die Kekse (aus Ramallah). Wir steigen in ihren Wagen und fahren die wenigen Kilometer ins nahe Beit Yitzhak, ihrem Wohnort, dem »größten Dorf im Land«. Als mir Judy gerührt von diesem offiziellen Titel berichtet, erinnere ich mich an einen Spruch von Karl Kraus: »Die kleinen Stationen sind stolz darauf, dass die Schnellzüge an ihnen vorbei müssen.« Schon verblüffend, was alles das Herz erfreuen kann.

Judy fährt mich herum, alles blitzblank, alles vorhanden, was so ein größtes Dorf braucht. Sogar ein elegant in die (grüne) Umgebung passendes Schwimmbad gehört ihnen, indoor, outdoor. Viele, so erfahre ich, leben auch hier, weil sie den Anblick der Bigotten nicht aushalten. Der Ort gilt als frömmlerfrei. Und tatsächlich, nirgends huscht ein Haredi mit seinem Sargtuch auf dem Leib vorüber. Die 2000 Dörfler zeigen an allen Ecken und Enden, wo es langgeht bei den Erfolgreichen. Aber Judy seufzt beim Erzählen, erwähnt, wie ungeheuer anstrengend es sei, in Israel zu leben: der internationale Druck, die Angst vor Gewalt, die Hetzreden der Religioten, bis zu sechzig Prozent Steuern an den Staat, die Militarisierung der Gesellschaft, die vielen harten Gesichter, die nur Feinde wahrnehmen, nur noch auf Rache und Vergeltung pochen. Und sie erzählt von ihren drei Kindern, alle erwachsen und außer Haus. Berichtet betrübt von ihren beiden Söhnen, die drei Jahre Soldatsein im *Tsahal* hinter sich haben und die nicht – wie ihre Kameraden von *Breaking the silence* – zu Einsicht und Kompromissfähigkeit gelangt sind: sondern nach rechtsaußen drifteten und ihre Erfahrungen in »gute Israelis« und »böse Araber« einteilen. Ihre Söhne kamen als Falken vom Kriegsdienst zurück, die skrupellos auf der Linie von Netanjahu surfen: kein Friedensvertrag, kein Abzug der Siedler, dafür mehr Siedlungen, mehr Besatzung, mehr auf ewig und immer.

Asher, der Ehemann, vormals als Psychologe bei der Armee beschäftigt, begrüßt mich freundlich und scheu. Judy, die frühere Lehrerin für geistig behinderte Schüler, hat mich bereits instruiert: Er sei der Stillere im Haus. Geräumiges Ambiente, heimelig eingerichtet, die zwei gehören zum gehobenen Mittelstand. Die Klimaanlage läuft, sie garantiert, dass wir die nächsten Stunden am Leben bleiben.

Es dauert nicht lange und die Sitzecke ist besetzt, wie die restlichen Sessel. Judy hat ihre Freunde eingeladen. Weil ich sie darum gebeten hatte. Vor Tagen, per Mail. Um auch ihre Bekannten auszufragen.

Gescheite Leute, alle erfolgreich im Beruf, manche seit Kurzem, wie die beiden Gastgeber, pensioniert. Wir reden Englisch. Fast jeder – direkt oder über verwandtschaftliche Umwege – hat eine Leiche im riesigen Auschwitz-Keller. Oder in einem anderen Massengrab des tausendjährigen Reichs. Ich erkundige mich danach, sie selbst hätten wohl kein Wort darüber verloren. Sie wollen mich (!) schonen, vermute ich. Drei von ihnen sprechen ein passables Deutsch. Und richten einige Sätze in dieser Sprache an mich. Ich bin sehr bewegt von dieser versöhnlichen Geste. Anschließend brauche ich ein paar Sekunden, um nicht die Fassung zu verlieren.

Nun, Illusionen hat hier keiner, was des Menschen Fähigkeit zur Menschenfreundlichkeit betrifft. Erst recht nicht Juden gegenüber. Irgendwann vor siebzig, achtzig Jahren ging diese Hoffnung endgültig verschollen. Deshalb spielt sich das Hauptthema des Nachmittags, »*the* conflict«, wie so oft auf der Matrix der Holocaust-Erfahrungen ab. Alle in diesem Raum, zumindest vermitteln sie den Eindruck, wehren sich nicht grundsätzlich gegen die Schaffung eines palästinensischen Staats. Auch sagen hier alle »Palästinenser« und nicht »Araber«, auch spricht keiner die Absurdität vom »auserwählten Volk« aus, auch fällt nie das Wort von »Eretz«, von Groß-Israel, auch höre ich niemanden behaupten, dass der Herrgott persönlich den Juden diesen Landstrich geschenkt hat. Nein, sie sind so modern und wirklichkeitsnah wie der junge Ala Hlehel, der »Gegner«. Sie wollen niemanden vernichten, sie wollen ein friedliches Nebeneinander. Aber sie wollen »nie wieder« zulassen, dass andere sie zu vernichten versuchen. Daher das – so erscheint es einem Außenstehenden – schier unüberwindliche Misstrauen: gegen die Palästinenser, deren Friedensangebote in ihren Ohren nicht sauber klingen, gegen Hamas, die sie für eine Terrororganisation halten, gegen die arabischen Nachbarn, die nicht aufhören würden, die Palästinenser zu immer neuen Forderungen zu drängen.

Und dann hat Israel – auch das kommt zur Sprache – noch einen zweiten Gegner. Mitten im Land. Den einige hier und viele andere Israelis für den entschieden gefährlicheren halten: die Messias-Narren, die Geiferer, die vor nichts zurückschrecken, auch nicht vor einem Bürgerkrieg. Und die vor nichts zurückschreckten: auch nicht vor einem politischen Mord. In die konkrete Realität übersetzt (und Judys Freunde tun es): die jetzt halbe Million Siedler wird Palästina nicht verlassen. Und wenn doch, da gezwungen, werden sie sich mit Feuer und Schwert und ihren M16 zur Wehr setzen. Keine Kraft in Israel kann es heute mit ihnen aufnehmen. Sie sind so unbezähmbar, so hirntot und gewaltbereit wie der allah-akbar-fanatisierte Mob in manchen islamischen Ländern.

Judy, diese warmherzige, kluge Frau (und Atheistin), die sich so innig ein »normales« Israel wünscht, eines, das nicht bedroht wird und das keinen bedroht, sagt gegen Ende den

schlichten, haargenauen Satz: »Wir sind alle überfordert.«
Vom Finden einer Lösung. Herzlicher Abschied. Ich muss
los, Asher bringt mich zum Zug.

Wüsste ich, was in ziemlich genau dreißig Minuten passieren wird, ich wäre wohl außerstande, mich so bedenkenlos für das Licht der Abenddämmerung zu begeistern. Wie
von Monet hingemalt. Seltsam, ich habe es so oft gesehen
und nie konnte ich den Blick lassen. Es hat fraglos mit dieser
unvergänglichen Sehnsucht nach Schönheit zu tun. Weil sie
heilt. Weil sie mich, ja, jeden, für Augenblicke vom Gewicht
der Welt erlöst. Ruhige Fahrt, kein Schaffner, kein Suchen
nach Dynamit, nur wir, ein paar Passagiere. Die vor den
Fenstern sitzen und schauen. Ganz ergriffen.

Dann ist es soweit. Ich verlasse *HaShalom* und biege nach
rechts ab, Richtung riesiger Kreuzung zweier mehrspuriger
Hauptstraßen. Und ich sehe das blinkende grüne Männchen
für die Fußgänger und starte durch, will noch rechtzeitig
hinüberkommen, weiß, dass man endlos stehen muss, bis
man wieder los kann, sprinte mit Vollgas, spüre noch die
Freude an der Bewegung, liebe – wie immer in solchen
Situationen – diesen kindischen Siegeswillen, dass ich es
noch schaffe, erreiche den Zebrastreifen, als das Männchen
rot wird, kann nicht mehr bremsen, lege sogar noch ein Atü
drauf, sehe im äußersten Augenwinkel, dass die ersten
Autos schon näherkommen und stürze – mit einem jagen-
den Stich im Fuß zu Boden. Der Länge nach, wieder der
Rucksack als Sargdeckel über mir. Wie damals in Ramallah.
Lächerlicher geht es nicht: Vor allen anderen Passanten, die
gewartet hatten und an denen ich gerade vorbeigestürmt
bin. Ich liege bewegungslos, wie ein Stromschlag raste der
Schmerz durch den Körper. Aber die Panik ist mächtiger
als jede Qual: die Panik, nun in der Dunkelheit von einer
Phalanx heranbrausender Vehikel überrollt zu werden. So
verscheucht die Todesangst jede andere Not. Ich schnelle
hoch und hüpfe einbeinig die letzten Schritte zur rettenden
Verkehrsinsel.

Mein rechter Knöchel knickte um und die Wadenknochen stießen mit voller Wucht auf den Asphalt. Ich humple aus der Gefahrenzone und finde bald eine gnädige Bank. Meine Hände zittern, schon wieder. Ich ziehe den Stiefel aus und sehe gebannt auf den lädierten Körperteil. Er schwillt an, man kann ihm dabei zuschauen. Jetzt weiß ich es, zum letzten Mal: In dieser Weltgegend gibt es keine Sieger.

Morgen werde ich das Flugzeug nur mit einem Schuh betreten. Und etwa zwanzig Minuten später einen Martini bestellen und leise das Lied der Dankbarkeit anstimmen. Auf jene Frauen und jene Männer, die auf so dringliche, so herausfordernde Weise mein Leben bereicherten.

LIBANON

Golan-
höhen

SYRIEN

*Mount of
Beatitudes* ▲
Kafarnaum
Tabgha
Tiberias
See Genezareth

Haifa

Mittelmeer

Nazareth

Jenin

West-
jordanland

Beit Yitzhak

Netanya

Qalqiliya
Habla
Berg Garizim
881 m ▲
Nablus
Kiryat Luza
Burin
Ariel

Tel Aviv-Jaffa

Nabi Saleh

Jordan

JORDANIEN

Bil'in

Ramallah
Qalandia
Jerusalem
Ost-Jerusalem
Jericho
Taufstelle ■
*Qumran
National Park*

Betlehem

Erez

Gaza-
streifen

Hebron
Kiryat Arba

Yatta
Um al-Kher
Susiya ○

Totes Meer

ISRAEL

.... Grenze von 1967

░░░░ Seam Zone